Wolfhard Klein

Mausetod!

Die Kulturgeschichte der Mausefalle

Wolfhard Klein

Mausetod!
Die Kulturgeschichte der Mausefalle

Verlag Philipp von Zabern

204 Seiten mit 66 Farb- und 62 Schwarzweißabbildungen

Umschlag: Vor 140 Jahren im Einsatz: Schwerkraftfalle, Schwippgalgenfalle, Reuesenfalle und die Katze. Deutscher Bilderbogen, Friedrich Specht,
19. Jahrhundert. (s. a. Abb. 1).

Bibliografische Information der Deutschen Nationalbibliothek

Die Deutsche Nationalbibliothek verzeichnet diese Publikation in der
Deutschen Nationalbibliografie; detaillierte bibliografische Daten sind im
Internet über <*http://dnb.d-nb.de*> abrufbar.

Weitere Publikationen aus unserem Programm
finden Sie unter: www.zabern.de

© 2011 Verlag Philipp von Zabern, Darmstadt/Mainz
ISBN: 978-3-8053-4319-0
Litho, Gestaltung und Herstellung: Ilka Schmidt, Verlag Philipp von Zabern, Darmstadt/Mainz
Lektorat: Constanze Holler, Verlag Philipp von Zabern, Darmstadt/Mainz,
Alrun Schößler, Wiesbaden
Druckerei: Firmengruppe Appl, aprinta druck GmbH & Co. KG, Wemding

Alle Rechte, insbesondere das der Übersetzung in fremde Sprachen, vorbehalten.
Ohne ausdrückliche Genehmigung des Verlages ist es auch nicht gestattet, dieses Buch
oder Teile daraus auf photomechanischem Wege (Photokopie, Mikrokopie) zu
vervielfältigen oder unter Verwendung elektronischer Systeme zu verarbeiten oder
zu verbreiten.
Printed on fade resistant and archival quality paper (PH 7 neutral) • tcf

Inhalt

Die Maus 6

Geschichte der Mausefalle 27

Mausefallenmacher 62

Mausefallenhandel 109

Mäusefänger 120

Gift 131

Fast fallenfreier Mäusefang 150

Mausefalle und Sexualität 166

Nachwort und Dank 191

Quellenverzeichnis 192

Bildnachweis 204

Die Maus

„Ich werde demnach unterschiedliche Untersuchungen von der Erzeugung, Vermehrung, Geschlechte, Nahrung, Futter, etc. deren Ackermäuse anstellen, denn, wenn man einmal die Eigenschaften eines Thiergeschlechtes kennt, so lassen sich damit glücklichere Versuche anstellen, um dasselbe auszurotten."

(Hüpsch: Oeconomische Vorschläge, die schädlichen Ackermäuse mit wenigem Aufwand und geringer Mühe im Erzstifte Cölln, im Herzogthume Jülich und anderen Gegenden von Deutschland zu verfolgen, Metternichscher Buchladen, Cölln 1767, S. 31 f.)

Menschen und Mäuse haben eine gemeinsame Geschichte. Es ist keine Liebesgeschichte, obwohl es eine Bauchbeziehung ist, denn was den Menschen schmeckt, schmeckt auch den Mäusen. Seit ca. 8000 Jahren baut der Mensch Getreide an. Seit 8000 Jahren sind die Vorratskammern der Menschen das Schlaraffenland der Mäuse. Deshalb ist der Mensch der Mäuse Feind (Abb. 1). Auch wenn es bei uns kaum noch Vorratskammern gibt. Inzwischen bevorzugen die Tiere Fast-Food. Ihnen schmeckt, was von Hamburgern, Bratwürsten und Pommes übrig bleibt. *„Sie fressen, was die Leute wegwerfen"*, bilanziert Rainer Gsell vom Deutschen Schädlingsbekämpferverband. Mit Getreide oder Speck lässt sich kaum noch eine Maus in die Falle locken. *„Auf die Mausefalle gehört Nutella"*, sagt der Schädlingsbekämpfer. Der Fallenhersteller Sorex in Großbritannien trägt dem Rechnung. Seine blauen Mausefallen aus Kunststoff locken mit Schokoladenaroma. Doch auch mit diesem Trick ist den Tieren nicht beizukommen. Wie und womit auch immer der Mensch die Mäuse bekämpft hat, die Tiere haben seit Jahrtausenden überlebt. Es bleibt die Erkenntnis aus einer ökonomisch-technologischen Encyklopädie von 1812, dem Krünitz: *„Manche Thiere sind durch alle menschliche Kunst nicht zu vertilgen, wie es der Fall auch mit unseren Ratten und Mäusen ist."*

Die Lebensbedingungen für Mäuse sind paradiesisch, denn Lebensmittelabfälle gibt es reichlich. Bodendecker in städtischen Grünanlagen bieten verborgene Nistplätze und optimalen Unterschlupf. Und es entstehen neue Mäuseschwerpunkte überall da in Ballungszentren, wo Lebensmittel gelagert, hergestellt oder konsumiert werden. Die Mäuse können sich frei durch Abwassersysteme, Versorgungsschächte und Lüftungssysteme bewegen. Der schlanke Körper einer Hausmaus misst sechs bis zehn Zentimeter. Die Ohren

1 | Vor 140 Jahren im Einsatz: Schwerkraftfalle, Schwippgalgenfalle, Reuesenfalle und die Katze. Deutscher Bilderbogen, Friedrich Specht, 19. Jahrhundert.

Deutsche Bilderbogen für Jung und Alt.   Nr. 166.   Die Hausmaus. Gezeichnet von F. Specht.

Die Mutter zu den Kindern spricht: „Auch Kätzchen ist ein schlimmer Gast,
„Geht in die Mausfalle nicht!" „Der gar zu sehr uns Mäuse haßt."

Doch weil die Kinder naschhaft sind, Und wenn die Katze pflegt zu ruhn,
Geht gute Lehre in den Wind; Die Mäuschen sich gar gütlich thun.

Doch sehet her, hier folget, ach! die Strafe auf dem Fuße nach.

sind klein, die Augen wirken wie schwarze Stecknadelköpfe. Mäusefänger wissen: Die Tiere sind anpassungsfähig. Um sie bekämpfen zu können, braucht und brauchte man Informationen über sie. Und die wurden früh gesammelt. Um was für eine Art Tier handelt es sich? Im Krünitz heißt es vor 200 Jahren knapp: *"Maus, die. Mit diesem Namen belegt man mehrere kleine vierfüßige Thiere mit einem langen dünnen Schwanze. In engerer Bedeutung werden die Hausmäuse, welche gemeiniglich von aschgrauer Farbe sind, nur Mäuse schlechthin genannt."* Woher kommen die Nahrungskonkurrenten des Menschen? Die Antwort des Lexikonautors ist simpel: *"Es läßt sich nicht bestimmen, in welchem Erdteile sie ursprünglich ihren Anfang genommen, wahrscheinlich aber da, wo zuerst Menschen gelebt haben."* Der Name Maus basiert auf einem alten indogermanischen Wort, es steht für den Begriff *"stehlen"*. Nach der Interpretation im Handwörterbuch des Aberglaubens und von Paulys Real-Enzyklopädie soll der Begriff lautmalerisch für *"huschen"* stehen. Schon Griechen und Römer unterschieden zwischen Hausmäusen, Waldmäusen, Feldmäusen, Wühlmäusen und Zwergmäusen. Sie kannten Stachelmäuse und Wüstenspringmäuse. Auch weiße Mäuse wurden registriert, sie galten als gutes Omen. Der römische Kaiser Heliogabal organisierte zur Unterhaltung der Bevölkerung „Mäusespiele", unter anderem einen Kampf zwischen 10 000 Mäusen, 1 000 Spitzmäusen und 1 000 Wieseln. Aus römischer Zeit sind etliche Mäuseabbildungen aus Bronze bekannt, es gibt auch römische Gläser in Mauseform sowie Gemmen und Spielsteine mit Mäusemotiven. Mäuse wurden auf Votivsteinen und Mosaiken abgebildet (Abb. 2), in unterschiedlichen

2 | Die Maus als Gegenstand der Kunst. Römisches Mosaik.

Formen und Funktionen. Eine bemerkenswerte Wertschätzung, denn nach den Vorstellungen des Altertums kannte die Gefräßigkeit der Mäuse keine Grenze. Man ging soweit zu behaupten, dass weder Eisen noch Gold vor ihnen sicher seien und Mäuse sogar mit ihren Schwänzen das Öl aus Lampen herauszögen.

Mutmaßungen über die Maus

Biologisch wussten Griechen und Römer, dass Mäuse zu den Tieren gehören, die eine Gebärmutter haben und Zähne in beiden Kiefern. Aus dem großen Herz der Mäuse schlossen sie auf Furchtsamkeit. Man beobachtete, dass Mäuse Wasser leckten und schloss aus dem Verhalten gefangener Tiere, dass sie im Sommer überhaupt nicht tranken. Aristoteles folgerte, dass Mäuse sterben müssten, wenn sie tranken. Plinius d. Ä. berichtete, dass eine in einem Behälter mit Hirse gefangene Maus 120 Junge hatte, und beschrieb trächtige Mäuse, deren Embryonen bereits wieder trächtig gewesen sein. Aristoteles behauptete, dass Mäuse vom Salzlecken trächtig wurden – das entsprach dem Volksglauben, durch bloßes Belecken schwanger werden zu können.

Plinius beobachtete, dass Elefanten vor Mäusen Angst hatten und Futter, in dem Mäuse waren, nicht fraßen. Die Maus galt als kurzsichtig, deshalb bekamen kleine Kinder Mäuseaugen als Talisman. Über Jahrhunderte galten Mäuse im Volksaberglauben als stumm, angeblich konnten sie nur bei Vollmond einen zischenden Ton von sich geben, dafür aber liebten sie Musik so sehr, dass sie sich bei schlechtem Gesang verkrochen. Im antiken Aberglauben hatte der Mond auch Einfluss auf die Größe der Mäuseleber. Sie nahm, behauptete Aelian, mit dem Mondwechsel zu bzw. ab. Im alten Ägypten glaubte man, dass Mäuse aus Erde entstehen. Die Bibel bezeichnet Mäuse als unreine Tiere – zum Verzehr ungeeignet. Den alten Römern war das egal. Gebratene Haselmäuse, in Honig und Mohn gewälzt, waren eine beliebte Vorspeise. Sie wurden in Spezialbehältern mit Eicheln, Kastanien, Walnüssen und Bucheckern gemästet.

Mäusebraten als Bestandteil von Festmenüs blieb eine historische Episode (Abb. 3). Die Maus war den Menschen unheimlich. *„Die Maus, ein klein anheimlich thier, so alle ding zerfrißt, zernagt hat mancherley geschlecht und vil underscheid."* Forers „Thierbuch" aus dem frühen 17. Jahrhundert beschreibt Mäusearten und ihr Aussehen. *„Die Hausmeuß sind nicht alle einerley farb/dann etliche ziehen sich auff schwartz. Etliche von braun auff rot oder falb/ etliche sind vast äschenfarb: Etliche gantz weiß"*, beginnt die Beschreibung, die Positionen des antiken Aberglaubens aufgreift: *„Ein groß hertz sol die Maus haben nach ansehen ihrer grösse/ wie auch alle andere forchtsame thier/ sein leber sol wachsen/ so der Mond zunimpt/ und schweinen (schwinden) so er abnimpt."* Dann aber kommt die Korrektur: Anatomische Unter-

3 | 16. Jahrhundert. Die Maus. Keine Delikatesse, aber ein Wundermittel.

suchungen durch den *„Weltberümpten mann so dises Buch beschriben hat"* hätten ergeben, dass das erdichtet und erlogen sei. Weder das Wachsen noch das Schrumpfen der Leber sei nachweisbar.

100 Jahre später mischen sich in der Fachliteratur wieder Aberglaube, Erfahrung, Unfug, Halbwissen und Mutmaßungen mit vermeintlich sicheren Quellen: *„Der Mäuse sind gar vielerley Art / einige halten sich in den Häusern auf / andere im Feldern / dahero man ihnen auf unterschiedliche Weiß nachstellet / dero Biß und Schwaiff sind in etwas gifftig: Es ist auch kein schleckerhafteres Thierlein / als eine Maus / welche sich um eines guten Bissel halber gar in Lebens Gefahr gibt / und kommt ihr das Naschen offt theuer genug. . . . Des Plinii Aussag ist / daß kein Thier also fruchtbahr seye / wie die Mäuse / dahero bisweilen gegen hundert Junge trage: Unangesehen / das Thier ins gemein nur schädlich ist / und kein Lob verdienet / so brauchen sie gleichwohl die Herren Medici in vielen Zuständen für ein bewehrtes Mittel."* Die These des Autors Abraham, der sich hier auf Plinius bezieht, dass Mäuse Tage, bevor ein Haus einstürzt, das Gebäude verlassen, ist interessant, aber nur schwach belegt.

Wieder 100 Jahre später, zu Beginn des 19. Jahrhunderts, wird die Maus genauer beobachtet. Registriert werden die beiden auffälligen Schneidezähne in den Kinnladen und die längeren hinteren Extremitäten, die guten Klettereigenschaften, die Nachtaktivität und die Geselligkeit der Mäuse untereinander. *„Sie lieben die Gesellschaft ihres gleichen und machen sich immer etwas zu tun. Spielen, putzen sich, machen wunderliche Stellungen und benagen aus Durst, Mutwillen und zum Zeitvertreib alles, was nur benagbar ist."* Der Autor des Krünitz kommt zu dem Schluss:

„Man kann diesen Thieren eine Art von Possierlichkeit nicht absprechen, welche sie besonders äußern, wenn sie sich selbst überlassen untereinander spielen." Anhand von Experimenten mit Ködern und Fallen weiß der Autor: Mäuse mögen Fettes, saufen wenig, haben ein *„leises"* Gehör, einen feinen Geruchssinn, quieken und sind naschhaft. Als Köder funktionieren gebratener Speck oder in Fett Gebackenes am besten. Ein Zeitgenosse bilanzierte 1801 den Stand naturwissenschaftlicher Erkenntnis: Mäuse sind Säugetiere mit zwei scharfen Schneidezähnen, drei stumpfen Backenzähnen je Kieferseite, an den Vorderpfoten haben sie vier ausgeprägte Zehen und einen verkümmerten. Sie haben kurze, abgerundete Ohren, einen mit kurzen Haaren bewachsenen Schwanz, es gibt auch schwanzlose Mäuse. Sie halten sich an trockenen aber auch an feuchten Orten auf, oft in Höhlen, Mauern oder unter Dielen. Sie sind gefräßig und leben von Früchten, Wurzeln, Mehl und Speck. Sie nagen, auch wenn sie satt sind. Sie sind sehr unruhig und zernagen Hausgeräte und andere Gegenstände. *„Die Mäuse sind von so vielen Arten, daß sie das größte Geschlecht in der Ordnung der Säugethiere ausmachen."* Sie vermehren sich schnell, eine Maus wirft im Jahr sieben bis acht Mal oder mehr Junge. Es gibt Mäuse in den Farben schwarz, aschgrau, grau, weiß, rötlich und anderen Farben.

Zu Beginn des 20. Jahrhunderts heißt es in Meyers Lexikon über die Maus: *„Nagetiergattung aus der Familie der Mäuse (Muridae), kleine Tiere mit schlankem Kopf, spitzer, behaarter Schnauze, schuppig geringeltem, fast nacktem Schwanz von Körperlänge und darüber, fünfzehigen Hinter- und vierzehigen, mit einer Daumenwarze versehenen Vorderfüßen."* Es gebe über 100 Arten, sie kämen fast auf der ganzen Welt vor, ernährten sich vegetarisch, verschmähten aber auch „animalische Stoffe" nicht. Die Hausmaus sei neun Zentimeter lang, ebenso ihr Schwanz. Ihre Fußsohlen seien nackt, die Ohren bedeckten angedrückt die Augen. Die Mäuse lebten in den Wohnungen der Menschen, im Sommer auch in Gärten und Feldern. Mäuse seien flink, könnten weit springen, hervorragend klettern und seien in der Lage zu schwimmen, allerdings nur kurze Strecken. Sie bekämen drei- bis fünfmal im Jahr vier bis acht nackte, blinde Junge, also rund 30 Nachkommen im Jahr, die wiederum sehr schnell fortpflanzungsfähig wären. Die Hausmaus sei naschhaft, werde aber vor allem dadurch lästig, *„daß sie wertvolle Gegenstände, namentlich Bücher, Naturalien etc., benagt."* Im Katalog des Fallenherstellers und -händlers Pieper wird 1909 folgerichtig formuliert: *„Wenn gleich dieselben auch nicht zum Raubzeug gerechnet werden, so verdienen diese den spitzbübischen Namen doch am allerersten, da sie eine rechte Volksplage sind, die fast alle Hausbewohner fühlen."* Meyers Lexikon verkündet als Zusatzinformation, dass Mäuse zwitschernd pfeifen und das Geräusch an den Gesang von Vögeln erinnert. In China würden singende Mäuse in Käfigen gehalten.

50 Jahre später, 1955, steht im Brockhaus, dass die Mäuse zur Familie der Nagetiere gehören, seit dem Pliozän (2,5 bis 5,3 Millionen Jahre vor unserer Zeitrechnung) in Europa lebten und über die ganze Welt verbreitet seien. Es gebe sechs Unterfamilien, darunter die der echten Mäuse mit ca. 70 Gattungen. Aufgezählt werden neben der Hausmaus die Ährenmaus, die Waldmaus, die Gelbhalsmaus, die Brandmaus und die Zwergmaus. Mäuse werden als schlank, spitzschnäuzig und langschwänzig beschrieben, sie seien gute Springer und Kletterer, die in drei bis vier Würfen pro Jahr jeweils vier bis zehn blinde Junge zur Welt bringen würden. Das Herder-Standard-Lexikon klärt 1960 darüber auf, dass Mäuse nicht nur gut klettern, sondern auch gut schwimmen können und korrigiert damit den Wissenstand vom Beginn des Jahrhunderts. Die Brockhaus Enzyklopädie registriert 1971 bei den Muridae 100 Gattungen mit 370 Arten, die größte Gruppe mit 70 Gattungen sei die der Echten Mäuse (Muridae), zu der die Hausmäuse gehören. Zur Vermehrung heißt es, Mäuse brächten drei- bis viermal im Jahr sechs bis dreizehn blinde, unentwickelte Junge zur Welt. Vergleicht man die Zahlen und glaubt man den Lexika, dann werden die Mäuse von Jahrzehnt zu Jahrzehnt fruchtbarer. Immerhin, die Erkenntnisse der Wissenschaft schreiten voran, 1975 ist im Meyers nachzulesen, dass die Spitzmäuse zwar volkstümlich, aber fälschlicherweise den Mäusen zugerechnet werden. Sie seien Insektenfresser.

Weil sie sich so stark vermehren, waren die Mäuse eine Plage. Sie wurden gehasst und bekämpft. Die Hausmaus war lästig und sie war überall, wo der Mensch war. *„Ihre Kleinheit gestattet ihr, selbst durch die unbedeutendsten Löcher zu schlüpfen, daher man sie oft an Orten findet, ohne sich erklären zu können, wie sie nur dahin gekommen sei. Nicht allein baut sie sich Gänge in den festesten Mauern und beeinträchtigt so ebenfalls die Dauerhaftigkeit der Gebäude; sie dringt mittels ihres unwiderstehlich scharfen Gebisses auch in die Schränke, selbst vom härtesten Holze, und dieß ist noch nicht einmal der Übel größtes, das sie anrichtet. Der Name Nager gebührt diesem Thierchen wohl vor allen andern, denn Alles, was unter seine*

Zähne geräth, wird zernagt und in Staub verwandelt; so das Linnenzeug in den Schränken, die Bücher in den Sammlungen, Waaren aller Art in den Magazinen. Alle Speisevorräte müssen ihm zu Diensten stehen; doch sind Brod, Speck, Butter, Käse, Zucker, Eingemachtes, Früchte aller Arten, Mehl und Getreide und selbst Lichter diejenigen Artikel, denen es vorzugsweise zuspricht; aber nicht genug, diese anzunaschen, verunreinigt es sie auch und theilt ihnen einen sehr widerlichen Geruch mit. Ja, noch mehr, diese Schmarotzer treiben ihre Dreistigkeit mitunter so weit, daß sie schlafenden Mastschweinen Stücke Speck aus dem Wanste fressen." Der Experte Verardi beklagt in seinem Buch *List über List* auch, dass Mäuse zum Beispiel Brot oder Speck unbemerkt von innen auffressen. Sein Fazit: „*Überhaupt zeugen alle ihre diebischen Gewohnheiten von einer gewissen Hinterlist.*"

Mäusejahre

Eine besondere Plage war die Feldmaus. Feldmäuse fraßen die Saat und Pflanzenwurzeln. Über sie schreibt Verardi Mitte des 19. Jahrhunderts: „*Diese Art scheint zu den alten Zeiten häufiger als heutzutage und für ganze Landschaften oft zur wahren Plage geworden zu sein, wie uns die Geschichte davon häufige Beispiele aufbewahrt hat. In jenen entfernten Zeiten betrachtete man die fast plötzlich, wie aus den Wolken erscheinenden und bedeutende Landstriche verwüstenden Mäuseheere als eine Wirkung himmlischer Ungnade, daher man dann auch damals ihrem weiteren Umsichgreifen kaum etwas Anderes als Gebete und Beschwörungsformeln entgegenzusetzen wagte.*"

In Franken wurde nach einer Feldmausplage Ende des 18. Jahrhunderts ein Preisverfall bei Getreide und Futtermangel im Winter befürchtet, auch in den Weinbergen war durch Mäusefraß hoher Schaden entstanden. Im Rheinland fürchteten Landwirte wegen des Mäuseschadens um ihre Existenz. Akribisch wurden in mehreren Fachbüchern „Mäusejahre" aufgelistet: 1711, 1716, 1722, 1729, 1742, 1747, 1750, 1754, 1756, 1773, 1796, 1801 und 1802. Das massenhafte Auftreten von Feldmäusen hatte für zeitgenössische Beobachter etwas Unheimliches, und war für den Fachmann Gatterer Anlass für wilde Mutmaßungen und übersinnliche Erklärungsversuche: „*Da ich nun vorhin des Nachts bey Mondenscheine gar öfters gesehen, daß ganze Triften von Mäusen die Heerstraße hinunter gelaufen, durch einen wasserreichen Graben geschwommen, und ihren Weg zu Lande ferner fortgesetzt hatten, so wurde ich in der Meynung noch mehr bestärkt, man müsse den Feldmäusen die Eigenschaft der Zugvögel und Heuschrecken beylegen, als um ihre Nahrung zu suchen. So ist es und so stimmen alle Zeugnisse der Reisen der Mäuse überein. Wie leicht kann nun nicht der Pöbel, der von diesem Umstande nichts weiß, und auf einmal eine so erstaunliche Menge Mäuse wahrnimmt, die zuvor nirgends waren, auf den Gedanken gerathen, daß sie vom Himmel herabgefallen wären.*"

„Mäuseheere" wurden bereits im 17. Jahrhundert auf Flugblättern abgebildet und es wundert nicht, dass mehrere zeitgenössische Autoren die These von den Mäusen als Zugtiere vertraten, vergleichbar den Zugvögeln (Abb. 4). Sie schilderten anschaulich, dass sich die Feldmäuse von nichts und niemandem von ihrem Weg abbringen ließen. In dem Buch

"Vorschläge" wird 1801 ein Augenzeuge zitiert: *"Mein Gärtner, welcher vor acht Jahren bey dem Zuge der Mäuse auf dem Wachtschiffe Schildwacht gestanden, hat sie in solcher Menge bey der Dämmerung über das Wasser schwimmen sehen, daß selbiges gleichsam davon bedeckt gewesen ... auch schnitte man in beiden Jahren keinen Hecht auf, dessen Magen nicht mit Mäusen, wie ausgestopft gewesen wäre."* Die Tiere richteten empfindliche Schäden an, es kam zu Teuerungen und manchmal war die Lage so schlimm, *"daß niemand mehr seine Kleider aufs Feld legen durfte, ohne befürchten zu müßen, daß solche von den Mäusen zernagt würden."*

Erhebliche Schäden für die Landwirtschaft durch Mäuse beschrieben für die Antike bereits Plinius d. Ä. und Aristophanes; Aelian erwähnt das massenhafte Auftreten von Feldmäusen im alten Ägypten. Auch damals hatte man keine Erklärung für das plötzliche Auftauchen und das ebenso schnelle Verschwinden der Tiere. Für die alten Ägypter war das, wie das massenhafte Auftreten von Heuschrecken und Steuereintreibern, eine der landestypischen Plagen, heißt es bei Erman/Ranke.

Noch zu Beginn des 20. Jahrhunderts schreibt Karl Eckstein: *"Wohl zu den gefährlichsten Feinden des Landwirts müssen die Mäuse gerechnet werden."* Aber bekannt ist auch, dass es besonderer Umstände bedarf, damit sich die Mäuse stark vermehren. Genannt werden das numerische Übergewicht der Weibchen, ihre große Fruchtbarkeit, die schnelle Generationenfolge innerhalb eines Jahres und günstiges Wetter. Es wird klar: *"Unter geeigneten Umweltbedingungen können sich Hausmäuse in kurzer Zeit so stark vermehren, daß sie zur Plage werden. (So wur-*

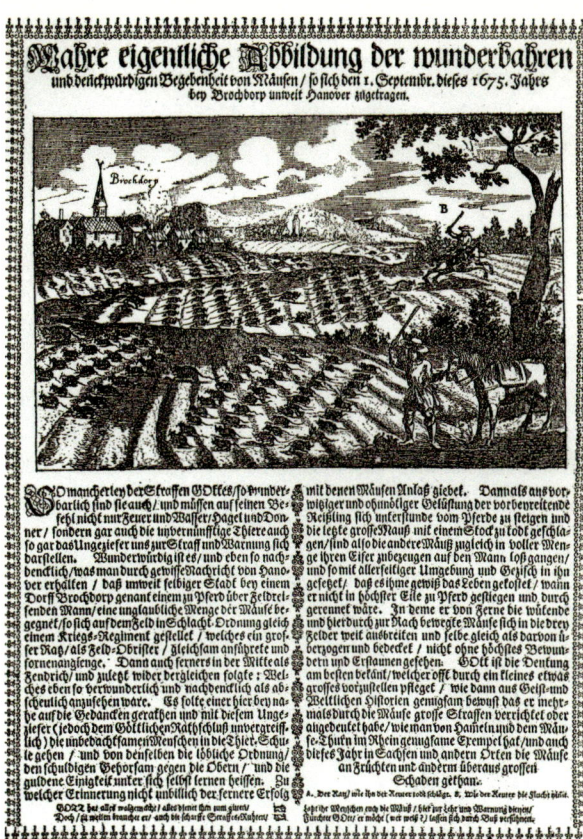

4 | Der Mäusekrieg, Albtraum der Bauern. Kupferstich 1675.

den an einem Ort in Australien 1917 allein 30 Millionen Mäuse innerhalb von vier Monaten gefangen.)" Und Mitte des 20. Jahrhunderts wissen Mäuseexperten, dass auch riesige Mäusepopulationen bei ungünstigen klimatischen Verhältnissen innerhalb weniger Wochen unter *"seuchenhaften Erscheinun-*

gen" wieder verschwinden. Aus Laborexperimenten wird geschlossen, dass es eine maximale Mäusedichte auf einer bestimmten Fläche gibt. Wird die überschritten, häufen sich Krankheiten, auch die Widerstandskraft gegen Verletzungsfolgen und Parasiten nimmt ab. Die Mäuse sterben in kurzer Zeit.

Der Schaden für Menschen liegt nicht primär darin, dass Hausmäuse Krankheitsüberträger sind, sondern darin, dass die Tiere Vorräte und anderes vernichten und beschädigen und damit wirtschaftlichen Schaden verursachen. *„Mäuse knabbern viel mehr Lebensmittel an, als sie eigentlich zu fressen imstande sind. Dabei verunreinigen sie noch mehr Lebensmittel durch ihren Kot und Urin und machen diese für den weiteren Verbrauch ungeeignet."* Weiter schreibt Britta Terlinden: *„Hinzu kommen Nagerschäden an nicht freßbaren Gegenständen, die auf den Nagezwang der Tiere zurückzuführen sind, welche zur Abnutzung ihrer Schneidezähne diesen Zwang ständig befriedigen müssen."*

Was Mäuse können

Um effektive Mausefallen zu entwickeln, wurden Mäusepopulationen von der *IGU AG* untersucht.

Mäuse können:
- an rauhen Flächen (Beton, Putz, Holz) senkrecht empor laufen
- aus dem Stand 30 Zentimeter hoch springen
- an waagrecht verlaufenden dünnen Schnüren Drähten, Kabeln usw. entlang hangeln
- aus einer Höhe von 2,5 Metern herab springen ohne sich zu verletzen
- sich durch Öffnungen zwängen, die weniger als 10 Millimeter lichte Weite haben, weil sie sogar ihre Schädelknochen gegeneinander verschieben können
- notfalls schwimmen
- mit ihren stahlharten Nagezähnen auch Holz, Putz, Ziegelsteine, unverdichteten Beton, Plastik, Blei, Aluminium und dünnes Stahldrahtgewebe zernagen
- nicht aufhören zu nagen, weil sie ihre Nagezähne auf einer optimalen Länge halten müssen. Hindert man sie daran, verhungern sie, weil sie dann ihre Schnauze nicht mehr schließen können
- ihr Revier für andere Mäuse mit Lockstoffen in ihrem Urin kenntlich machen
- von 1–3 Gramm Nahrung täglich leben
- von dem in der Nahrung gebundenen Wasser leben, sie brauchen täglich maximal 1–2 Gramm Wasser
- 1–2 Jahre leben
- sehr gut riechen
- gut schmecken
- ausgezeichnet hören
- 15–20 Meter weit sehen
- hervorragend tasten (Schnurrhaare, Leithaare auf dem Rücken)

Mäuse sind ausdauernd. Sperrt man sie in ein Laufrad, legen sie in einer Nacht 20000 bis 30000 Runden zurück, das entspricht 10 bis 15 Kilometern. Gemessen an einer 20 Gramm schweren Maus müsste ein Mensch, der 70 Kilo wiegt, in der gleichen Zeit 30000 bis 50000 Kilometer laufen. Fest steht durch eine

Untersuchung von M. E. A. Fuchs auch, dass Mäuse neugierig sind, sie bedienen sich an diversen Futterquellen und bevorzugen keine bestimmten Futterplätze. Das ist für ihre Bekämpfung eine wichtige Erkenntnis, genauso wie die Tatsache, dass sie sich bevorzugt an Wänden entlang bewegen. Dass Mäuse Menschen beißen, die sie ungeschickt anfassen, wussten die Autoren der „oeconomischen Enzyclopädie" bereits vor 200 Jahren, vermutlich war das Wissen älter, denn als Behandlungsmethode empfahl Experte Forer bereits Anfang des 17. Jahrhunderts, Knoblauch auf die Wunde zu reiben.

Verhaltensforscher haben Kirchenmäuse mit Infrarotgeräten beobachtet. Kirchenmäuse fraßen Spinnweben wie Zuckerwatte, sie fraßen Kitt, behielten das Öl im Leib und schieden die Masse aus, sie fraßen tote Fliegen und Staub. Staub besteht zu 20 % aus abgewetzten Textilfasern und zu 80 % aus winzigen Schuppen menschlicher Haut. „Darauf hatten es die Mäuse abgesehen. In gewissem Sinne sind sie also Menschenfresser", schreibt Vitus B. Dröscher.

Das Wissen über Mäuse wuchs in den vergangenen Jahrzehnten. Inzwischen zählt man rund 3000 Nagetierarten, zu denen die Mäuse gehören. Zur Familie der Muridae, zu der die Mäuse gehören, werden fast 500 Arten gezählt, unterteilt in 100 Gattungen. Mäuse sind die größte Familie nicht nur unter den Nagetieren, sondern sogar bezogen auf alle Säugetiere. Inzwischen geht der Experte Bielfeld davon aus, dass die Familie der Mäuse in der Entwicklungsgeschichte der Erde verhältnismäßig jung ist und sich erst gegen Ende des Miozäns, also vor rund 30 Millionen Jahren aus der Familie der Cricetidae, der Wühler, entwickelt hat. Auch über ihre Vermehrungs- und Überlebensstrategien weiß man inzwischen mehr. Wenn beispielsweise die Lebensbedingungen im Bezug auf das Kleinklima, das Nahrungsangebot, die Versteckmöglichkeiten und das Nistmaterial ausreichend sind, vermehren sich Mäuse das ganze Jahr hindurch. Ihre Fruchtbarkeit bleibt auch bei absoluter Dunkelheit erhalten, selbst Temperaturen unter dem Gefrierpunkt beeinträchtigen die Vermehrungsrate nicht, wenn proteinhaltige Nahrung vorhanden ist. Bei etwa 10 Würfen pro Weibchen werden jährlich 50 bis 60 Junge aufgezogen, die ihrerseits nach 6 bis 8 Wochen geschlechtsreif sind. Rechnerisch bedeutet das pro Mäuseweibchen mehrere tausend Nachkommen im Jahr. Mäuse bilden Gemeinschaftsnester, um auch unter ungünstigen Bedingungen die Fortpflanzungsrate aufrecht zu erhalten. Wenn allerdings die Population zu dicht wird und sich der Mäusestamm nicht durch Abwanderung ausdünnt, werden die Weibchen unfruchtbar. Experte Fuchs beobachtet, dass es in solchen Situationen zu Kannibalismus kommt, um die Zahl der Jungmäuse zu reduzieren. F. H. Bronson weiß: Es ist der Nahrungsmangel, der die sexuelle Entwicklung der Mäuse beeinträchtigt. Jede noch so geringe Hemmung des Körperwachstums bewirkt bei Weibchen, dass sie entweder gar nicht oder anormal langsam geschlechtsreif werden. Männchen dagegen werden sogar bei Gewichtsverlust geschlechtsreif.

Mäusesex

Die Sexualität der Maus ist ein spannender und für die Bekämpfung der Maus relevanter Untersuchungsgegenstand. Man weiß inzwischen, dass Hausmäuse entweder in monogamen Paaren leben oder in sozialen

Einheiten, die aus einem dominanten Männchen, mehreren Weibchen und untergeordneten Männchen bestehen. Der Eintritt der Geschlechtsreife hängt bei Weibchen vom Gewicht und der Anwesenheit des Vaters ab. Ist der Vater anwesend, dann verzögert sich der erste Eisprung. Durch den Geruch eines fremden Männchens wird er dagegen beschleunigt. Das hat man Anfang des 17. Jahrhunderts noch nicht gewusst, allerdings war dem Autor des „Thierbuchs" schon bekannt: *„Die Meuß sind geyl."* Mäuse beschnüffeln sich gegenseitig, laufen hintereinander her, belecken sich, bauen Nester und werden bald intim. „Fremde" Mäuse, beobachtete der Tierpsychologe Konrad Herter, wurden nach dem Beschnüffeln in Käfigexperimenten feindlich behandelt, mitunter wurden sie angefallen und totgebissen. Urinbestandteile wirken als so genannte motivierende Sozialhormone und regen zu sexueller Aktivität an oder bremsen sie. Mäuse, schreibt F. H. Bronson, setzen mit ihrem Urin systematisch Duftmarken, die Informationen über Artzugehörigkeit, Geschlecht und sexuelle Bereitschaft liefern. Bei den Mäusen sind die Männchen sexuell aktiver als die Weibchen. Sie sind es, die auf die Weibchen zugehen. Die Anziehungskraft der sexuellen Duftnoten wirkt nicht in beide Richtungen – trotzdem ist es der Geruchssinn, der das Auffinden potentieller Geschlechtspartner regelt. Experimentell wurde nachgewiesen, dass Männchen Fallen bevorzugten, in denen Weibchen ihre Duftmarken hinterlassen hatten. Dagegen fühlten sich Weibchen von Fallen mit dem Geruch von Mäusemännern kaum angezogen. Allerdings dürften nur die wenigsten Mäuse, die in Fallen gefangen wurden, noch Gelegenheit zum Sex gehabt haben.

Die mystische Maus

Die Maus war über Jahrhunderte nicht nur ein Nahrungsmittelkonkurrent, den die Menschen erst kennenlernen mussten, um ihn erfolgreich bekämpfen zu können. Die Herangehensweise an das Objekt Maus war nicht nur rational. Vor dem Wissen war der Glaube. So entstand das Bild der mystischen Maus mit besonderen Funktionen, angesiedelt irgendwo zwischen Hexen und Heiligen, zwischen Gut und Böse.

Man glaubte, Mäuse könnten auf sehr unterschiedliche Weise Wunder bewirken. Mäuse wurden wegen ihrer herausragenden Bedeutung Apollo geweiht. Weiße Mäuse lebten unter dem Altar des Appolo Smintheus und wurden in seinem Tempel gefüttert. Der Gott sollte vor Feldmausplagen schützen, so das Lexikon der alten Welt, er galt als Pest- und Mausegott. Es gab sogar Mäuse-Denkmale. Das Abbild einer Maus stand zum Beispiel neben einem Apoll geweihten Dreifuß. Die weißen pontischen Mäuse auf der Heraklesinsel sollen so anständig gewesen sein, die heiligen Trauben des Herakles nicht zu fressen. Nachzulesen in Paulys Real-Enzyklopädie und im Handwörterbuch des deutschen Aberglaubens.

Nicht nur im Griechenland der Antike, auch in Ägypten wurden Mäuse verehrt und ihre Wundertaten in der Literatur verbreitet, etwa in einer Geschichte, die durch Herodot überliefert ist: Als König Seth angegriffen wurde und nur noch wenig Soldaten zur Verfügung hatte, prophezeiten ihm die Götter vor der entscheidenden Schlacht Hilfe. Und tatsächlich fiel der Angriff der Feinde aus, denn Mäuse hatten über Nacht lederne Pfeilköcher, Schilde und Schnallen zernagt. Aus Dankbarkeit ließ Seth eine Statue errichten, die ihn mit einer Maus in der Hand darstellte. Ähnliche Geschichten sind aus dem antiken Rom und aus Kreta überliefert. In Ägypten waren gewöhnliche Mäuse keine heiligen Tiere, auch wenn ein einbalsamiertes Exemplar gefunden wurde. Springmäuse allerdings standen unter dem Schutz einer Göttin, von ihnen gibt es Abbildungen, in einigen Mittelmeerregionen auch auf Münzen (Abb. 5). Selbst in der Bibel werden im Buch Samuel fünf goldene Mäuse erwähnt, die die Philister mit der geraubten Bundeslade an die Israeliten zurückgeben mussten.

Die Mäuseverehrung war weit verbreitet. In einem anderen Apollo-Tempel gab es, schreibt Grohmann 1862, auf einem Sockel eine Götterfigur, die eine Maus darstellte. Die Maus galt als prophetisches Tier, allerdings auch als Wesen mit dämonischer Natur. In der indischen und ägyptischen Mythologie war die Maus das Symbol der Nacht, sie wird auf einer Abbildung mit Mond und Sternen gezeigt. Bei den Persern galt sie als Geschöpf des bösen Gottes Ahriman, und bei den Babyloniern und im Vorderen Orient war die Maus ein Opfertier, das bei rituellen Mahlzeiten gegessen wurde. In Verbindung mit Apollo in seiner Bedeutung als Sonnengott wurde die Maus als Symbol der Zeit interpretiert.

Mäuse waren mystische Tiere. Weil sie plötzlich, oft in Massen, auftauchten und Schäden anrichteten, galten sie seit biblischen Zeiten als Strafe Gottes. Manchmal, wenn die Götter es wollten, halfen sie – und die Mäuse verschwanden so plötzlich, wie sie gekommen waren. Im deutschen Sprachraum galten Mäuse wegen ihrer leuchtenden Zähne als Gewitterwesen. Man glaubte, Mäuse fielen bei Gewittern aus dem Himmel und war sich sicher, dass aus dem Regen,

5 | Die Maus. Verehrt, vergöttert, auf Münzen geprägt.

der am Petritag fällt, die Feldmäuse entstehen. Im Krünitz, dem Lexikon des frühen 19. Jahrhunderts, wurde konstatiert: *„Wenn sich die Mäuse in manchen Jahren so ungeheuer vermehren, oder durch ihre Nachtwanderungen plötzlich in einem anderen Lande erscheinen, so halten abergläubische Leute dafür, es habe Mäuse geregnet, oder sie wären aus den Wolken gefallen."* Im Volksaberglauben wurde aus den Gewitterwolken Rauch, folglich war man überzeugt, dass Mäuse gerade in die Häuser kommen, in denen am Ostermorgen der Rauch zuerst aus dem Schornstein steigt.

Mäuse schienen mit höheren Mächten in Verbindung zu stehen. Um sie loszuwerden, mussten Glaube und Aberglaube helfen, am besten beides zusammen. In Böhmen wurden Mäuse am Heiligen Abend mit Brotkrümeln und Erbsen gefüttert, die kreuzförmig ausgestreut wurden, um sie aus dem Haus zu treiben. Mit Beschwörungsformeln sollten sie vom Getreide ferngehalten werden, und in der Mark durfte man die Tiere um die Weihnachtszeit nur „Bodenläufer" und nicht Mäuse nennen. Die Maus galt als Seelentier. Weiße Mäuse wurden als Göttertiere positiv gesehen, dunkle Mäuse repräsentierten die Seelen der Gottlosen. Als dämonisches Teufelstier hütete die Maus Schätze, an die man nur kommen konnte, wenn man dem Teufel die Seele verschrieb. Sie konnte aber Menschen auch zu Gold und Silber führen, wie in der Sage von einem Kaufmann, der eine Maus fütterte, die ihm

Die mystische Maus | 17

zur Belohnung Goldstücke brachte und ihn zu einem Schatz führte.

Während man gewöhnliche Mäuse verfolgte, wurden weiße Mäuse aus den Fallen genommen und gepflegt. Würden sie sterben, würde das Glück aus dem Haus verschwinden. Eine tote weiße Maus im Haus bedeutete den Tod eines Familienmitglieds. Grundsätzlich galt die Regel: *„Wenn man den Mäusen flucht, so vermehren sie sich."* Im Volksaberglauben war man auch der Meinung, Mäuse seien mit Zwergen, Erdgeistern und Elfen verwandt. Die Löcher, aus denen die Zwerge schlüpften, seien die Mauselöcher. In einer Sage über Zwerge, die Karl Haupt notiert hat, heißt es: *„ihr lieblingsvergnügen war aber, in dem hause eines menschen bei nachtzeit ein gastmahl zu feiern. wer sie zu belauschen das glück hatte, sah sie dann durch unterirdische gänge und mäuselöcher zum vorschein kommen. beleidigen durfte man sie alsdann nicht, wenn man sein häusliches glück lieb hatte. seit die glocken eingeführt sind, sind die ludki (Zwerge) allmählich verschwunden".*

Seelentier

Die Maus hat im Glauben und Aberglauben vieler Völker über Jahrtausende hinweg Spuren hinterlassen. In der Religionsgeschichte konnten Götter und Dämonen die Gestalt von Mäusen annehmen, im Mittelalter herrschte der Aberglaube, Hexen erschienen in der Gestalt von Mäusen. Noch im 19. Jahrhundert ging der Volksaberglaube davon aus, die Seelen ungeborener Kinder erschienen als weiße Mäuse, und man war sicher, die Rettung einer Maus, also einer Seele, würde Glück bringen. In den Ratten- und Mäusefängersagen wurde dieses Motiv aufgegriffen, hier allerdings wurden Seelen ins Jenseits gelockt. Die Maus galt als Orakeltier, als Krankheits-Dämon oder Alb. Mäuseplagen waren eine Strafe Gottes, im Mittelalter insbesondere für Päderastie. So wie in der Antike Apoll mit Mäusen strafte, aber auch vor Mäusen schütze, wird noch heute die heilige Gertrud von Nivelles als Schutzheilige gegen Mäuse verehrt. Sie wurde bereits von Bischöfen der frühen katholischen Kirche um Schutz gegen die Pest und die Mäuse angerufen. Allerdings nicht mit dem Spruch „Potz Maus!" Bei ihm handelt es sich lediglich um eine Ausruf- und Verwünschungsformel des späten Mittelalters, die Überraschung ausdrückte. Wie auch immer sich die mystische Bedeutung der Maus wandelte, populär war der Spruch: *„Mönche, Mäuse, Motten, Maden – scheiden selten ohne Schaden."* Aber das war nicht mystisch, sondern Lebenserfahrung.

Die Maus als Seelentier ist eines der zentralen Elemente des Aberglaubens im Zusammenhang mit Mäusen (Abb. 6). Das ist auch Gegenstand von Märchen- und Sagensammlungen. Eine der Geschichten, die von Wilhelm Müller 1924 aufgeschrieben wurde, liest sich so: *„Ein Bauer hatte zwei Knechte. Der eine war sehr mager. Eines Abends erzählte er, er könne nicht schlafen, denn er werde immer von einem Tiere gequält. Sein Mitknecht schlug ihm vor, mit den Plätzen zu tauschen. Um zwölf Uhr kam ein Tier in Gestalt einer Katze. Er ergriff und würgte sie, da verwandelte sie sich immer in andre Tiere, zuletzt in eine Maus. Jetzt warf er sie in seinen Koffer, der zufällig offen stand. Durch den Wurf fiel der Deckel zu. Am anderen Morgen kam der Nachbar zu seinem Herrn, seine Frau sei gestorben, er solle doch den Leichenwagen fahren.*

6 | Maus und Katze: Seelentiere des 15. Jahrhunderts.

Weil dieser aber keine Zeit hatte, befahl er es seinem Knecht. Der ging zu seinem Koffer, um ein Kleidungsstück herauszunehmen. Da lief die Maus zur Tür hinaus, ins Nachbarhaus, am Bett in die Höhe und in den Mund des Weibes. Im selben Augenblick wurde sie wieder lebendig. Nun wusste man, wer der Quäler gewesen war."

Die Beschreibungen definierten Träume dieser Art, in denen Mäuse auch als verzauberte Jungfrauen auftauchen, nicht als das, was sie waren, nämlich als Sexualfantasien, als Ausdruck nicht gelebter Sexualität. Der Weg von der Beschreibung dieser Facetten des Aberglaubens zur wissenschaftlichen Traumanalyse war lang. Es war einfacher, vermeintlich real existierende Phänomene zu schildern, als die Wirklichkeit zu analysieren. Es war leichter, die Maus als Bild der Seele zu betrachten, die im Inneren der Menschen wohnt, das sie – als Maus – bei Schlaf oder mit dem Tod des Menschen verlässt, weil dieses Bild Nichtbegreifbares vorstellbar machte. Auf diese Weise war es möglich, die Seele vom Leib zu unterscheiden und sie sich trotzdem als leibliches Wesen vorzustellen. Wie sehr Glaube und Aberglaube miteinander verwoben waren und gleichzeitig Zeitgeist und Ideologie transportierten, macht die einschlägige Literatur deutlich. Mäuse als Bilder der Seele werden oft als rächende, strafende Seelen wahrgenommen, etwa in der Sage vom Binger Mäuseturm, in der Mäuse den Bischof Hatto II. von Mainz auffressen, die die Seelen von Menschen sind, die durch die Hartherzigkeit des Bischofs im Jahr 974 verhungert waren. Ähnliche Sagen spielen in Polen, Straßburg, Osnabrück und Göttingen. Diese Sagen zeigen Mäuse als Dämone der Dürre und des Hungers, als die Verkörperung der Seelen von Ermordeten, die sich am Mörder rächen. Die Maus gilt aber auch als Symbol der Pest. Bischof Hatto II. und die Opfer vergleichbarer Sagen könnten demnach Pestopfer sein.

Es bedurfte der besonderen Nähe zur Kirche, um aus strafenden, rächenden Seelenmäusen gute Seelen zu machen. Oskar Schwebel schreibt: *„Wenn sie aber St. Gertrud umgeben, so sind sie willige, folgsame Thierchen, welche der Heiligen in die Heimath des Friedens folgen."* Natürlich sind die Seelen im Schoß der Kirche bzw. in der Nähe der Schutzheiligen gegen Mäuse gute Seelen, auch wenn sie aussehen wie Mäuse. Man muss auch stark glauben oder sehr abergläubisch sein, um davon überzeugt zu sein, über das Bild der Maus in die Seele von Menschen schauen zu können: *„Wir reden ein liebes und zartes Kind wohl auch heut' noch ‚Mein Mäuschen' an. Ja, es ist doch wundersam, wie treu die Sprache der Liebe uralte Vorstellungen bewahrt hat! Die holde Mutter, welche sich über ihr Kind beugt, blickt nicht allein in dessen Augen* *und auf dessen goldenes Lächeln; – nein, sie erblickt auch die Seele des Kindes und ruft glückselig: ‚Mein Mäuschen!'* Vor 150 Jahren stand fest: Die Seele lebender Menschen kann als Maus ein Sonderdasein führen, und zwar getrennt vom Körper des Menschen. Jedes Seelentier, ob Schlange, Wiesel, Maus oder Katze, repräsentierte einen speziellen Typ der Seele. Fest stand: Die wirklichen Mäuse sind keine Seelen und Seelenmäuse keine wirklichen Mäuse. Der Volksaberglaube kannte nicht nur das Bild von der Seele als Maus, er unterschied in Menschen, die verwunschen und deshalb Tiere waren, und in solche, deren menschliche Gestalt erhalten blieb, die aber nicht oder nur zeitweise gesehen werden konnten, bzw. tief schliefen und aus diesem Schlaf nur selten erwachten. Wenn die Seele als Maus den Menschen verließ und nicht zurück konnte, etwa weil der Körper an einen anderen Ort gebracht worden war, dann blieb der Mensch tot – seine Seele hatte ihn verlassen. Seelenmäuse waren in Erzählungen oft rot, Goethe hat das im Faust in der Tanzszene auf dem Blocksberg aufgegriffen, als er eine rote Maus aus dem Mund eines Hexenmädchens springen lässt. Rote Mäuse galten als Seelentiere gottloser Menschen, die Seelenmäuse von Kindern und Frommen waren weiß.

Es gibt eine Fülle von Beschreibungen, wie die Seele in den menschlichen Körper kommt oder ihn verlässt. Sie tut das aus Sehnsucht oder innerem Zwang, schreibt Grohmann. *„Einem durstigen Schlafenden geht die Seele als Maus aus dem Munde, läuft zum Wasser und trinkt. Ein schlafendes Kind darf den Mund nicht offen haben, sonst kann ihm die Seele als weiße Maus entschlüpfen; der überall verbreitete Kinderreim: ‚kommt ein Mäuschen, will ins Häuschen, da nein, da nein', wobei man dem Kinde auf den Leib oder den Mund weist, bezieht sich zweifellos hierauf."* Der Kinderreim war und ist weit verbreitet. In der Schweiz war er Gegenstand einer volkskundlichen Untersuchung. *„Es chunt es Müsli"*, heißt er dort. Er wurde aufgesagt, wenn das Kind auf dem Schoß einer erwachsenen Person am Tisch saß. Zeige- und Mittelfinger wurden auf die Tischplatte gesetzt und „liefen", die Schritte eines Tieres nachahmend, auf das Kind zu. *„Kommt a Mäusl, geht ins Häusl"*, hieß eine Variante dieses Fingerspiels. Der Körper war die gedachte Wohnung, das Haus einer über sich selbst verfügenden Seele, die dort ein- und ausgehen konnte. In einer deutschen Variante des Kinderreims spazieren die Finger zum Ohrläppchen des Kindes, an dem mit den Worten gezupft wird: *„Da kommt die Maus, da kommt die Maus! Klingelingeling! Ist der Herr zu Haus?"* Der Spruch und das damit verbundene Spiel werden als Zauberspruch, als magisches Vorbeugemittel interpretiert, damit sich das Kind nicht in Gefahr begibt oder gar verloren geht, also stirbt. Die meisten Interpreten dieser Kindersprüche sehen die Seele als Maus, die im Körper des Kindes wohnt. Ein Experte hat bei Spiel und Spruch eine abweichende Meinung über die Rolle der Maus, obwohl auch er den Aberglauben an die Mäusegestalt der Seele transportiert, die den Körper wie ein Atemhauch durch den Mund verlässt oder betritt. Wer tot ist, hat seine Seele ausgehaucht, ist mausetot. Er widerspricht zwar nicht der Ansicht, die Seele sei, wie die Mäuse, im Gewitter geboren, doch in den Kinderreimen, schreibt Grohmann, sei die Maus nicht die Seele. *„Die Kinder sollten durch dieselben und das damit verbundene Krabbeln zum Lachen gereizt werden und da nahm man dann in die Reime jene trip-*

pelnden, hüpfenden Vierfüssler wie Mäuschen, Füchschen, deren Laufen an das Krabbeln mit den Fingern erinnert und die für die Phantasie des Kindes auch ohne mythische Bedeutung von jeher ein grosses Interesse gehabt haben."

Hexenmäuse

Während der Volksglaube zwischen guter und böser Seelenmaus unterschied, gab es an der grundsätzlichen Klassifizierung der Maus als Hexentier keinen Zweifel, an der Existenz von Hexen natürlich erst recht nicht, auch wenn der Begriff Hexe erst im 17. Jahrhundert in den allgemeinen Sprachgebrauch einging. Hexentiere sind selbstverständlich immer auch Teufelstiere, Tiere, in deren Gestalt der Teufel erscheint. Hexen, hieß es, wüssten die geheimen Namen der Mäuse. Und sie konnten Mäuse machen, natürlich in der Absicht, den Menschen zu schaden, etwa dadurch, dass sie Mäuse auf trächtige Kühe warfen, die dann tote Kälber zur Welt brachten. Kröten würden von Hexen herbeigeschafft, *„aber noch öfters Mäuse; die Hexen machen eine Maus aus einem Tuche, halten ein vierbeiniges Zaubergerät darunter und sprechen: ‚lauf hin und komm wieder zu mir.'"* Ein Rezept zum Mäusemachen beschreibt Jozef Cornelissen: *„Man nehme einen Weitzen, thu ihn in einen Hafen und decke ihm mit einem verschweiten Hembd, das ein Taghlohner angehabt, so werden davon in kurzer Zeit Mäuse hervorkommen."* Ein anderes Rezept war ähnlich. Es wurde 1683 veröffentlicht: *„Sondern es begibt sich auch / wenn man ein unreines (Weiber-)Hembde nimmt / und stösset es zusammen in den Spund eines Fasses hinein / darinnen Weitzen enthalten ist; so wird innerhalb wenig Tagen (nemlich in drey Wochen) das Hembde einen Urheb erfassen / und durch den Geruch des Getreydes verändert werden; also daß davon der Weitzen selbst mit seiner eigenen Haut überzogen / in Mäuse verwandelt wird."*

In Hexenprozessen wurden unter Folter aus den bedauernswerten Frauen noch andere Rezepte zum Mäusemachen herausgepresst: Hexenmäuse entstanden demnach aus Hexenurin, Erde in Kugelform, Tonerde, Uferlehm, Sand, Staub, Zauberkräutern, Eichenblättern, Weidenblättern, Weizen und Birnen. Das Material wurde, so die Folterprotokolle, zum Teil vom Teufel geliefert, zum Teil aus der Apotheke geholt, in einen Topf getan und mit Hilfe einer vom Teufel stammenden Zauberformel zu Mäusen verarbeitet. Die sprangen unter dem aus Norddeutschland überlieferten Spruch *„Muis er uit, er uit in duivelsnaam"* aus dem Topf. In den Akten eines Hexenprozesses steht: *„eine hexe bekennt, mäuß habe sie helfen machen, der böse feind hette ihr gezeug dazu geben, sie hette aber noch etwas aus der apothek zu Hanau, welches weiß wie ein fakzstein gewesen darzu kauft, mit einander in hafen gethan, 8 tag stehn laßen und etliche wort, welche der teufen ihr fürgesagt, darüber sprechen müßen so were leuter klein gereppel daraus geworden, welches sie hernacher in das feld getragen, die meuß hetten alle gespaltene ohren gehabt."* Hexen konnte man laut Adolf Wuttke angeblich lernen. *„Die Hexenkunst kann schon früh erlernt werden, am besten am Tage vor der Konfirmation. Kinder müssen eine förmliche Lehrzeit durchmachen, sie lernen zuerst Mäuse machen, die aber bei den ersten Versuchen noch keine Schwänze haben."* In anderen Prozessakten wurde festgehalten, Hexenmäuse seien grundsätzlich schwanzlos, hätten gespaltene Ohren und feurige Augen. Die Frage nach dem Mäusemachen war eine Standardfrage in Hexenprozessen. Ein bekannter Naturwissenschaftler des 16. Jahrhunderts, der Literat und Theologe Caspar Peucer – er war der Schwiegersohn Philipp Melanchthons, des neben Martin Luther bekanntesten Reformators –, war vom Glauben an Hexen und Teufelsmäuse nicht frei. Von ihm ist ein Bericht überliefert, in dem er schreibt, er habe bei einer besessenen Frau den Teufel in Gestalt einer Maus unter der Haut hin- und herlaufen sehen. Vermutlich stimmt die Interpretation des 19. Jahrhunderts, dass es sich bei Peucers Beobachtung um die Muskelzuckungen einer Gefolterten gehandelt hat. Und Luther soll gesehen haben, dass eine Frau eine Ratten-Maus gebar.

Hexen konnten sich in Mäuse verwandeln und in Gestalt dieser Tiere ihren eigenen Körper verlassen, um beispielsweise in Schränke einzudringen, Hexen ernährten sich von Mäusen und Ratten und flüchteten bei Hexenverbrennungen in Mausegestalt vom Scheiterhaufen, wie das nach einer Hinrichtung im Jahr 1573 geschildert und von Oskar Schwebel beschrieben wurde: *„Wie bei der Verbrennung sogleich eine große Maus unter dem Gerüste hervorkam, die nicht mitverbrennen wollte, so haben solche viel fromme Leute für den Zauberteufel gehalten."* 300 Jahre später, Ende des 19. Jahrhunderts, wird die aus dem Scheiterhaufen flüchtende Maus als unschuldige Seele interpretiert, der das Feuer nicht schaden konnte. Ein Aberglaube ersetzte den anderen. In der „Geschichte der Hexenprozesse" ist nachzulesen, dass im 16. Jahrhundert kritische Reflektionen über Hexenverurteilungen und Hexenverbrennungen wie die in den Tagebuchaufzeichnungen eines Kölner Ratsherren Ausnahmen waren. *„Ich weiß wohl, daß es manche böse, argwöhnische, niedrige, aufsässige, unzüchtige, schädliche Weiber gibt, daraus folgt aber gar nicht, daß diese Zauberinnen seien. Niemals aber habe ich ein Weib gesehen, das imstande wäre, Hasen, Hunde, Katzen, Mäuse, Schlangen, Kröten zu machen, mit einem Bock durch den Schornstein zu fliegen, in Weinkeller zu schlüpfen, mit dem Teufel zu tanzen; und derjenige, der da sagt, er habe es gesehen, kann lügen."*

Die Akten der Hexenprozesse enthalten immer wieder den Vorwurf der Mäusemacherei, die meisten Prozesse endeten nach der Folter mit dem Tod der Angeklagten. Mildere Urteile waren selten. Ein Kind, das aus seinem Taschentuch eine Maus knoten konnte, hatte Glück. Auch mehrere Jungen, die auf diese Weise Mäuse gebastelt hatten, wurden in einem ähnlichen Verfahren zwar körperlich bestraft, ihnen blieb aber die Todesstrafe erspart. Das Basteln von Mäusen aus Tüchern *„scheint auf ein Taschenspielerkunststück zurückzugehen, dessen Kenntnis den Kindern eigentümlich war und diese verdächtig machte"*, heißt es in einer Analyse von Fritz Byloff aus den 30er Jahren des 20. Jahrhunderts.

In Sagen haben sich die Geschichten von Hexen und vom Mäusezauber erhalten, etwa in der vom „Hexenstück", in der eine Putzfrau in alten Büchern des Pfarrers liest: *„Eines Morgens, als der Pfarrer ausgegangen war, guckte die Magd beim Aufräumen aus Neugierde in eines dieser Bücher und las laut eine Stelle aus dem Text vor sich hin. Da wimmelte plötzlich die ganze Stube von grauen Mäusen, deren Piepen die Magd in große Furcht versetzte. Als der Pfarrer heimkam und gehört hatte, was die Magd in ihrer Neugierde angestellt, las er die betreffende Stelle* *im Buch von rückwärts nach vorne, worauf die Mäuse plötzlich wieder verschwanden."* Die Geschichte wurde von Karl Paulin vor 70 Jahren aufgeschrieben. 300 Jahre früher endete der Missbrauch eines Mäusesegens, durch den eine Witwe angeblich Mäuse in das Haus ihres Schwagers gehext hatte, mit dem Tod der Frau.

Man brauchte aber keine Hexen, um sicher zu sein, dass Mäuse Übles bedeuteten: fremde Völker im Land oder deutlicher: Krieg. Die Maus war schon in der ägyptischen Hieroglyphik das Symbol der Vernichtung, auf Grabmonumenten taucht sie als Todessymbol auf. Bei den Römern galt es als Vorzeichen eines Bürgerkrieges bzw. einer Niederlage, wenn Mäuse im Tempel Gold oder Silber benagten. Im Mittelalter war das Anknabbern von Edelmetall als Kriegssymbol nicht mehr nötig, es reichte das massenhafte Auftreten von Mäusen. Die brachten auch Hungersnot, Teuerung und Pest, besonders, wenn weiße oder gestreifte Mäuse gesehen wurden. Im 19. Jahrhundert wurde eine Analogie zwischen dem mythologischen Himmelsheer des Germanengottes Wotan und dem Mäuseheer hergestellt. Beide wurden als Symbole des großen Mordens, des Krieges gesehen.

Was Mäuse bewirken

Das Erscheinen mystischer Mäuse war im Volksglauben auch für Nicht-Hexen nicht folgenlos. Träumte man von Mäusen, bedeutete das Streit, Mäuse im Haus waren verantwortlich dafür, dass dort jemand sterben musste. Mäuse konnten Ereignisse voraussehen. Conrad Forer schreibt: *"So ein hausz alt / faul / bauwfellig ist worden / so fliehen die Meusz vor dem fall herausz / als ob sie vorbewuszt desz künfftigen übels: welches in der Statt Helice geschehen ist."* Sie konnten den Lauf der Ereignisse auch bestimmen. So sollte ein Kind Bettnässer bleiben, wenn eine Maus von der Nachgeburt gefressen hatte. Und im alten Rom galt: Wenn eine Frau ein Kind mit schwarzen Augen zur Welt bringen wollte, dann musste sie eine Spitzmaus essen. Anfang des 17. Jahrhunderts warnte Forer vor Mäuse-Urin: *"Der Meuszseich sol das fleisch durchfressen auch bisz auff die bein* (Knochen).*"* Kamen Menschen mit Urin von Mäusen in Berührung, die in der Brunft waren, dann sollten die Körperteile abfaulen, die in Kontakt mit dem Urin gekommen waren. Der Biss einer Maus galt als giftig, auch der Mäuseschwanz. Schon eine Berührung sollte Geschwüre verursachen und wenn jemand Herpes auf den Lippen hatte, sollten Mäuse Schuld sein. Mäuse galten als Krankheitsüberträger im Auftrag des Teufels. Zu den Krankheitsbildern gehörte es auch, *"Mäusenester im Kopf"* oder *"schrullige Ideen"* zu haben.

In der Antike war man der Ansicht, dass ein Mensch, der eine Mäuseleber gegessen hatte, von dem Menschen abhängig würde, der sie ihm untergeschoben hatte. In der Bibel und in einem Fachbuch Anfang des 17. Jahrhunderts wurde vom Genuss von Mäusefleisch dringend abgeraten: *"Das Meuszfleisch wird / und sol von niemants genossen werden / dan es macht vergäszlichkeit / taubsucht und zerstört den magen."* Wer Mäuseherzen aß, wurde kein Prophet, es war im Volksglauben aber auch nicht nötig, Mäuseherzen zu essen, wenn man auf die Zeichen achtete, die die Mäuse gaben. Bereits im alten Ägypten waren die Menschen abergläubisch. Sie stellten sich auf gute und schlechte Tage ein, je nachdem, wie die Zeichen waren. Ein ganz schlechtes Zeichen war es, wenn man in dem mäusereichen Land an einem bestimmten Tag, dem 12. Tybi, keine Maus sah. Auf Zeichen, die die Mäuse selbst waren oder gaben, achtete man noch im 17. Jahrhundert in Mitteleuropa sehr genau: *„So sie weissen mehr dann ihr gewohnheit ist / tantzen und springen / so verkünden sie änderung desz wetters / nemlich ungewitter. So sie in den löchern kratzen / begehren sie zu schlaffen / und verkünden regen wetter."* Das waren Jahrhunderte alte Glaubenssätze, denn bereits im antiken Griechenland galten pfeifende Mäuse, die sich ansprangen, als Verkünder eines bevorstehenden Unwetters. Im 14. Jahrhundert sah man weniger auf das Detail, damals kündigten Mäuse keine Unwetter an, sondern die Mäuse selbst wurden im Gewitter geboren. Sie behielten über die Jahrhunderte ihren Ruf als Zaubertiere. Eine trächtige Kuh, auf die eine tote Maus geworfen wurde, brachte ein totes Kalb zur Welt und wenn Tiere an Blähungen litten, hieß es, sie seien von einer Maus gebissen worden. Ein Mäusebiss konnte angeblich für Tiere tödlich sein, Geschwüre verursachen oder lähmen. Forer hatte beobachtet, dass es Tiere gab, die Mäuse mieden, etwa Elefanten: *„Der groß /scheußlich starck Helffant scheuht auch von dem geschmack der Mauß / dann wo er ein Maus in dem futer ersicht / so frisst er nicht mehr davon."* Das aber war tatsächlich so und hatte nichts mit Zauberei zu tun.

Wenn Mäuse Unangenehmes bewirken konnten, dann musste auch das Gegenteil möglich sein. Menschen waren da nicht zimperlich und folglich galt: *„Da sonst kein Thier war, dessen Theile man nicht als Arzneymittel anzuwenden suchte, so ist auch der Maus dieses Zutraun geschenkt worden, welches sie jetzt mit Recht wieder verloren hat."* Die Einsicht des „Krünitz" in die Untauglichkeit der Maus als Heilmittel hatten Anfang des 19. Jahrhunderts nur Wenige. Man war zum Beispiel der Meinung, dass Schwellungen dadurch verursacht wurden, dass eine Feldmaus über den entsprechenden Körperteil gelaufen war. Die Schwellungen sollten verschwinden, wenn man eine lebendige Feldmaus mit einem Pflock in einer Öffnung von Eiche, Ulme oder Esche festnagelte. Die „Krankheitsgeister" sollten in den Baum zurück getrieben werden. Rituale und Zauberformeln sollten für die richtige Wirkung sorgen. Das Besondere an dieser Methode war, dass ein Baum, in den der Pfahl mit der Maus getrieben worden war, dauerhaft heilende Wirkung haben sollte. Schon die Berührung mit seinen Zweigen sollte heilen. Bereits vor rund 1200 Jahren waren die Autoren des Lorscher Arzneibuchs davon überzeugt, dass man mit einer in Öl zerriebenen Maus einen geschwollenen Fußknöchel kurieren konnte.

Im Altertum war die Maus Heilmittel gegen Krankheiten aller Art. Die Asche einer verbrannten Maus und Mäuse-Kot sollten besonders wirksam sein – bei Skorpion- und Schlangenbissen und als Füllung für hohle Zähne. Gegen Zahnschmerzen wurde empfohlen, zweimal im Monat eine Maus zu zerkauen. Zahnweh war ein großes Problem und die Maus das Heilmittel der Wahl. Im alten Rom, im Mittelalter und noch im 19. Jahrhundert. Die Ratschläge aus dem Jahr 1862: *„Wenn ein Kind hart zahnt, so binde man ihm einen abgebissenen Mäusekopf, in ein Tüchlein gewickelt um den Hals. Wenn man Brod isst, wovon eine Maus gefressen hat, so bekommt man kein Zahnweh."* Auch ein ausgefallener Zahn, in ein Mauseloch gesteckt, sollte vor Zahnweh schützen, das sollten auch

Mäusezähne, die als Amulett dienten. Mäuseasche in Honig galt als optimales Zahnputzmittel, das für guten Geschmack im Mund sorgte. Dieses Rezept aus dem Altertum hat in seiner Substanz Bestand. Asche wirkt mechanisch reinigend. Alkalien sind Säure lösend und hindern Kariesbakterien an ihrer Entwicklung. Sie unterstützen die neutralisierende Wirkung des Speichels. Asche, auch Mäuseasche, erfüllt also die Anforderungen, die heute an Zahnpasta gestellt werden. Ähnlich ist das mit Mäusekot, der seit dem Altertum als Füllmaterial für Zähne benutzt wurde. Mäusekot ist ein schlechter Wärmeleiter und schützt die entzündete Pulpa vor thermischen Reizen.

Trotzdem ist die Warnung im „Krünitz" aus dem frühen 19. Jahrhundert nicht falsch: *„Mäusedreck, der kleine runde schwarze Koth der Mäuse. An die medizinische Kraft dieses ekelhaften Mittels glauben jetzt hoffentlich nur noch wenige Leute, weshalb hier nichts weiter davon zu sagen ist."* Mäusekot wurde häufig medizinisch genutzt. Das Problem mit dem Haarausfall beispielsweise sollte seit dem Altertum der Mäusekot beseitigen. Noch Anfang des 17. Jahrhunderts heißt es bei Forer: *„Die schuppen des haupts vertreibt Meusztreck mit essig angestrichen / machet haar wachsen. Meusztreck mit Bocksdreck gedört / mit honig angestrichen machet haar wachssen / auch an den augenbrawen."* Mäusekot wirkte angeblich auch als Anti-Potenzmittel, während die Mäuseleber das Gegenteil bewirken sollte.

Gegen Fieber sollten Blut, Galle, Gehirn, Schnauze und Ohren der Maus helfen, alles möglichst frisch vom lebenden Tier abgeschnitten. Aber auch getrocknet, zu Pulver zerrieben, in Scheiben geschnitten oder in Öl eingelegt, die Maus galt als Allzweckwaffe gegen diverse Krankheiten, etwa Fleischwunden, Warzen, Blasenleiden, Zuckerkrankheit, Schilddrüsenvergrößerung, Augenleiden und Haarausfall, sie sollte für eine saubere Gesichtshaut sorgen und gegen Ohrenschmerzen helfen. Das Rezept in Forers Thierbuch lautete: *„Ein mausz zu äschen gebrannt / gestossen und dasz pulver mit honig / Bärenfeste gemischt angestrichen / mit öl in die ohren gestreift / ist gut dem schmertzen der ohren."* Mauskopfasche war schon im alten Rom gut gegen Augenleiden, lebenden Mäusen wurde noch im 20. Jahrhunderts die Augen ausgestochen, getrocknet und dann einem Kind mit Augenleiden an einem Faden um den Hals gehängt. Mäuseaugen am Faden sollten auch dafür sorgen, dass ein Kropf verschwand. Mäusefett war das Mittel gegen Schlaganfall, und eine aufgelegte, zerschnittene Maus sollte Pfeile und Dornen aus Wunden ziehen. Schon im Mittelalter gab es laut Forer den Wunsch nach einer gesunden Gesichtsfarbe: *„Ein mausz mit eisenkraut gekocht / solch tranck getruncken / ist gut für die breune."* Ein anders Rezept aus dem Mittelalter empfahl pulverisierte Maus gegen Gesichtsröte und Ausschlag.

Im Volksaberglauben des späten 18. und des frühen 19. Jahrhunderts galt ein Mausefell, das einer lebendigen Maus abgezogen wurde, als Mittel gegen den Krebs. Gegen Schwindelanfälle half ein Gemisch aus Mäuseblut, Galle und Frauenmilch, gegen Epilepsie wurde empfohlen, eine gebratene oder gekochte Maus zu essen, alternativ sollten dem Kranken unbemerkt junge, noch blinde Mäuse zu essen gegeben werden. Pulverisierter Mäusedarm sollte ebenfalls helfen, mancherorts tat es auch ein Schluck Wasser, in dem eine Maus gelegen hatte. Jozef Cornelissen zitiert die

7 | Römischer Skalpellgriff. Die Maus hilft heilen.

Anleitung: *„Bei der Fallsucht lege man eine Maus in Wasser und lasse dieses den Kranken thrinken, wasche ihm auch Stirn und Füsse damit."* Ein Alternativrezept lautete: Haut abziehen, Maus ausnehmen, Eingeweide bis auf Herz und Leber wegwerfen, das Ganze in einem Topf im Backofen dörren lasse, dann pulverisieren, in drei Teile teilen und drei Tage lang je einen Teil mit Lindenblüten- oder Schlüsselblumenwasser einnehmen.

Manchmal musste man fast gar nichts tun. Wenn jemand Fieber hatte, reichte es, eine Maus zu fangen und sie unter das Bett des Kranken zu setzen und zu füttern. Man war sicher, dass die Krankheit auf die Maus übergehen würde. Man glaubte, diese Mäuse würden die anderen warnen und alle würden aus dem Haus verschwinden. Die Maus galt als Fieberdämon, der das Fieber nach einem Gebet vom Kranken weg an sich zog. Mäusehirn in Milch oder Bier sollte Wahnsinnige klug machen und gegen Delirien jeder Art helfen. Eine Maus oder ihre Bestandteile waren gegen fast alle Krankheiten zu gebrauchen, auch gegen Gelbsucht, Blutspucken, Lungenleiden, Blattern, Keuchhusten, Trunksucht, Veitstanz, Darmprobleme und Räude, sie sollten Nieren- und Blasensteine zerstören, gegen Bettnässen helfen und eine Mäusesuppe

8 | Hinter Gittern. Maus in Reusenfalle.

sollte für viel Muttermilch sorgen. Es verwundert in Anbetracht der vermeintlichen Heilkraft der Maus nicht, dass sich im Römisch-Germanischen Zentralmuseum in Mainz der Griff eines aus Bronze gegossenen Arzt-Instruments befindet. Der Griff, vermutlich zum befestigen von Wechselklingen eines Skalpells, stammt aus der 1. Hälfte des 3. Jahrhunderts. Ihn schmückt eine Hausmaus, die an einer Frucht nagt (Abb. 7). Die Maus wird als Medizinsymbol interpretiert, das zumindest in der 2. Hälfte des 2. Jahrhunderts gleichwertig neben dem heute vor allem bekannten Äsklepios-Tier, der Schlange, stand.

Ob als Heilmittel, als Unglücksbote, als mystische Seelenmaus oder als Nahrungskonkurrent – jede Funktion der Maus war schon für sich allein Grund genug, ihr nachzustellen. In der Regel geschah das mit Fallen (Abb. 8).

Geschichte der Mausefalle

*„Mausefalle: Eine Falle, um Hausmäuse damit wegzufangen.
Es gibt verschiedene Arten, vermittelst welcher man die Mäuse todt
oder lebendig in seine Gewalt bekommt."*

(Krünitz, Johann: Ökonomisch-technologische Enzyklopädie, Bd. 86,
Buchhandlung Joachim Pauli, Berlin 1802, S. 147)

Das Lexikon

Über Mausefallen steht nichts im Lexikon. Es gibt aber eine Vielzahl unterschiedlicher Fallen, das zeigt beispielsweise der Blick in die Regale von Baumärkten. Die Lexikonverlage begründen diese Informationslücke. Der Herderverlag argumentiert: *„Nun ist es ja so, dass jedes Nachschlagwerk – und sei es noch so umfangreich – nur eine begrenzte Auswahl von Begriffen aufnehmen kann. Es gibt aber oft Oberbegriffe, die ein geübter Lexikonbenutzer nachschlägt, wenn er das gesuchte Spezialstichwort nicht findet. So ist es auch hier. Für die meisten Lexikonredaktionen wird MAUSEFALLE kein lexikonwürdiges eigenes Stichwort sein, sondern man wird den Begriff, wenn überhaupt, im Artikel MAUS oder MÄUSE abhandeln."*

Bei aller Übung im Nachschlagen, das Stichwort Mausefalle taucht im Herder nicht auf. Nicht unter Maus, nicht unter Mäuse. Was von der Argumentation des Verlags bleibt, ist die fehlende Lexikonwürdigkeit der Mausefalle. Ähnlich argumentiert das Bibliographische Institut für den Dudenverlag und Meyers Lexikonverlag. *„Auch bei der Arbeit an einem größeren Lexikon sind die Redaktionen ständig mit dem Problem des Raummangels konfrontiert, das sich bei der Stichwortauswahl ständig zu der Frage zuspitzt: Was ist – unter dem Gesichtspunkt des allgemeinen Interesses (Nachschlagebedürfnis) – gegebenenfalls entbehrlich. Da wir in unserem Lexikon auf reine Wörterbucherklärungen (eine Falle zum Fangen von Mäusen) verzichtet haben, ein ausführlicher Lexikonartikel über die Mausefalle uns aber (zugunsten anderer Informationen) entbehrlich erschien, ist die Mausefalle nicht als Stichwort aufgenommen worden."* Im Klartext heißt das auch nichts anderes, als dass Mausefallen *„nicht lexikonwürdig"* sind. Schon in Forers „Thierbuch" steht unter dem Stichwort „Maus" entschuldigend: *„Fast wenig Nutzbarkeit bringt dieses Tier dem Menschen, aber viel Schaden ... weswegen vielerlei Gattungen der Mäusefallen oder anderer Vorrichtungen, solche Tiere zu fangen von den Menschen erdacht sind. Hier der Kürze wegen nicht nötig zu erzählen."* Raummangel als Argument für Auslassungen gab es demnach schon Anfang des 17. Jahrhunderts, aber immerhin enthält der Text einen ersten Hinweis darauf, dass es verschiedene Mausefallen gab und gibt.

Erinnerungen

Mit unterschiedlichen Mausefallentypen wird man auch ohne besonderes Interesse für den Gegenstand konfrontiert. Eine Fallenart taucht häufig in Zeitungs- und Zeitschriftenkarikaturen und in der Werbung auf, die Schlagfalle mit dem Bügel, der durch eine Feder gespannt wird. Sie dürfte jedem Erwachsenen als Blickfang bekannt sein. Vielleser werden auch auf einen zweiten Typus aufmerksam geworden sein, auf die Kastenfalle, einen Drahtkäfig, der ebenfalls gern benutztes Objekt der Produktwerbung ist. Und wer als Kind Wilhelm Busch gelesen hat, der hat eine dritte Fallenform kennen gelernt, die halbkugelförmige Reusenfalle. Kinder lesen oft Comics, Tom und Jerry zum Beispiel, deren Abenteuer auch im Fernsehen zu bewundern sind. Oder Micky Maus. Anders als in Lexika werden den Kleinen dort Mausefallen nahe gebracht. Sie tauchen zwar nicht in jeder, aber in regelmäßiger Folge auf. In diesen Comics werden Menschen, Katzen und Mäuse gefangen. Zumindest wird das versucht.

Älteren bleibt die Erinnerung, wenn es um die Wahrnehmung von Mausefallen geht. Zum Beispiel fängt ein Koch im Kinderbuch vom Butzemann ein naschhaftes Mäuschen in einer Falle, aus der das Tier nicht mehr herauskommt. „*Überall ist ein Gitter und das ist bitter*", heißt es da. Eine ähnliche Mausefalle hat Christian Morgenstern in einem seiner Palmströmgedichte beschrieben, eine Gitterkammer mit Klapptür. „*Palmström hat nicht Speck im Haus, dahingegen eine Maus. Korf, bewegt von seinem Jammer, baut ihm eine Gitterkammer. Und mit einer Geige fein setzt er seinen Freund hinein. Nachts ist's und die Sterne funkeln, Palmström musiziert im Dunkeln und derweil er konzertiert, kommt die Maus hereinspaziert. Hinter ihr, geheimer Weise, fällt die Pforte leicht und leise. Vor ihr sinkt in Schlaf alsbald Palmströms schweigende Gestalt.*"

Die ältere Generation der Micky Maus-Leser wird sich daran erinnern, dass es auf dem Bauernhof von Oma Duck zwei Mäuse gab, die von ihr mit Kuchen gefüttert, aber von Gustav Gans mit Mausefallen verfolgt wurden (Abb. 9). Der Donaldistische Informationsdienst in München half, das komplette Duck-Universum unter dem Aspekt des Einsatzes von Mausefallen in Entenhausen zu erschließen: „*Bei den von Ihnen erwähnten Mäusen handelt es sich um Jacki und Karli aus dem Disney-Film Cinderella, die offen-*

9 | Jacki und Karli, fast vergessene Disney-Stars.

10 | Daniel Düsentrieb, der größte Erfinder in Entenhausen, kopiert Bekanntes.

bar nach Abschluss der Dreharbeiten auf den Hof von Oma Duck verzogen sind. . . . Die beste mir in Entenhausen (und anderswo) bekannte Mausefalle hat Herr Ing. Düsentrieb gebaut. Invent a better mousetrap and the world will beat a path to your door, oder so ähnlich sagt man doch."* (Abb. 10). In einem weiteren Brief schreibt der Donaldist Brantewien: „Mäuse treten in Entenhausen relativ häufig auf, sind in der Regel schwarz, nicht sehr wild und lassen sich einfach fangen. Ansonsten ist mir nur ein Aspekt besonders aufgefallen: In Entenhausen wird die Maus besonders häufig als Waffe (z. B. gegen weibliche Wesen) oder als Mittel der Erpressung (z. B. gegen den reichen Erbonkel, Mäuse fressen Papiergeld!) eingesetzt." Diese Hinweise haben es ermöglicht, die Geschichte von Jacki und Karli ausfindig zu machen. Gleichzeitig lieferte Professor Brantewien durch seine Kenntnisse des Staates Entenhausen wertvolle Hinweise für das Kapitel über Fallen, Mäuse und Sexualität.

Das Mausefallenprinzip

Im Gegensatz zur Einschätzung der für die Inhalte von Lexika Verantwortlichen spielen Mausefallen im Alltagsleben eine erhebliche Rolle. Immerhin ist in Meyers großem Universallexikon unter der Rubrik Falle vom „*Mausefallenprinzip*" die Rede, allerdings ohne dieses Prinzip zu erklären. Die Mausefalle, das banale, nicht lexikonwürdige und doch jedem vertraute Instrument für den Mäusefang wird zum Prinzip erhoben. Zu einem Prinzip, das es nicht gibt.

Die Erforschung von Fallentypen und ihrer Funktionsweisen ist schwierig. Hugo Th. Horwitz begründet das so: „*Das Material, das zu einer Entwicklungsgeschichte der Fallen vorliegt, ist nicht allzu groß; es findet sich einerseits in historischen, andererseits in ethnografischen Berichten verstreut. Leider haben die Verfasser beider Arten von Aufzeichnungen diesen eigenartigen Gebilden gewöhnlich nicht allzu viel*

Beachtung geschenkt und meistens noch weniger Verständnis für die Wichtigkeit einer genauen Konstruktionsangabe besessen. Bei den mangelnden Angaben der Ethnologen können hingegen die in den verschiedenen Völkerkundlichen Museen befindlichen Modelle aushelfen."

Wir lernen, dass es in Museen gesammelte Mausefallen gib, Mausefallen, die durch ihre reale Existenz und auch in Schriftquellen Spuren in der Geschichte hinterlassen haben. In Grimms Deutschem Wörterbuch sind nach dem Motto: dem Volk und seinen Dichtern aufs Maul geschaut, etliche Information über die Mausefalle enthalten. Beispielsweise, dass je nach Region von *„Mäusefalle, Mausefalle oder Mausfalle"* gesprochen wird. Es wird eine *„blecherne Mausfalle"* erwähnt, eine Mausefalle, die sich öffnen lässt und aus der sechs lebende Mäuse entspringen, und es ist die Rede davon, dass eine Katze *„pelzene Mausefalle"* genannt wird. Bei der Suche in alten Büchern finden sich auch Abbildungen und Illustrationen, die Fallen zeigen. Im 15. Jahrhundert *„ist die Mausefalle der Fallentyp, dem das meiste Interesse galt"*, schreibt James Bateman. Er fährt fort: *„Das Oxford English Dictionary geht davon aus, dass der Begriff MAUSEFALLE in England zum ersten Mal während des letzten Viertels des 15. Jahrhunderts auftauchte. Auf dies Ereignis deuten auch Manuskripte und Bilder aus dieser Zeit hin."* Batemans Vermutung ist, dass die Lebensumstände jener Zeit, die dichte Besiedlung und die damit verbunden Abfallberge und der damals übliche Dreck, zu einer sehr starken Vermehrung von Ungeziefer geführt hätten, vor allem von Mäusen. In einem englischen Buch über gute Haushaltsführungen heißt es 1580 zukunftsorientiert: *„Eine tüchtige Katze ist gut für ein Haus – benutze dennoch eine Falle für die Maus."*

Die Mausefalle ist spätestens im späten Mittelalter bzw. in der frühen Neuzeit zu einem dokumentierbar relevanten Begriff geworden. Sie wird zum Alltagsgegenstand, der in jedem Haushalt vorhanden ist. Der oben zitierte Haushaltsratgeber ist ein brauchbarer Indikator für Problemlagen der damaligen Zeit. Aber hat sich die Mausefalle wirklich erst im Mittelalter durchgesetzt? Wenn der Begriff Mausefalle in England im 15. Jahrhundert im Lexikon auftaucht, ist es hoch wahrscheinlich, dass es bereits lange vorher Mausefallen gegeben hat. Es braucht Zeit, bis die Lebenswirklichkeit zum Gegenstand von Büchern wird. Wenn es richtig ist, dass auch kleine Dinge Spuren in der Geschichte hinterlassen, dann muss es weitaus ältere Hinweise auf Mausefallen geben.

Es gibt sie. Sie finden sich in der griechischen und in der römischen Literatur. Bereits im Altertum fingen Menschen Mäuse in Fallen. Es gab Mausefallen, bei denen ein Schlagholz auf die Maus fiel, es gab Schnappfallen, die mit einem Stellholz gestellt wurden, von einer elfenbeinernen Mausefalle ist die Rede und von einer Maus, die sich in den Saiten von Apolls Leier verhedderte und dabei umkam. Es gibt für diese Fallen nur schriftliche Quellen, erhalten bzw. entdeckt sind sie nicht. Wenn es aber Hinweise auf Mausefallen im Altertum gibt, liegt die Wahrscheinlichkeit nahe, dass es sie bereits in der Vorzeit gab. James Bateman geht davon aus, dass die Sache mit den Mausefallen damit anfing, dass die Menschen das Jäger- und Sammlerdasein beendeten, sich häuslich niederließen und Vorräte anlegten. Genau in dem Moment hätten sie sich mit den Konkurrenten um die Vorräte auseinandersetzen müssen, nämlich mit den Mäusen. Der Kampf gegen diese Tiere sei unausweichlich gewesen. Ohne Zweifel, so Bateman weiter, sei die Mausefalle unter den ersten Erfindungen gewesen, die der häusliche Mensch machte, nämlich als Mittel zur Sicherung seines Lebensstandards. Ähnlich argumentiert Gertrud Benker. Ursprünglich seien Vorräte an den Decken der Behausungen aufgehängt worden, das aber sei nicht immer möglich gewesen. *„Um die Nahrungsmittel trotzdem vor Mäusefraß zu bewahren, behalf man sich mit verschiedenen Systemen von Fallen."*

Die Frage ist, ob Mausefallen erfunden wurden, um Nahrungsmittel vor den Nagern zu sichern, oder ob die vielfältigen Geräte zum Mäusefang Weiterentwicklungen, Miniaturanfertigungen und Modifikationen von Jagdgeräten waren, mit deren Hilfe die Vorräte erst beschafft wurden. Der Wissenschaftler Christoph Gasser sagt: *„Viele dieser Geräte gingen aus Jagdfallen hervor, wobei oftmals nur ihre Dimension und die Empfindlichkeit der Abzüge verändert wurden, andere wiederum sind selbständige Erfindungen. In beiden Fällen aber verloren sie ihren Charakter der Wilderbeutung zu Nahrungszwecken und bilden nunmehr ausschließlich Fallen zur Bekämpfung von Schädlingen"*.

Zwei Kategorien von Mausefallen fallen sofort ins Auge. *„Grundsätzlich gibt es zwei Formen von Mausefallen, nämlich Fallen, in denen die Maus lebend gefangen wird, und Fallen, in denen die Maus gleich getötet wird."* Gerhard Mareschs Definition ist nicht präzise, denn selbst bei Fallen, die töten sollen, ist das nicht immer der Fall. Karl Eckstein formuliert wie Maresch, aber genauer: *„Bekanntlich fängt man die Mäuse in Speisekammer und Keller mit Fallen von mannigfacher Konstruktion, welche die Nager lebend oder tot dem Menschen überliefern."* Für Gasser gilt: *„Nach ihrer Wirkung kann man diese Fallen allgemein in solche für Lebendfang und in solche für den Totfang einteilen"*. Wenn man diese Definition um Fallen ergänzt, die lediglich der Abschreckung dienen, ist sie einfach, vollständig und einleuchtend. Sie bleibt aber zu undifferenziert, um Mausefallen zum Gegenstand wissenschaftlicher Forschung zu machen. Hugo Th. Horwitz gibt den dafür entscheidenden Hinweis: *„Was diese einfachen Gegenstände dennoch interessant macht, ist, dass sie ganz verschiedenartige Lösungsmöglichkeiten für dasselbe Problem, das Fangen bzw. Töten von Mäusen, zeigen."* Das klingt zwar nach Erstaunen über das Ausmaß menschlicher Fantasie, die zur Vernichtung von Mäusen aufgebracht wurde und wird, enthält aber im Kern den Appell zur wissenschaftlichen Analyse von Mausefallen. Ingenieur Horwitz folgert: *„Von den von Menschen verfertigten Gebilden, die schon ziemlich früh im Laufe der Entwicklung der Technik ersonnen wurden, gehören die Fallen zu den eigenartigsten. Ein großer Teil ihrer Ausführungsformen stellt die Anfänge der mechanischen Technik, vielleicht auch die des Maschinenbaus dar, und zwar hat man in ihnen besonders den Ursprung der Automaten zu erblicken … Die mechanischen Fallen sind die ersten technischen Gebilde, die die Arbeitstätigkeit des Menschen nicht nur zu unterstützen, sondern auch teilweise zu ersetzen bestimmt sind, und zwar sowohl bei physischen als auch bei psychischen Leistungen."* Mausefallen werden hier erstmals als Apparate definiert, die dem Menschen Arbeit abnehmen. In der Tat ist es angenehmer, bequem im Sessel zu sitzen und abzuwarten, bis die

Maus in die Falle gegangen ist. Und im Übrigen: wer würde es über sich bringen, die süße kleine Maus, die er gefangen hat, einfach umzubringen, wenn das Tier hilflos vor einem sitzt, mit großen Augen guckt, sich die Schnurrhaare putzt und mit den Ohren wackelt? Der Automat nimmt die Tötungshemmung, indem er die tödliche Arbeit erledigt.

Vertiefen wir uns kurz in die Welt der Technik, die sich über die Mausefalle erschließt. Nach Horwitz stellen Fallen technische Gebilde dar, *„die bei den Naturvölkern oder in der Urzeit eine verhältnismäßig primitive Gestaltung besitzen, sich dann aber immer höher entwickeln und in ihrer Konstruktion stets kompliziertere, bei der Ausbildung der Einzelteile immer vollkommenere Formen aufweisen. Auf diese technischen Gebilde lassen sich mit besonderem Erfolge die Ergebnisse einer Wissenschaft anwenden, die in der Technik Kinematik oder Getriebelehre genannt wird. Sie ist eine Schöpfung der jüngeren Zeit und ergab sich bei der theoretischen Untersuchung der Bewegung einzelner Maschinenteile zueinander."*

Horwitz liefert weitere Hinweise, die die Funktionsweisen von Mausefallen erklären. Sein Denkansatz: *„Außer der Erforschung der kinematischen Beziehungen, d. h. der Bewegungsvorgänge, wäre auch noch eine Untersuchung in dynamischer Hinsicht, d. h. eine Berücksichtigung der bei der Falle auftretenden Kraftwirkungen, vorzunehmen . . . Die Fallen stellen nämlich die ältesten Ausführungen von Relaiskonstruktionen im Laufe der Entwicklung der Technik dar, und sie weisen schon auf verhältnismäßig primitiver Stufe Eigenschaften auf, die gerade für die heutige Technik durch die Anwendung von Relaiskonstruktionen kennzeichnend sind."*

Es gibt Mausefallen, die funktionieren vergleichbar Wurfgeschützen oder Armbrustwaffen. Horwitz beschreibt das: *„Die Energie wird durch das Spannwerk gespeichert und durch entsprechende Auslösung zur Wirkung freigegeben. Die gespeicherte Energie wird im gespannten Bogen oder in dem einfachen herangebogenen Zweig augenfällig, und wir haben es bei solchen Federfallen mit Differenzen elastischer Spannungen zu tun. In systematischer Hinsicht ganz gleichartig sind jedoch auch die Gewichtsfallen, nur ist hier die potentielle Energie (Energien der Lage) maßgebend. Die zu speichernde Energie wird beim Hinaufziehen des Fallspeers oder beim Heben des Fallklotzes, ebenso wie beim Spannen einer Federfalle, vom Menschen im vorhinein geleistet, und bei der Auslösung wird bei beiden Arten von Vorrichtungen die potentielle Energie des Kraftspeichers in die kinetische Energie des Fallspeers, des Klotzes oder des losschießenden Pfeiles umgesetzt."* Wer je den Finger in einer Schlagbügelfalle hatte, weiß, wovon die Rede ist. Allerdings funktionieren nicht alle Mausefallen wie beschrieben. Es gibt Parallel- und auch Weiterentwicklungen auf dem neuesten Stand der Technik.

Die ersten Fallen

Die Geschichte der Mausefallen kann tatsächlich in der Steinzeit begonnen haben. Mit etwas Fantasie und in Kenntnis überlieferter Fallen aus den vergangenen Jahrhunderten lässt sich eine der Höhlenzeichnungen aus dem Val Camonica in Italien als Vorzeitmodell einer Schlagfalle interpretieren. Auch das abgebildete vierbeinige Tier mit langem Schwanz könnte nach der Analyse von James Bateman eine Maus sein. Ein Vergleich mit Abbildungen von Mäusen aus dem 13. Jahrhundert legt das nahe. Die Mäuse in diesen Bildern sind als solche im Text eindeutig definiert. Dietrich Evers hat auf eine etwas genauere Abbildung einer Schlagfalle auf einem anderen Höhlenbild aufmerksam gemacht (Abb. 11). Fallen nach ähnlichem Prinzip sind bis in die jüngste Vergangenheit gebaut worden, allerdings nicht mehr aus Holz, sondern aus Metall. Ein Nachbau der alten Holzfalle, der im deutschen Weinbaumuseum in Oppenheim steht, hat sich beim Mäusefang bewährt (Abb. 12). Schlagbügelfallen sind die ersten Mausefallen, die überliefert sind.

Über einige Jahrhunderte scheinen Mausefallen so gut wie keine Spuren in der Geschichte hinterlassen zu haben. Erst in griechischen und römischen Texten tauchen sie wieder auf. Es gibt die nicht näher beschriebene ionische Form der Mausefalle, eine weitere wird als hölzernes Trugmittel beschrieben, an anderer Stelle ist die Rede von einer Falle, bei der ein Holzstück herabfällt und die Maus erschlägt. Diese Falle wird von einer anderen hölzernen Falle unterschieden, bei der ein Schlagholz emporgeschleudert wird. Das war ein Stock, der hochschnellte und die Falle schloss, wenn er von der Maus berührt wurde. Bei dieser Beschreibung könnte man an eine Torsionsfalle, z. B. an eine Schlagbügelfalle, denken. Dafür spricht die Bezeichnung „muscipulum tendere". Das bedeutet: eine Mausefalle spannen. Eine Tätigkeit, die jeder kennt, der eine moderne Schlagbügelfalle aufstellt.

Für die Kenntnis von Kasten- oder Schwerkraftfallen zum Lebendfang von Mäusen spricht die Geschichte, die Oppian erzählt: *„Wie ein Knabe den lüsternen Mäusen ein tückisches Verhängnis aufstellt; und die Maus, nicht auf den Hinterhalt der Falle*

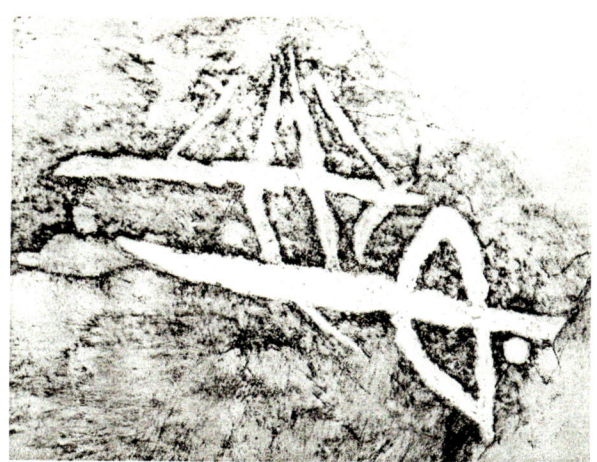

11 | Steinzeitliche Höhlenzeichnung einer Bügelfalle.

12 | Der Nachbau taugt als Mausefalle.

gefasst, treibt ihr Bauch hinein. Rasch schnappt das hohle Gefäß hinter ihr zu. Sie aber vermag trotz großer Anstrengung dem festen Deckel nicht zu entfliehen, bis der Jüngling sie ergreift und tötet, seine

Beute verspottend." Die Quellen belegen, dass bei Griechen und Römern Mausefallen zum Lebendfangen und zum Töten von Mäusen in Gebrauch waren. Unter den Fallentypen waren auch Schlingenfallen, denn erwähnt wird ein Gerät zum Zusammenschnüren von Mäusen, in dem die Tiere gefangen werden. Schlingen sind typisch für Schwippgalgenfallen.

Die Spurensuche in der Geschichte wäre einfacher, gäbe es neben den wenigen Abbildungen und Texten noch erhaltene Exemplare der beschriebenen oder abgebildeten Fallen. Sollten Mausefallen aus der Frühzeit der Geschichte der Menschen gefunden worden sein, wer hätte sie erkennen sollen? Es lässt sich nicht ausschließen, dass in den Kellern von Museen unter nicht eindeutig identifizierten Funden aus Altertum und Vorzeit auch Mausefallen lagern, ohne als solche erkannt zu werden. Mausefallen sind scheinbar zu banale Gegenstände, um wahrgenommen zu werden, denn nicht einmal die industriell gefertigten Fallen der jüngsten Vergangenheit sind vollständig gesammelt und dokumentiert. Es ist außergewöhnlich, wenn ein Forscher vor mehr als 100 Jahren bei Ausgrabungen eine Mausefalle überhaupt wahrnahm. Heinrich Treichel tat das. *„In genanntem Mühlenteiche wurde ebendann ein hölzernes Instrument aufgefischt, das man für eine alte Kuhglocke zu halten vermeinte, wogegen ich dasselbe, das in das Eigenthum des Westpreuss. Provinzialmuseums übergegangen ist, eher für eine Mausefalle ansprechen möchte."* Ob der Gegenstand aus Holz eine Mausefalle war, ist nicht bekannt. Auch nicht, was aus ihm wurde. Bemerkenswert ist, dass es eine prähistorische Mausefalle gewesen sein soll und dass ein Forscher den Mut fand und es für Wert hielt, darauf aufmerksam zu machen.

Mausefallenbilder

Die ersten Bilder von Mausefallen – neben den erwähnten Höhlenzeichnungen – basieren auf dem Mashal ha-Kadmoni, der „Alten Parabel", die der spanische Physiker, Wissenschaftler und Poet Isaac ibn Sahula 1281 fertig stellte. Im Vorwort schrieb Ibn Sahula, er würde es für sehr geeignet halten, zu seinen Fabeln Zeichnungen anzufertigen, so dass auch Kinder dafür interessiert würden. Es existieren vier illustrierte, historische Fassungen dieses Buches. Sie zeigen Kastenfallen, Brettfallen und eine Falle, die Vorläufer einer Schlagbügelfalle aus Metall sein muss. Diese frühen Bücher mit Mausefallenabbildungen stammen von deutschen Autoren oder von deutsch-jüdischen Emigranten aus Norditalien. Sie wurden zwischen 1450 und 1511 hergestellt. *„Von Leuten, die als Bekannte von Pfandleihern offensichtlich wussten, wie man die Pfänder um des eigenen Verdienstes Willen vor den Angriffen von Mäusen schützen musste"*, schreibt James Bateman. Cecil Roth, der alle Ausgaben der *„alten Parabel"* untersuchte, bemerkte, dass über die wechselnden Mausefallenabbildungen ein Überblick über Fallentypen, soziale Verhältnisse und über die Mechanik von Mausefallen möglich wurde. *„Ein Gegenstand, über den, soweit ich das erforschen konnte, bisher noch nie bedeutsam geforscht wurde."* Auch er könne dazu kaum einen Beitrag leisten. Aber die Klassifizierung der Abbildungen als Mausefallen ist bereits ein hilfreicher Ansatz.

Seit Beginn des 15. Jahrhunderts tauchen kontinuierlich Bilder der verschiedenartigsten Mausefallen auf. Wenig sinnvoll ist die Diskussion über die nationale Zuordnung der unterschiedlichen Fallen, die Roth

13 | Die Brettfalle. Jahrhunderte alt und einfach zu bauen. Museum Oppenheim.

spekulierend ausgelöst hat. Die Käfigfalle ordnet er einem italienischen Manuskript zu und bezeichnet sie als Basismodell der im 19. Jahrhundert in England gebräuchlichen Mausefalle. Die Brettfalle, die in einer Handschrift deutschen Ursprungs auftaucht, bezeichnet er als Grundprinzip einer primitiveren deutschen Fallentradition (Abb. 13). Obwohl er seine Anmerkung als nebensächlich bezeichnet, löst er damit Reaktionen aus: einen Wissenschaftsstreit über die nationale Herkunft und Zuordnung von Mausefallen. Es ist aber nebensächlich, welche Falle zuerst in welchem Land benutzt wurde, zumal die historischen Fallentypen zumindest in den Kernländern Europas gleichermaßen und gleichzeitig bekannt waren. Das zeigen die Abbildungen auf Gemälden, auf Stichen und die erhaltenen Exemplare. Die damals bekannte Welt war ein globaler Markt für Mausefallen.

Das älteste und wohl bekannteste Kunstwerk, auf dem Mausefallen abgebildet sind, ist der rechte Flügel des Merode-Altars des flämischen Meisters Robert Campin, der ca. 1420 entstanden ist. Er zeigt zwei Mausefallen, eine Klotzfalle im Schaufenster der Werkstatt des heiligen Josef und eine zweite Falle auf der Werkbank (Abb. 14). Der Altar steht heuten im Metropolitan Museum in New York. Campin, der von Kunsthistorikern auch „Meister mit der Mausefalle" genannt wird, malte realistisch und benutzte gleichzeitig die zu seiner Zeit übliche Metaphorik der Mausefalle, die für das Kreuz stand, durch das Christus den Teufel fangen und vernichten würde. Eine ganze Reihe von Kunsthistorikern hat sich intensiv mit den Mausefallen auf dem Merode-Altar auseinandergesetzt.

Irving L. Zupnick wunderte sich sehr darüber, dass seit dem 19. Jahrhundert angenommen wird, ein Heiliger hätte Mausefallen herstellen können. Er äußerte Zweifel an der Einordnung dieser Gegenstände als Mausefallen. Kühn behauptete er, es gebe keine erhaltenen Exemplare oder Abbildungen von Mausefallen aus dieser Zeit. In einem längeren Artikel versuchte er

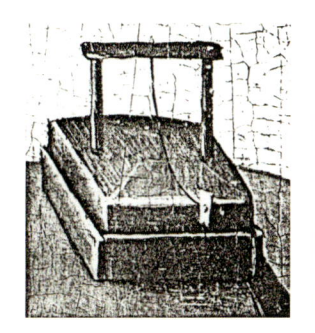

14 | Klotz- und Torsionsfalle aus dem frühen 15. Jahrhundert.

Mausefallenbilder | 35

nachzuweisen, die Mausefalle auf der Werkbank sei keine Mausefalle sondern ein Hobel, wenn auch ein bisher unbekanntes Exemplar. „*Jedenfalls*", so folgerte er, „*gibt es nicht mehr Beweismaterial, das die Klassifizierung als Mausefalle unterstützt, als zur Stützung der These vorliegt, dass es sich um einen Hobel handelt.*" Die größere Logik und die Analyse des von Josef benutzten Werkzeugs spräche für den Hobel. Er erntete Widerspruch. Das, was er als Blatt des Hobels bezeichnet habe, erweise sich bei genauerer Betrachtung als einer der Auslösehebel der Falle. Und der Gegenstand, den Zupnick als metallische Querstange ausgemacht zu haben meine, sei ein Strick aus Pferde- und Kuhhaar, in den die Stange eingefädelt sei, die der Fallenklappe Spannung gäbe. Hier sei das Prinzip einer Falle, die über einen Verwringungsmechanismus zuklappen würde, mit einer Falle, bei der ein Holzklotz herabfällt, kombiniert worden, analysiert Gösta Berg.

Wie unter Wissenschaftlern üblich, hatte sich Professor Zupnick bei Leuten bedankt, die ihm zugearbeitet hatten. Nachdem sich zeigte, dass Zupnicks Hobel-Theorie nicht haltbar war, distanzierte sich einer seiner Helfer. Meyer Schapiro schrieb in einem Leserbrief: „*Professor Irving Zupnick dankte mir für meine Hilfe. Diese Hilfe, muss ich sagen, bestand in nichts anderem, als telefonisch die Frage zu beantworten, welche Autoren vor 1945 das Werkzeug auf Josefs Werkbank als Mausefalle bezeichnet hätten. Hätte Professor Zupnick mir etwas über seine Zweifel an der Zuordnung dieses Gegenstandes und über seinen alternativen Lösungsvorschlag gesagt, nämlich, dass das Gerät ein Zimmermannshobel sei (obwohl er schreibt: „Zugegeben, wenn es ein Hobel ist, ist er jedem bisher bekannten Exemplar unähnlich")* – dann hätte ich ihm *die Signatur eines Norditalienischen Malers gezeigt, dessen Emblem zweifelsfrei eine Mausefalle ist und dem Objekt auf dem Merode-Bild ähnelt . . . ich glaube, dass Professor Zupnick in der Lage sein wird, mehr Mausefallen desselben Typs zu finden, wenn er sich persönlich um die Suche bemühen würde.*" Das war ein für den öffentlichen Umgang von Wissenschaftlern untereinander ungewöhnlich harscher Brief. Aber es sollte für Zupnick noch schlimmer kommen. Der Direktor der Walker Art Gallery in Liverpool schrieb, er habe einen Handwerker gebeten, die Falle auf dem Merode-Altar nachzubauen. Man habe in der Falle unterhalb des Deckels an einem Nagel ein Stück Käse als Köder befestigt. Die Falle sei funktionsfähig gewesen. „*Die Mäuse der Walker Art Gallery hätten das wissen sollen, den eine von ihnen wurde darin gefangen. Für die Akten: In der Nacht vom 27. auf den 28. April 1966.*" John Jacob, der Direktor der Gallery, war ein Mann mit Humor. Nicht zuletzt durch sein Experiment ist dieser Typ Mausefalle vom Anfang des 15. Jahrhunderts als funktionsfähig belegt und klassifiziert.

Wenig diskret wurde Prof. Zupnick auf weitere Abbildungen dieses Mausefallentyps aus dem 15. Jahrhundert aufmerksam gemacht. Eine Falle gleicher Bauart finde sich auf einem deutschen Manuskript von Äsops Fabeln in der Bücherei C. W. Dyson Perrins, Oxford, eine ähnliche könne auf einem Holzschnitt des Meister Caspar im Berliner Kupferstichkabinett besichtigt werden. Dort gehe es um die Qualen der Liebe. In der oberen linken Ecke dieses Bildes sei ein Herz abgebildet, gefangen in einer Mausefalle (Abb. 15). Daneben der Text: „*Solt sy mir nit wol gefallen/Die mein hercz hat in einer meus fallen.*" Eine dritte Falle gleichen Typs, meldet sich Helmut Nickel zu Wort, sei alternierend zu Mausebildern auf den Bodenfliesen eines Bildes der heiligen Gertrud im Stundenbuch der Catharina von Cleve zu sehen. Zupnicks Fehlinterpretation war für die Erfassung von Mausefallenabbildungen im 15. Jahrhundert äußerst wertvoll, wenn auch in diesem Sinne nicht beabsichtigt. So blieb der erneute Hinweis auf Meister NA.DAT nicht aus. *„Die Falle, hilfreich dazu gefügt eine hungrige Maus, ist Teil der Signatur des Meisters NA.DAT. Sie erscheint auf Stichen aus den ersten zwei Jahrzehnten des 16. Jahrhunderts"*, schrieb Colin Eisler, ein weiterer unfreiwilliger Helfer bei der Erfassung früher Mausefallenabbildungen für dieses Buch. Genau ist nicht bekannt, wer NA.DAT. war, ob Italiener, Deutscher oder Franzose. Kunsthistoriker wie Arthur M. Hind gehen davon aus, dass er zwischen 1500 und 1520 in Norditalien arbeitete. Von ihm sind drei Werke mit seinem Namenskürzel neben der Mausefalle und der Maus bekannt.

Um die Sammlung komplett zu machen, sei noch das vor 1480 entstandene Bild von Martin Torner erwähnt, das das Haus von Maria und Josef in Nazareth zeigt. Hier wird, wie auf dem Merode-Altar, Josef in Verbindung mit einer Mausefalle gezeigt. Das Bild ist im Besitz der Villalonga Mir Collection, Palma, Mallorca. Diese beiden Bilder sind die einzigen, die Josef und Mausefallen zeigen, auch wenn der Autor Dieter Pesch schreibt: *„Auf manchen mittelalterlichen Tafelgemälden, auf denen die heilige Familie abgebildet ist, sieht man den heiligen Josef als Zimmermann, wo er mit der Herstellung einer hölzernen Mausefalle beschäftigt ist."* Josef stellt nur auf dem Merode-Altarflügel Mausefallen her. Zwei, nicht eine.

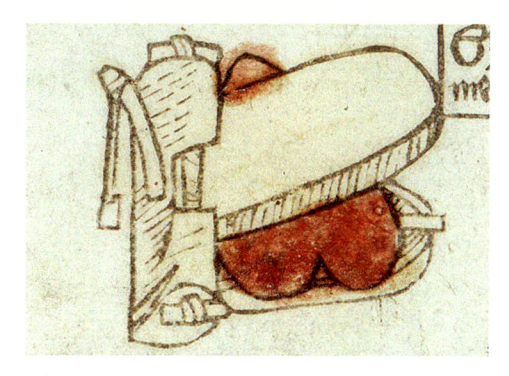

15 | Meister Caspars Torsionsfalle. Gegenstand einer Bildergeschichte aus dem 15. Jahrhundert.

600 Jahre in Gebrauch

Das zweite, zuverlässig im Bild erhaltene Fallenmodell aus dem frühen 15. Jahrhundert ist eine Schwerkraftfalle, die Klotzfalle. Das Modell aus Josefs Werkstatt hat einen Fallklotz, der an zwei Rundhölzern herabgleiten und die Maus im Fallenkasten erschlagen kann. Dieser Fallentyp findet sich überall in Europa, auch wenn ein Engländer 1940 bestreitet, dass diese Falle in Irland benutzt wurde. Unwahrscheinlich, dass er Recht hat, denn eines der frühesten Fachbücher über Fallen kommt aus England. Dort wird von Leonard Mascall im Jahr 1590, mit Bild und Funktionsbeschreibung, eine Klotzfalle vorgestellt, die der auf dem Merode-Altar entspricht (Abb. 16). Kaum vorstellbar, dass dieses Buch und damit diese Falle in Irland nicht bekannt gewesen sein soll. Fallen, die nach ähnlichem Prinzip arbeiten, sind über Europa hinaus auch in weiten Teilen Asiens verbreitet. Obwohl Josef diese Falle in einer Werkstatt baut, gehen Fallenexperten, auch Sture

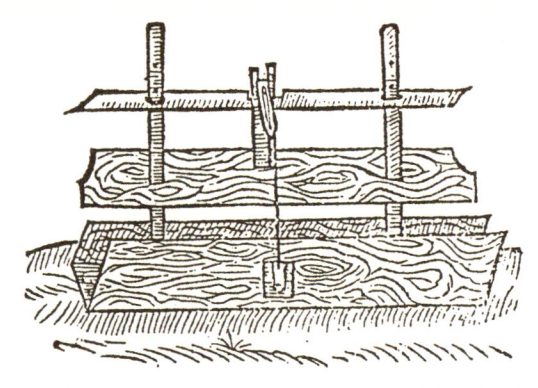

16 | Klotzfalle mit einem Klotz und zwei Läufen, 16. Jahrhundert.

Lagercrantz, davon aus, dass Klotzfallen häufiger hausgemachte Konstruktionen als Produkte der Arbeit von Spezialisten waren. Lediglich James Bateman hat den Eindruck, dass diese Fallen seit dem Mittelalter kommerziell angefertigt und gehandelt wurden. Die Heimwerker-These wird mit verschiedenen Varianten der überlieferten Fallen begründet. Gleichzeitig wird eingestanden, dass unter technischen Gesichtspunkten die Unterschiede keine Bedeutung haben (Abb. 17).

Bei einer Klotzfalle wird der Holzklotz in Führschienen hochgezogen und in der Schwebe gehalten, bis eine Maus auf die Auslösevorrichtung tritt. Wissenschaftlich gesagt: Kinetische Energie wird gespeichert, die Auslösung bewirkt die Umwandlung der Lageenergie in kinetische. Resultat: Die Maus unter dem Holzklotz ist platt. Gestellt wird die Falle mit einer Schnur und einem Stellholz, das zwischen Auslösebrettchen und Fallklotz so behutsam festgeklemmt wird, dass es bei der geringsten Berührung des Auslösebrettchens wegrutscht und der Klotz, an den Gleitschienen entlang, auf die Maus fällt und das Tier tötet. Neben diesem „klassischen Modell" gibt es eine Auslösevariante über einen Hebelarm. Es gibt Fallen mit bis zu fünf Klötzen und einer unterschiedlichen Anzahl von Stangen, die den Klotz führen.

Die Klotzfalle hat eine einfache Mechanik, sie muss allerdings genau eingestellt werden, damit sie funktioniert. Klotzfallen waren über Jahrhunderte Erfolgsmodelle. Haushaltsbücher des vorletzten Jahrhunderts, wie „Der treue Rathgeber für Haus und Hof", empfahlen sie als die beste Mausefalle. Ende des 19. Jahrhunderts exportierte ein deutsches Unternehmen sogar ein Klotzfallenmodell aus Metall. Heute wird dieser Fallentyp nicht mehr benutzt, dafür gehören Klotzfallen zum festen Bestand privater Sammlungen und gut bestückter Museen, darunter ausgesprochen schöne Exemplare meist jüngeren Datums, manche sind sogar verziert oder mit Aufschriften versehen.

17 | Gedrechselte Klotzfalle mit drei Klötzen mit je einem Lauf, 19. Jahrhundert. Museum Schotten.

Eine ähnliche Auslösevorrichtung wie die Klotzfalle hat eine Mausefalle, die aus zwei Brettern unterschiedlicher Größe besteht. Das Modell ist aus der „alten Parabel" des Isaac ibn Sahula und den dazugehörenden Bildern aus den Handschriften des 15. Jahrhunderts bekannt. In einem Jagdbuch aus dem 14. Jahrhundert heißt es: *„Nimm zwei gehobelte Bretter, eins länger und breiter als das andere, stelle sie zusammen auf, eine handbreit auseinander, so, wie man auch Rattenfallen macht."* Obwohl behauptet wird, diese Falle sei vor allem in Osteuropa und Skandinavien verbreitet gewesen, sprechen die historische Literatur und die Bilder aus dem 15. Jahrhundert dafür, dass dieser Fallentyp überall in Europa bekannt und in Gebrauch war. Sture Lagercrantz bestätigt erhaltene Fallen dieser Bauart auch in Deutschland, England und in der Schweiz.

Während bei dieser Bretterfalle das Brett, das die Maus erschlägt, dadurch herabfällt, dass das Tier auf den Hebel oder eine zum Hebelarm umfunktionierte Bodenplatte tritt, hat die „Luther Falle", das mit einem Stein beschwerte Brett, eine andere Auslösevorrichtung (Abb. 18). Sie wird zum ersten Mal im Jagdbuch des Petrus de Crescentis im 13. Jahrhundert beschrieben. Abbildungen und Beschreibungen dieser Falle finden sich in Büchern des 16. und 17. Jahrhunderts. Der Auslösemechanismus besteht aus drei Hölzern, die aufgestellt werden wie eine 4. In der Literatur wird dieser Fallentyp auch Figur-4-Falle oder, wegen ihrer Einfachheit, ironisch Studentenmausefalle genannt. Die drei Holzstäbe werden so aufgestellt, dass sie das mit einem Stein beschwerte Brett im Gleichgewicht halten. Georg Christoph Lichtenberg beschreibt dies in seinen Sudelbüchern. Berührt eine Maus den Köder, bricht die Konstruktion zusammen und das Tier wird erschlagen. Auf diese Falle bezieht sich das schwäbische Sprichwort: *„Der macht Augen wie die Maus unterm Ziegel".* Vor 200 Jahren war die Ziegelfalle Gegenstand im Lexikon des Johann Krünitz: *„Ebenso sind auch alle Arten von Mäusefallen von Nutzen, z. B. die einfache, welche bloß aus einem Dachziegel besteht, der durch Hölzchen aufgestellt wird".* Die damals üblichen flachen Tondachziegel, die Bieberschwänze, ersetzen das Brett mit dem Ziegelstein. Im ersten Weltkrieg bekamen deutschen Soldaten für diese Falle Bastelanleitungen. Motto: *„Mäuse sind Schädlinge, die alles, was ihnen nur halbwegs genießbar erscheint... annagen, zerbeißen, zerstören und vor Soldatenbunkern keinen Respekt haben."*

Die Brettfalle ist eine Schwerkraftfalle. Sie war in Zentral- und Osteuropa und, leicht modifiziert mit verbesserter Auslösung, in Afrika bekannt. Wegen ihrer Einfachheit wird sie immer wieder erwähnt, etwa in Verardis „List", einem Standardwerk für Schädlingsbekämpfer aus der Mitte des 19. Jahrhunderts,

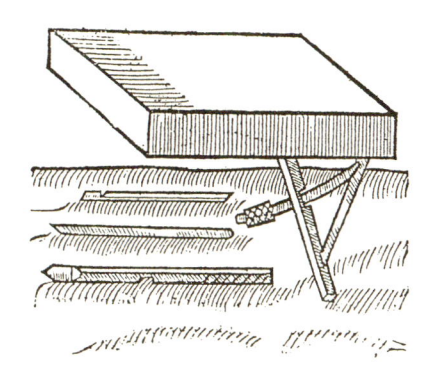

18 | Figur-4-Falle, seit mindestens 900 Jahren in Gebrauch.

600 Jahre in Gebrauch | 39

aber auch in der einschlägigen Ratgeberliteratur der damaligen Zeit, wie den „Entdeckungsreisen in der Wohnstube". Neben Abbildungen der Falle stehen dort Texte wie dieser: „*Um die Mäuse aus solchen Räumen wegzufangen, in die man die Katze nicht gut lassen kann, hat man vielerlei Fallen erfunden. Ein schwerer Backstein mit vier Hölzchen, lose aufgestellt, an einem der Hölzchen ein Stück geröstetes Brot oder Speck befestigt, ist eine der einfachsten. Sowie das lüsterne Tier den Speck berührt, gleiten die Hölzchen ab, und der herab fallende Stein zerquetscht die Maus.*" Unbeabsichtigt wird die damals gültige Lehre, das Lüsternheit den Tod bringt, gleich mit vermittelt. Erstaunlich ist, dass selbst das Wissen um die simple Konstruktion der Brettfalle verloren ging. In den 50er Jahren des 20. Jahrhunderts müssen sich die Leser einer französischen Fachzeitschrift Nachhilfe über ihre Funktionsweise geben lassen. Mehrere Zuschriften zeigen, dass in den 20er Jahren des 20. Jahrhunderts der Mäusefang mit dieser Falle außer Mode kam.

Torsionsfallen

Die Einfachheit der Falle verleitet dazu, sie als eine der ältesten Mausefallen zu bezeichnen. Es gibt Fallenforscher wie Bartalan Korompay, die in ihr den Vorläufer der Klotzfalle sehen. Belegbar ist das nicht. Torsionsfallen, in denen Mäuse wie in den heute üblichen Bügelfallen erschlagen wurden, lassen sich, wie gesehen, bereits in der Steinzeit nachweisen. Zu den Torsionsfallen gehört auch die auf der Werkbank des heiligen Josef. Dieses Modell, gemalt im Jahr 1425, ist eines auf handwerklich hohem Niveau. Ähnliche Fallen werden in verschiedenen Ausgaben des Jagdbuchs von Petrus de Crescentiis 1495 und 1518 abgebildet (Abb. 19). Crescentiis beschreibt auch ihre Funktionsweise. Dass es sich bei den Abbildungen um vereinfachte Darstellungen von Torsionsfallen handelt, zeigen Fotos von in schwedischen Museen erhaltenen Fallen, die ihre Energie durch die Verwringung von Tierhaar-Stricken erhalten. Sture Lagercrantz hält diesen Fallentyp für „uralt" und in ganz Zentraleuropa verbreitet. Überliefert sind unterschiedliche Ausführungen mit identischem Bau -und Auslöseprinzip, bis hin zu einem Modell mit zwei Fangvorrichtungen.

Im „Krünitz" wird Anfang des 19. Jahrhunderts eine moderne Version dieser Falle beschrieben und abgebildet. Die Spannung des Schlagbügels wird nicht mehr durch Verwringung von Tierhaaren hergestellt, der Schlagbügel ist nun Bestandteil einer eisernen Feder, durch die vom Köder angelockte Mäuse erschla-

19 | Torsionsfalle, ca. 600 Jahre alte Zeichnung.

gen werden sollen (Abb. 20). 1590 wird dieses Mausefallenmodell in einem englischen Buch noch mit einem Auslösemechanismus über Verwringung von Haaren beschrieben und abgebildet. Diese Falle entspricht einem in Schweden erhaltenen Exemplar. Allerdings ist zur gleichen Zeit schon die Metallfederauslösung bekannt. Drei Jahrhunderte später war diese Falle eines der gängigen Modelle zum Mausefang. Es wurde „*die federnde Palette*" genannt. Damals merkte der Übersetzer an: „*So genannt, weil das Hauptstück an diesem Geräth einer Palette oder einem Farbenbrette der Maler gleicht, nur mit dem Unterschiede, dass eiserne Stacheln hier die Stelle der Farben vertreten.*" Die „Federkraft" dieses Tötungsinstruments für Mäuse, so steht es in der Konstruktionsbeschreibung, wurde bei dem Modell durch die Verwringung von Hanfschnüren erreicht. Noch hatten sich Metallfallen nicht endgültig durchgesetzt.

Ein anderer Konstruktionstyp der Torsionsfalle arbeitet nach ähnlichem Prinzip, ist vergleichbar alt und ein zweiter Entwicklungsweg, der zur heute üblichen Schlagbügelfalle führte. Rekonstruktionen durch den Fallenforscher Sture Lagercrantz basieren auf Höhlenmalereien. Auch diese Falle wird durch eine gedrehte Kordel gespannt, nur schlägt hier nicht ein Bügel auf ein Brett, sondern zwei Holzbügel schlagen gegeneinander. Fallen dieses Typs wurden nicht nur gegen Mäuse, sondern auch zum Fang weit größerer Tiere benutzt. Fallenexperte Harry Frank schreibt, Fundstücke aus Mooren ließen sich bis zum Neolithikum zurückdatieren.

Sicher waren die frühen Mausefallen überwiegend aus Holz gearbeitet, später kamen Metallteile dazu. Die erste Falle, die ganz aus Metall gemacht war, ist auf

20 | Torsionsfalle mit Eisenfeder.

dem in der Mitte des 15. Jahrhunderts entstandenen bebilderten Manuskript der „alten Parabel" zu sehen. Der Auslösemechanismus ist nicht klar erkennbar. Eindeutig ist, dass in dieser Falle Mäuse zwischen Metallbügeln zerquetscht werden sollen (Abb. 21). Die Mausefallenmacher werden sicher erkannt haben, dass die Schlagkraft eines Bügels erhöht wurde, wenn statt der gedrehten Kordel Eisenfedern benutzt wurden. Datieren lässt sich dieser Prozess nicht genau. James Bateman vermutet, dass sich Schlagbügelfallen Mitte des 19. Jahrhundert durchsetzten. Bevor in Deutschland der Siegeszug der Schlagbügelfallen mit beweglicher Wippe kurz vor der vorletzten Jahrhundertwende begann, gab es Zwischenformen, wie die Konstruktion, die aus Neroth stammen soll und zur Sammlung des Deutschen Weinbaumuseums in Oppenheim gehört.

Halbrunde Bügelfallen aus Metall, wie es sie seit der Vorzeit als Torsionsfallen aus Holz gegeben hatte,

21 | Ca. 800 Jahre alte Abbildung einer Torsionsfalle aus Metall.

waren noch Anfang des 20. Jahrhunderts gefragte Kaufobjekte mäusegeplagter Mitmenschen. In einem Werbetext des Händlers Adolf Pieper heißt es 1909: *„Verkupferte französische Drahtfederfallen, sehr einfach und beliebt, erregen auf der Weltausstellung in Paris und 1881 auf der Patentausstellung in Frankfurt a. M. großes Aufsehen . . . Bei der Auswahl dieser Fallen nehme man nur die kupferrot- galvanisierten mit starker Feder, da jetzt auch solche aus blankem Eisendraht in den Handel kommen, die flacher gebogen sind und weniger Schnellkraft haben. Meine Drahtfederfallen sind mit der Maschine hergestellt und in der Federkraft unvergleichlich."*

Gegen Ende des 19. Jahrhunderts begannen Hersteller, Bügelfallen aus Metall auf Holzbretter zu montieren und mit den Auslösemechanismen zu experimentieren (Abb. 22). Fallen mit geringfügigen Konstruktionsunterschieden sind in historischen Herstellerkatalogen und Mausefallensammlungen erhalten. Aus diesen frühen Formen entwickelten sich in Deutschland zu Beginn des 20. Jahrhunderts die heute noch gebräuchlichen Schlagbügelfallen, die sich in ihrer endgültigen Form an Exportmodellen aus den Vereinigten Staaten von Amerika orientierten. Die erste in Deutschland hergestellte Schlagbügelfalle mit beweglicher Wippe war das Plagiat einer Falle, die in den USA entwickelt worden war. Beinahe zeitgleich entstanden Ganzmetallschlagbügelfallen mit Wippe. Vorher waren Modelle aus Holz und Draht üblich, die den Vorteil von Wippen bei der Auslösung einer Falle noch nicht kannten. Verschiedene Hersteller entwickelten automatisch greifende Stellbügel oder versuchten, die Fallen so zu konstruieren, dass man beim Entleeren nicht mit der Maus in Berührung kam. Bereits Ende der 50er Jahre des 20. Jahrhunderts wurde mit Kunststoff experimentiert, aber erst 50 Jahre später waren Kunststofffallen am Markt etabliert. Verdrängen konnten sie die Schlagbügelfallen aus Holz und Draht genauso wenig wie die Modelle aus Metall.

22 | Vorläufermodell der heute üblichen Schlagbügelfallen. Museum Oppenheim.

23 | Armbrustfalle, 16. Jahrhundert.

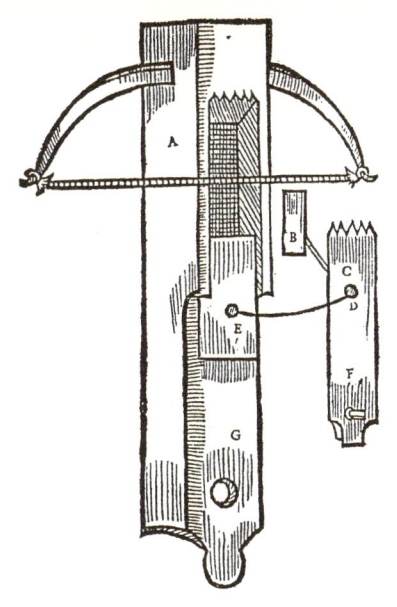

24 | Schussfalle aus Holz und Metall.

Der leise Tod

Die Ähnlichkeit der Instrumente zur Tötung von Menschen und von Mäusen ist verblüffend. Pfeil und Bogen, weiterentwickelt zur Armbrust, haben ihre Entsprechung in der Bogenfalle zum Mäusefang. Der leise Tod für Mäuse ist seit dem 16. Jahrhundert in Mascalls Fallenbuch dokumentiert. Berührt die Maus, durch einen Köder angelockt, den Abzugsmechanismus, treibt die Bogensehne einen Schieber oder einen Pfeil in den Körper des Tieres (Abb. 23). Die Bogenfalle ist eine Selbstschusskonstruktion, die in veränderten Dimensionen auch zur Jagd größerer Tiere benutzt wurde, beispielsweise zum Fang von Pelztieren, weil das Fell dieser Tiere bei dieser Jagdmethode kaum beschädigt wurde. Die Bogenfalle war in Europa bekannt, aber auch in Afrika, Asien und Lateinamerika.

Der laute Tod

Nachdem das Töten von Menschen mit Pulver und Blei in Mode gekommen war, wurde auch auf Mäuse geschossen (Abb. 24). Zum leisen kam der laute Tod. Vor 200 Jahren wurden im „Krünitz" bereits mit Pulver und Kugeln geladene Selbstschussfallen zur Tötung von Wühlmäusen beschrieben. Die Verfasser eines Artikels in einem Hausfrauenmagazin, der Hauswirtschaftlichen Rundschau, die um die Wende zum 20. Jahrhundert weit verbreitet war, wollten ganz sicher gehen. Sie empfahlen die direkte Konfrontation Mensch gegen Wühlmaus, mit der Schusswaffe in der Hand. *„Mit der Schusswaffe lauert man nun dem Tier auf und kann es bei der bezeichneten Arbeit leicht erschießen"*. Eine auch für sichere Schützen umständliche Methode. Durchgesetzt haben sich Selbstschuss-

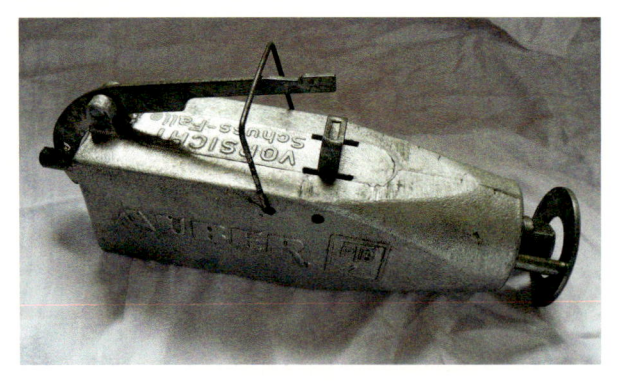

25 | Schussfalle mit Aluminiumkorpus.

geräte. Bereits damals vom Handel angepriesen, sind sie heute noch in einschlägigen Katalogen zu finden. Mit Kaliber 9 Millimeter gegen die Wühlmaus. Die Kampfanleitung im Katalog von Hugo Kieferle liest sich so: *„Der Apparat wird mit der Mündung in den freigelegten Mäusegang gestellt. Bereits nach kurzer Zeit wird die Maus den Gang schließen wollen, da diese weder Licht noch Frischluft vertragen kann. Bei dieser Gelegenheit kann die Maus ruhig Erde vor den Apparat schieben, was bei normalen Fallen zum häufigen Misserfolg führt. Bei dem Selbstschuss spielt dies jedoch keine Rolle. Der hohe Gasdruck der Spezialpatrone tötet die Maus auch durch 5 cm vorgeschobene Erde sicher und schleudert diese nicht selten sogar 20–30 cm in den Gang zurück."* Der gleiche Schussapparat wird auch gegen Menschen eingesetzt. Nicht zum Töten, sondern zum Abschrecken als Alarmschuss mit besonders lauten Knallpatronen. Durchgesetzt haben sich Schussapparate aus Metall. In Museen und einigen privaten Sammlungen befinden sich ältere Exemplare mit Holzkorpus, Metallauf und Metallschlaghammer. Hersteller von Aluminiumfallen war die Firma Auber (Abb. 25). Diese Produktlinie wurde eingestellt. Bei Auber in Hardt im Schwarzwald wurden auch Schussfallen für die Firma Kiefferle in Gottmadingen hergestellt. Das Unternehmen Kiefferle baut heute den Schussapparat W2. Das Sprichwort: *„Mit Kanonen auf Spatzen schießen"* ist zwar gebräuchlich, aber nicht zutreffend. Die einzigen Tiere, auf die tatsächlich seit mindestens 200 Jahren mit Kanonen geschossen wird, sind Mäuse.

Kastenfallen

Ein Mausefallentyp, der noch in Gebrauch ist, ist die Kastenfalle (Abb. 26). Sie wurde 1951 im Sprachbrockhaus als repräsentative Mausefalle abgebildet. Ein länglicher Drahtkäfig ist auf ein Holzbrett montiert. Ein Typ der Drahtkastenfallen hat eine Blechklappe, die gegen den Zug einer Spiralfeder aufge-

26 | Drahtkastenfalle mit Spannfeder.

spannt wird. Die Klappe der Torsionsfalle wird durch einen Köderhaken in dieser Stellung gehalten und schlägt zu, wenn eine Maus am Köder zieht. Die Maus wird lebendig im Käfig gefangen. Mausefallenforscher Christoph Gasser schreibt: *„Das hohe Alter dieser einfachen Abzugsvorrichtung beweist eine Abbildung in Ch. Egenolphs Werk 'Weydwerk Vögel zu fahen' aus dem Jahre 1530, in der eine Kastenfalle mit hölzerner Falltüre und Hebelarm als Mausefalle wiedergegeben wird"* (Abb. 27). Relevant für die Unterscheidbarkeit von Kastenfallen ist nicht der Auslösemechanismus sondern die Verschlussmechanik, denn dort liegen die Unterschiede, die das Besondere der Kastenfallentypen ausmachen. Es ist vielleicht kleinlich, darauf hinzuweisen, dass das Buch aus dem Jahr 1531 ist und Egenolph nicht der Verfasser, sondern der Drucker war. Ärgerlich ist, dass Gasser die dort abgebildete Fallenart nicht eindeutig als Schwerkraftfalle identifiziert. Der Abzugmechanismus mag dem einer Torsionsfalle ähnlich sein, trotzdem unterscheiden sich Torsionsfallen von Schwerkraftfallen, wie der, die auf dem von Gasser gemeinten Buch abgebildet ist. Eine Schwerkraft-Kastenfalle wird durch das Eigengewicht der herabfallenden Klappe geschlossen. Die Klappe einer Torsionsfalle schließt viel schneller – durch Zug oder Druck, der auf sie ausgeübt wird. Voraussetzung ist, dass eine Maus durch Berührung des Köderhakens den Mechanismus auslöst. Wenn schon Bilder das Problem veranschaulichen sollen: Vorläufer der heute noch handelsüblichen Draht-Kastenfalle ist die Falle auf der Werkbank des heiligen Josef. Ähnliche Fallen mit Verwringungsmechanismus zeigen Stiche aus dem 17. und 18. Jahrhundert (Abb. 28). Die Torsionskastenfallen sind vergleichbar alt wie die Schwerkraft-

27 | Titelblatt eines Jagdbuches von 1531, Abbildung einer Schwerkraftfalle mit zwei Ständern.

kastenfallen. Bei der Abbildung auf dem Titelblatt der von Christian Egenolph herausgegebenen deutschen Übersetzung des Jagdbuchs des Petrus de Crescentiis handelt es sich um eine Schwerkraftfalle. Fallenforscher Gasser hat Datum und Verfasser der Publikation bei Fallenforscher Harry Frank abgekupfert, der auch falsch zitiert, aber immerhin den Unterschied zwischen Torsions- und Schwerkraftfalle registriert. Frank differenziert aber nicht mit der nötigen Eindeutigkeit. Um den Unterschied zwischen Torsions- und Schwerkraftfallen zu erklären, ist es nicht damit getan, anzumerken, dass sich die Kästen oder die Auslösemechanismen ähneln. Den Blick hat möglicherweise die Tatsache getrübt, dass die Kastenfalle auf dem Titelblatt des „Weydtwerk" zwei Ständer hat, die den Schwengel halten, an dem die Klappe hängt. Für eine Schwerkraftfalle ist nur ein Ständer nötig. Torsionsfallen, wie sie in der frühen Neuzeit in Gebrauch waren, sind auf zwei Ständer angewiesen. Zwischen ihnen musste ein Faden gespannt werden, so dass ein in ihm befestigter Holzstab nach Betätigung der Auslösevorrichtung den zum Zuschlagen nötigen Druck auf die Klappe ausüben konnte. Auf den meisten Schwerkraftfallenbildern ist dieser Fallentyp mit einem Ständer abgebildet. Etwa im Mashal ha Kadmoni oder auf dem Stich von J. Cats im *Alcibiades Silenus* aus dem Jahr 1618 (Abb. 29). Die Schwerkraftfalle mit einem Ständer hat sich durchgesetzt. Noch 1857 wird sie in Verardis Handbuch für Schädlingsbekämpfer genau beschrieben: *„Beim ernaschen des Köders bringt die Maus nun unausbleiblich den Abzug in Bewegung, so dass dessen spitzer Haken von dem Schwengelende abgleitet, dieses in die Höhe fährt und dagegen die Klappe niederfällt."* Womit das Tier gefangen wäre.

Es gibt unter den Kastenfallen einige besonders schöne. Aber diese verzierten Fallen sind selten, zumindest selten erhalten. In Batemans Fallenbuch findet sich ein Bild und auch bei Gertrud Benker. Doch die als Massenprodukt hergestellten handelsüblichen Kastenfallen der vergangenen Jahrhunderte sind ebenso schmucklos wie die der Gegenwart. Während es sich heute meist um geschweißte oder gelötete Drahtkäfige handelt, zeigt ein Vergleich historischer Fallen, dass sie oft an der der Klappe gegenüber liegenden Seite Gitterstäbe hatten. Mutmaßung des Fallenforschers Berg: Durch die Stäbe hindurch sei es einfach gewesen, zu kontrollieren, ob eine Maus gefangen war oder nicht. Transparenz ermöglichen nicht nur Gitter. Für freien Durchblick ist Glas ein optimales Material. Schwerkraftfallen mit Glaswänden sind selten, aber sie sind in Museen und privaten Sammlungen vorhanden. Schwerkraftfallen haben auch in Karikaturen und Illustrationen die Jahrhunderte überdauert. Nicht bekannt ist, ob eine der elf Mausefallen aus Eisendraht, die bei einer Inventur der königlich schwedischen Güter von Gripsholm in Södermanland 1529 gezählt wurden, erhalten ist. Es ist nicht einmal bekannt, ob es sich bei diesen Fallen wirklich um Kastenfallen gehandelt hat. Ganz eindeutig um eine Schwerkraftmausefalle handelt es sich bei einem Schmuckstück, das seit 1630 in der königlich-schwedischen Schatzkammer in Stockholm liegt. Hergestellt wurde das kostbare Stück circa 1625. Es ist ein goldener Kettenanhänger, mit Diamanten und Rubinen besetzt, teilweise rot, schwarz, blau und weiß emailliert und mit drei Perlen behängt. Die Mausefalle als Schmuck für eine Frauenbrust ist ein Symbol mit sexueller Bedeutung. Nun ist die Schönheit einer Falle für den Fang einer Maus so wenig bedeutsam wie die Symbolik eines entsprechenden Schmuckstücks. Entscheidend ist, dass sie fängt. Um 1800 heißt es im „Krünitz" über die Schwerkraftfalle: *„Eine der gemeinsten Fallen besteht in*

28 | Torsionskastenfalle aus dem 17. Jahrhundert.

29 | Schwerkraftkastenfalle aus dem 17. Jahrhundert.

einem kleinen länglichen Kasten, der an der einen Seite mit einem Drahtgitter, an der anderen aber mit einer auf und nieder beweglichen Thüre versehen ist, welche nach Art eines Schutzgatters in den Thoren mancher Festungen aufgezogen werden kann ... Gewöhnlich macht man zwei Fallen dieser Art zusammen, um wenigstens zwei Mäuse in einer Nacht fangen zu können, da es sich nicht immer so trifft, dass mehr als eine Maus zu gleicher Zeit in die Falle laufen". Die hier im Lexikon beschriebene Falle ist auf einem Kupferstich in einem juristischen Ratgeber aus dem Jahr 1724 abgebildet (Abb. 30).

Häufiger als doppelfängige Schwerkraft-Kastenfallen waren die mit einer Klappe, wenn man aus der Zahl der in Museen erhaltenen und in der Literatur dokumentierten Fallen auf ihre Verbreitung schließen kann. E. T. A. Hofmann lässt im „Nussknacker und Mäusekönig" den Paten Drosselmeier eine Schwerkraft-Kastenfalle erfinden: *„Er fand auch wirklich kleine, sehr künstliche Maschinen, in die an einem Fädchen*

Kastenfallen | 47

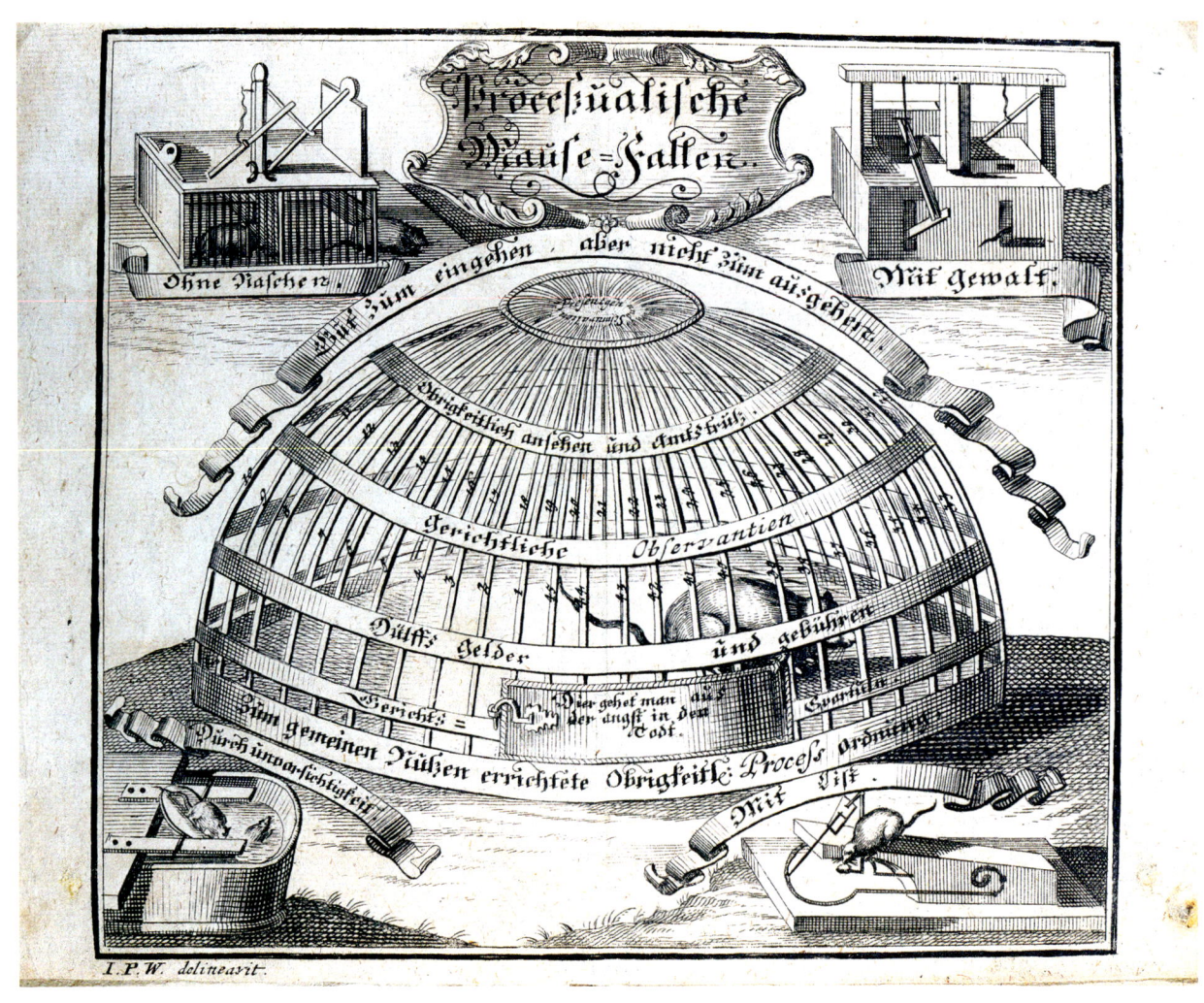

30 | Juristenhandbuch mit Fallenbildern 1724: Schwerkraftfalle mit zwei Kammern, Klotzfalle mit zwei Klötzen und drei Läufen, Bügelfalle mit Metallfeder und Wasserfalle.

gebratener Speck getan wurden und die Drosselmeier rund um die Wohnung der Frau Speckfresserin aufstellte. Frau Mauserinks war viel zu weise, um nicht Drosselmeiers List einzusehen, aber all ihre Warnungen, alle ihre Vorstellungen halfen nichts, von dem süßen Geruch des gebratenen Specks verlockt, gingen alle sieben Söhne und viele, viele Gevattern und Muhmen der Frau Mauserinks in Drosselmeiers Maschinen hinein und wurden, als sie eben den Speck wegnaschen wollten, durch ein plötzliches vorfallendes Gitter gefangen, dann aber in der Küche selbst schmachvoll hingerichtet".

Nussknacker und Mausekönig erschien 1816. Die illustrierenden Holzschnitte von Bertall stammen aus dem Jahr 1845. Drosselmeiers Produkt ist, wie in der Beschreibung so auch im Bild, eine Schwerkraft-Kastenfalle, ein vergittertes Mäusegefängnis. Das Gefängnisbild hält sich in der Literatur. Ernst Tollers Hinkemann, 1923/24 geschrieben, greift Hofmanns Mausefallenpassage in vergleichbarer kausaler Folge der Bilder auf: „Die Ratten und Mäuse, denen ich die Kehle durchbeißen musste, sitzen im Gefängnis, bevor sie ins Schafott kommen". Als eine der interessantesten Schwerkraft-Kastenfallen bezeichnet der Fallenexperte Bateman eine tönerne Mausefalle von der Insel Djerba in Tunesien. Er hält sie zwar für eine etwas grobe Arbeit, ist aber hell begeistert darüber, dass es überhaupt tönerne Mausefallen gab (Abb. 31). Der Mausefallensammler Reinhard Hellwig hat diesen Fallentyp gleich im Dutzend auf Djerba nachbauen lassen. Ähnliche Modelle sind in Ägypten seit 2 000 vor Christus belegt, sie wurden auch in einem größeren Format für Ratten angefertigt. Eine ist im Petrie Museum in London erhalten. Die glänzenden Augen des Sammlers und die Begeisterung des Mausefallenexperten über den Fund sind verständlich, denn Ton-Fallen sind tatsächlich bei weitem nicht so häufig erhalten und dokumentiert, wie Fallen aus anderen Materialien. Mehrere deutsche Museen und Sammler besitzen aber sehr schöne Tonfallen. In Schleswig, Vilsbiburg, Eppingen

und in Pfarrkirchen können sie besichtigt werden. Der Holzkastenfalle in der Form ähnlich sind die Fallen in Pfarrkirchen und in Eppingen. Die Falle aus der Raußmühle in Eppingen ist die älteste in Deutschland dokumentierte Tonfalle. Sie wurde in einem Haus in Wörrstadt gefunden und stammt aus dem 15. Jahrhundert. Die Falle im Landesmuseum in Schleswig ist kompakter. Sie hat eine grüne Lasur, darauf die Schrift: Adam Götzel, Schönberg, 1846. Die vierte Tonfalle ist rund und am oberen und unteren Rand verziert. Auf der Oberseite stehen die Ziffern „169". Der Leiter des Museums in Vilsbiburg spekuliert, dass es sich dabei um die Jahreszahl 1690 handeln könne (Abb. 32). Möglich, aber eben Spekulation. Dass es sich bei den Tonfallen nicht um Einzelstücke handelt, ist wahrscheinlich. Einzelstücke hätten kaum mehrere Jahrhunderte

31 | Schwerkraft-Tonfalle aus Tunesien, Sammlung Langenbach.

32 | Schwerkraft-Tonfalle aus Deutschland. Museum Vilsbiburg.

überlebt. Außerdem wurden und werden Tonerzeugnisse gewöhnlich in Serien hergestellt. Es spricht viel dafür, dass in einigen Museen noch Tonfallen eingelagert sind, ohne als solche erkannt worden zu sein.

Wippen

Um bei den Besonderheiten zu bleiben: So, wie es Klotzfallen mit mehreren Klötzen gibt, gibt es auch Kastenfallen mit mehreren Fangräumen. Die Mechanik entspricht den historischen Vorlagen. Fallen dieser Art dürften kaum älter als 200 Jahre sein, eher wesentlich jünger. Zu den Kastenfallen gehören auch verschiedene Typen der Wippbrettfallen. Im Krünitz werden sie zu Beginn des 19. Jahrhunderts so beschrieben: *„Man macht auch viereckige längliche Kästchen, die an der einen Seite mit einem Drahtgitter vermacht sind, hinter welchem der gebratene Speck angebracht wird, an der anderen Seite aber offen bleiben. In diese offene Seite schiebt man ein Gestell hinein . . . Sowie eine Maus, durch den Speck angelockt, auf das Brett tritt, neigt es sich nieder, lässt die Maus in den Kasten hinein, und schlägt hernach wieder in die Höhe."* Fallen dieses Typs finden sich in vielen Sammlungen.

Eine ältere Form der Wippbrettfalle wird häufig auf Stichen des 18. Jahrhunderts abgebildet, die Mausefallenhändler zeigen. Dieser Fallentyp kann nur eine Maus fangen, die Falle bleibt nach dem Fang geschlossen (Abb. 33). Wippbrettfallen gibt es heute noch. Sehr schnell wurden die Fallen so konstruiert, dass die Mäuse die Wippen zwar als Einstieg, nicht aber als Ausstieg benutzen konnten. Im Katalog der Firma Pieper liest sich das 1909 so: *„Das Prinzip derselben ist eine kleine Wippe, über deren Ende nach oben zu ein Stückchen Speck oder dergleichen anzubinden ist. Will die Ratte dies fassen, so geht die Wippe herunter und öffnet durch einen Haken ein anderes Türchen, durch das die Ratte geht; hieran findet sich eine Sperrvorrichtung, welche jetzt die erste Wippe wieder für die Nachfolgerin, für welche die Gefangene zugleich als Locke dient, aushakt und dadurch wieder aufstellt. Durch ein kleines Gitter lassen sich die Gefangenen leicht sehen und herausnehmen."* Im selben Katalog heißt es, die Fallen für Mäuse seien im Kleinen die gleichen, wie die Rattenfallen. Folglich dürfte auch die Empfehlung zum Töten der Tiere für Ratten wie für Mäuse gelten. Sie lautet: in einen Sack schütten und den mit Inhalt kräftig gegen eine Wand schlagen.

33 | Ca. 300 Jahre alte Wippbrettfalle. Museum Feuchtwangen.

Seit Mitte der 80er Jahre des vergangenen Jahrhunderts gibt es Plastikfallen, die als Wippe konstruiert sind. Geht eine Maus hinein, dann kippt die Falle und die Eingangstür schlägt zu. Dieser Fallentyp wurde 1924 von Nicolai Heinrich Schmuck zum Patent angemeldet und unter dem Namen Schwupp seriell hergestellt (Abb. 34). Nicht bekannt ist, von wem und wo die Falle produziert wurde. Sie war aus Metall, eine Wulst in der Mitte der Unterseite ermöglichte eine Kippbewegung, die die Tür schloss. Interessant ist, dass eine Glasscheibe an der der Klappe gegenüber liegenden Seite eingesetzt war. Erst die Experimente von Siegbert Graf vom Hagen in den 80er Jahren des 20. Jahrhunderts haben empirisch belegt, dass Mäuse gern in Öffnungen gehen, an deren Ende sie Licht sehen.

Reusen

Die Methode, gefangene Mäuse in einem Sack durch Schläge gegen die Wand vom Leben in den Tod zu befördern, ist brutal und klingt unfein, sie war aber üblich. Wohin mit Mäusen, die zum Beispiel in Reusen bzw. Korbfallen lebendig gefangen werden? Ob tatsächlich alle in Nachbars Garten gebracht werden? Die halbkugelförmigen Gitterkäfige gehören wie die Kastenfalle zu den Lebendfängern. Es gibt Reusenfallen ganz aus Draht und es gibt Modelle mit Holzböden. Die älteren sind kunstvoll geflochten, die neueren geschweißt. Reusenfallen aus Blech- bzw. Eisenstreifen finden sich selten, aber auch diese Modelle sind in Sammlungen erhalten (Abb. 35). Eine der ersten Abbildungen einer Reusen-Korbfalle, die dem Eisenmodell ähnelt, ist neben anderen Anfang des 18. Jahr-

34 | Wippfalle aus dem Jahr 1924. Volkskundemuseum Schleswig, Schloss Gottorf.

35 | Reusenfalle mit Blechstreifen. Sammlung Langenbach.

Reusen | 51

hunderts gebräuchlichen Fallen in Döhlers Juristenratgeber aus dem Jahr 1724 zu sehen. Die Falle selbst muss älter sein, denn bevor Künstler Alltagsgegenstände zu Kunstobjekten erhöhen, vergeht Zeit. Im Übrigen haben Metallfallen, die ständig in Wasser getaucht werden, um sie zu reinigen oder um die gefangenen Mäuse zu töten, eine schlechtere Überlebensdauer als Holzfallen. Sie verrotten leichter. Dieser Fallentyp dürfte mindestens 100 bis 150 Jahre älter sein als seine erste Abbildung. Das Fangprinzip der Korbfalle hat Johann Döhler sehr gut erkannt und auf sein Fachgebiet umgesetzt. Er schreibt:

„Wer ordentlichen Weg des Proceßiren sucht,
Find't zwar den Eingang gut, den Ausgang aber spitzig,
Und wenn schon späte Reu die Zänckerey verflucht,
Wird man doch anders nicht als nur mit Schaden witzig.
Beseht das Gitter recht, darin der Köder liegt,
Ich meine Euer Recht, so ihr zu haben meinet,
Wiewohl ist es verwahrt? und eh' ihr solches kriegt,
Verliehret ihr mehr Haar als es von Anfang scheinet.
Und schleichet mancher schon zur spitzen Pforte raus.
Was hat Er mehr daselbst als viele Angst gefunden?
Ein and'rer lacht Ihn mit solcher Probe aus;
Er selbst beklagt zu spät die Menge seiner Wunden."

Die Korbfalle wird um 1800 bei Krünitz wesentlich nüchterner beschrieben. Während der Jurist noch Verständnis für die Opfer in der Falle hatte, die zwar angeschlagen waren, aber doch entkommen konnten, sieht die Enzyklopädie über Gefühle der Opfer hinweg und beschreibt die Funktion: „*Man hat sie auch ganz von Draht in Form eines runden Backofens, aber mit dem Unterschied, dass oben die zugespitzten Drahtenden trichterförmig zusammenlaufen. Hier kriecht die Maus hinein, um zu dem Köder zu kommen, kann aber der Spitzen wegen nicht wieder heraus. In solchen Fallen fängt man zuweilen 3 bis 4 und mehr in einer Nacht. An der Seite ist ein Thürchen, um die Mäuse hernach herausfallen zu lassen."*

Reusenfallen waren populär. Sie gehörten, so der Spiegel, 1793 zu den ersten Tauschgegenständen im Handel mit China und sie gingen in die Literatur ein. Wilhelm Buschs Geschichte von Plisch und Plum, Viertes Kapitel:

*„Endlich fing im Drahtgehäuse
sich die frechste aller Mäuse,
Welche Mama Fittig immer,
bald im Keller, bald im Zimmer,
und besonders bei der Nacht,
Fürchterlich nervös gemacht.
Dieses gilt für Plisch und Plum
Ein erwünschtes Gaudium;
Denn jetzt heiß es: Mal heraus,
Alte, böse Knuspermaus."*

Im Nachkriegskinderbuch „Der Butzemann" wird in der Geschichte „Das Mäuslein" zwar eine Reusenfalle abgebildet, beschrieben wird allerdings eine Torsions-Kastenfalle. Die Maus geht in die Falle, „*setzt sich ins Eck und ergötzt sich am Speck. Reißt, beißt und speist! platsch tuts einen Knall, und – zu ist die Fall!"* Während der Autor sehr genau beschrieb, hat der Illustrator gemalt, was er kannte und nicht, was beschrieben war. Die Genauigkeit eines Juristen scheint Künstlern nicht zwingend gegeben.

Die typische Halbkugelform der Reusenfalle, 1892 wird sie „glockenförmig" genannt, mit einer Öffnung an der Oberseite und meist einer zweiten in der Nähe des Bodens, durch die sich eine Maus zwar an Drahtspitzen vorbei in die Falle zwängen, aber nicht mehr heraus kann, scheint Vorläufer gehabt zu haben. Ein Stich aus dem Jahr 1566 zeigt ein flaches Modell, das aussieht wie ein liegendes Laufrad für Goldhamster, in dem, zur offensichtlichen Freude von Mäusen, Katzen gefangen sind (Abb. 36). Eine vergleichbare Falle wurde noch in den 50er Jahren des vergangenen Jahrhunderts vom österreichischen Unternehmen Leimer in Waidhofen gebaut.

Durchgesetzt hat sich die halbkugelförmige Reusenfalle, auch in der Literatur. In Scheffels Ekkehard wird der Mäusefänger mit dem Satz beschrieben: *„Auch flocht er aus Draht treffliche Fallen der Mäuse."* Die Popularität der Korb- und Kastenfallen aus Draht hat mit ihren geringen Herstellungskosten und ihrer Verbreitung zu tun. Sie wurden von Haus zu Haus verkauft. Reisende Händler aus der Slowakei, Ungarn, Italien und auch aus Deutschland waren auf ihre Herstellung und Haustürverkäufe spezialisiert. Ableitners Handbuch für Schädlingsbekämpfer aus dem Jahr 1890 nennt diesen Fallentyp „leicht herzustellen" und „wohlfeil". Zutreffend wird er im gleichen Werk mit Reusenfallen für den Fischfang verglichen. Nicht zum ersten Mal. Bereits in Verardis Fallenbuch aus dem Jahr 1857 werden Korbfallen expressis verbis Reusenfallen genannt. Sie seien eine der gebräuchlichsten Fallenarten im Piemont, heißt es dort. Das entscheidende Teil an der geflochtenen Falle ist die Reuse, durch die die Maus zwar ins Innere der Falle kommen kann, aber nicht mehr heraus. Denn die Eisendrähte der Reuse sind spitz, *„so dass das einmal gefangene Thier sich die Lust des Wiederherausprin-*

36 | Modell einer flachen Reusenfalle, wie sie mindestens 500 Jahre lang gebaut wurde.

gens wohl vergehen lassen muß." Ende des 19. Jahrhunderts gab es Weiterentwicklungen, in denen Wippen und Reusen kombiniert wurden. Mäuse waren ein Massenproblem, man wollte möglichst viele gleichzeitig fangen – in Massenfängern. Ein Massenfänger war die „Marine-Drahtkastenfalle" (Abb. 37), die im Pieper-Katalog 1909 so beschrieben wurde: *„Nach dem selben Prinzip arbeitet die Marine-Drahtkastenfalle nebenstehender Abbildung und hat noch dabei den großen Vorteil, dass sie sich leicht desinfizieren und transportieren lässt. Man kann die Falle zum Töten der Insassen einfach in Wasser tauchen."* Eine fast identische Falle wurde noch 1952 hergestellt. Woran man

37 | Vor 100 Jahren verbreitete Reusenfalle mit Griff. Museum Oppenheim.

sieht, dass der Lebendfang der Maus in der Regel mit ihrem Tod endet. Die Maus hatte nur dann eine geringe Überlebenschance, wenn der Fallensteller Tierfreund war.

Galgen

Auf dem Weg vom Leben zum Tod bleibt Mäusen wenig erspart. Auch nicht das Erhängen. In einer Fanganleitung aus dem Jahr 1801 heißt es: *„Lege die einem jeden Landmann bekannten Schlingen von Pferdehaaren, oder dünnem Draht in ihre Gänge."* Nun mag damals der Mäusefang mit Schwippgalgenfallen allgemein bekannt gewesen sein, aber die Ausführung oblag Spezialisten. Scheffel beschreibt 1855 im Ekkehard einen Fachmann für diese Art des Mäusefangs. Der *„trug Weidengerten und allerhand Schlingen und ging an seine Arbeit, den Feldmäusen nachzustellen."* Eine Abbildung aus einer Zeitung aus dem Jahr 1876 ist wie nach Scheffels Beschreibung gefertigt. *„Mit eingebogenen Weidenruten, daran er eine Schlinge festigte, hatte er manchem der schwarzen Gesellen ein unerwünscht Lebensend' bereitet, aufgeschnellt baumelten sie im gleichen Augenblick zu Sonnenlicht, Galgen und Tod empor."* Bei diesem Fallentyp wurde die Schlinge durch einen hochschnellenden Zweig zugezogen. In Mascalls Fallenbuch aus dem Jahr 1590 ist bei einer ähnlichen Falle der Zweig, die Holzfeder, durch eine Eisenfeder ersetzt (Abb. 38). Die Feder wird durch einen Faden gehalten, den die Maus durchnagen muss, wenn sie an den Köder will. Diese Falle hat auf der Abbildung gleich vier Fanglöcher. Sie wird nicht im Freien, sondern in Räumen eingesetzt. Krünitz schrieb Anfang des 19. Jahrhunderts: *„Dieser Faden ... verschließt sogleich das Loch auf solche Art, dass die Maus den Speck zwar riechen, aber nicht zu ihm kommen kann. Wenn nun eine Maus davor ist, so nagt sie sogleich den Faden durch, dadurch wird die Feder frey, schnellt in die Höhe, und reißt also den Ring mit hin-*

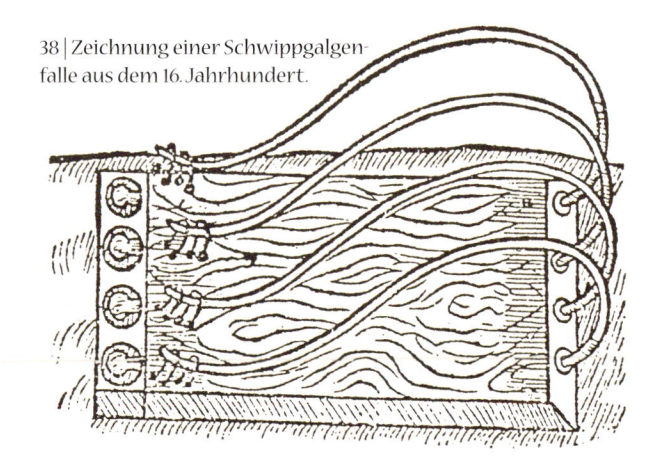

38 | Zeichnung einer Schwippgalgenfalle aus dem 16. Jahrhundert.

auf, welcher die Maus um die Brust und Kehle fasst, und gleich erdrückt. Man kann vier bis sechs Löcher in einen solchen Klotz bohren, und wird bisweilen, wenn viele Mäuse da sind, in einer Nacht in jedem Loch eine Maus fangen. Die Größe der Löcher kann im Durchmesser etwa einen Zoll haben. Es ist aber zu bemerken, dass diese Falle nur solange gut fängt, als sie noch neu ist. Wenn viele Mäuse damit gefangen sind geht keine mehr hinein, wo man die Falle nicht recht stark ausbrüht."

Die Bemerkung ist falsch. Richtig ist, dass die „federnde Mäusefalle", wie Verardi sie Mitte des 19. Jahrhunderts nennt, die meistgenutzte Falle der damaligen Zeit war. Sie wurde aus Buchen- oder anderen Hölzern gemacht und hatte bis zu zehn Löcher. Am gebräuchlichsten waren Fallen mit vier Eingängen (Abb. 39), das zeigen zeitgenössische Bilder. Jedenfalls wurde der Tod der Maus durch Erhängen 1892 in der einschlägigen Hausfrauenliteratur angepriesen: „Ebenso tödlich wirken die Löcherfallen. In ein Stück festes Holz sind nebeneinander mehrere Löcher von der Größe der Mäuselöcher gebohrt. In den Hintergrund derselben kommt die Lockspeise, die möglichst angenehm duftet. Am Eingang wird durch einen aufgespannten Zwirnfaden eine Drahtschleife, die an einer Drahtfeder hängt, niedergedrückt. Beißt die Maus den hinteren Faden durch, so wird sie von der emporschnellenden Drahtschleife erdrückt." Gasser nennt diese Art der Schwippgalgenfallen Röhrenschlingenfalle. Im Pieper-Katalog aus dem Jahr 1909 werden sie „Guillotinen oder Galgenfallen" genannt. Guillotinen, bei denen der Kopf abgeschlagen wird, sind diese Tötungsmaschinen nicht. Aber auch die gibt es.

39 | Schwippgalgenfalle mit vier Fängen.

Neben den kastenförmigen Galgenfallen für den Hausgebrauch gab es die von Gasser erwähnten Röhrenfallen. Sie wurden benutzt, um Feldmäuse zu fangen. Im vorletzten Jahrhundert hießen sie „*Hohenheimer Fallen.*" Wohl deshalb, weil Direktor Walz in Hohenheim diese Falle Landwirten als äußerst funktionsfähig und preiswert empfahl. Professor Harald Winkel, 1986 Inhaber des Lehrstuhls für Wirtschafts- Sozial- und Agrargeschichte des Instituts für Sozialwissenschaften der Universität Hohenheim, fühlt sich, offenkundig in Unkenntnis der Geschichte dieser Falle, für Mausefallen „*völlig unzuständig.*" Schade. Wo doch die Hohenheimer-Feldmausefalle Ende des 19. Jahrhunderts für Landwirte im Kampf gegen die Feldmaus eine Art Wunderwaffe war. K. Ableitner nennt einen Stückpreis von 10 Pfennig, ein Mann konnte 100 Fallen täglich betreuen, die Fallen funktionierten ohne Köder. Und wie sie funktionierten. In einer Abhandlung über die Mäuseplage aus dem Jahr 1890 wird beschrieben, wie auf einer Fläche von

20 Hektar mit 200 Fallen in 38 Tagen 15 295 Mäuse gefangen wurden. Beschäftigt wurden dabei 84 Tagelöhner, die jeweils 70 Pfennig bekamen. Macht, zusammen mit den Kosten für die Fallen, 80 Mark für 20 mäusefreie Hektar Ackerland. Die Kosten, die mehr als 15 000 Mäuse verursacht hätten, wären erheblich höher gewesen. 1920 wird ein verbessertes Modell der Hohenheimer Feldmausfalle mit dem Namen „Reform" angeboten. Die Neuerung wird in der „Allgemeinen Wein-Zeitung" so beschrieben: *„Die Feldmausfalle Reform ... besitzt aber die Verbesserung, dass hier der Faden ganz entfällt und an dessen Stelle ein an der Springfeder angebrachter, beweglicher Draht tritt. Kriecht die Feldmaus in die Falle hinein, so berührt sie den beweglichen Draht, die Springfeder wird dadurch ausgelöst und die Feldmaus mit der Drahtschlinge gefangen, bzw. getötet."* Für den erfolgreichen Einsatz dieser Drahtfederfalle gegen Wühlmäuse gibt es Belege. 1909 heißt es in einer Werbung:

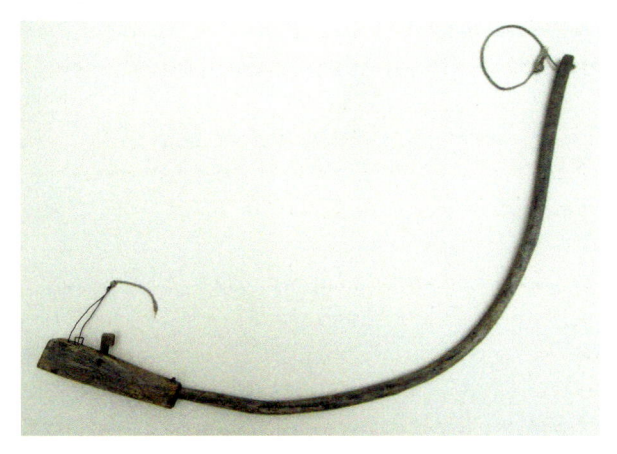

40 | Schwippgalgenfalle, die mit einem Stock gespannt wird. Museum Wasserburg.

„In Tiefenau (Sachsen) bediente eine Frau 300 dieser Fallen und fing damit täglich 100–150 Mäuse; in Obernhau fing sogar ein Mann mit 100 Fallen 600 Mäuse am Tag." Das Fallenmodell war besser als der Werbetext.

Das Alter der Galgenfallen ist nicht genau bestimmbar. Sie gehörten aber schon zu den Standardmodellen der Mausefallenmacher des 18. Jahrhunderts, wie die Abbildungen in der Enzyklopädie von Diderot und d'Alembert zeigen. Sie sind vermutlich sehr viel älter. Jedenfalls sind sie, modifiziert, weltweit verbreitet. In Europa, in Afrika und in Asien. Bei historischen Modellen wird die Schlinge noch durch einen elastischen Stock gespannt, wie das bei den für Deutschland seltenen Exponaten der Fall ist, die das Museum Wasserburg zeigt (Abb. 40). Vergleichbare Hülsenschwippgalgenfallen sind auch an anderen Orten in Europa bekannt. Sie sind Vorläufer der Galgenfallen mit Drahtfedern, die durch einen Faden gehalten werden. Galgenfallen, ob nun für den Hausgebrauch oder für den Fang von Feldmäusen, werden heute noch hergestellt. Durchgesetzt hat sich nicht das Modell „Reform", sondern die Falle mit dem Faden, den die Maus durchbeißen muss. Laut Prospekt haben die Tiere einen Hang, sich selbst umzubringen. Händler Pieper schreibt: *„Sobald der Faden durchgenagt ist, was die Maus sehr gerne tut, schnellt die an der Feder befindliche Schlinge empor und guillotiniert dieselbe."* Natürlich wird nicht die Feder, sondern die Maus erwürgt. Und der Kopf wird schon gar nicht abgeschlagen.

Eine der interessantesten Weiterentwicklungen der Schwippgalgenfalle gelang dem Unternehmer Albert Münkel aus Wertheim im Jahr 1958. Er stellte die erste

41 | Prototyp der ersten deutschen Plastikfalle.

42 | Serienmodell der ersten deutschen Plastikfalle. Museum Oppenheim.

Kunststoffmausefalle in Deutschland her. Sie sieht auf den ersten Blick aus wie eine als Spielzeugauto konstruierte Schlagbügelfalle, allerdings wird die Maus nicht erschlagen, sondern ein Bügel schnellt von unten nach oben und erwürgt das Tier (Abb. 41). Das Unternehmen Wilmking in Gütersloh erwarb das Patent und entwickelte es weiter (Abb. 42). Allerdings verschwand diese Kunststofffalle nach wenigen Jahren vom Markt. Der Kunststoff war zu spröde und splitterte, wenn der Bügel gegen das Plastikgehäuse schlug, ohne dass eine Maus gefangen war.

Kopf ab

Weil mehrfach davon die Rede war: Guillotinen, also Tötungsinstrumente, bei denen ein Fallbeil herabfällt und den Kopf vom Rumpf trennt, hat es für Mäuse nicht gegeben, lediglich ein amerikanisches Patent aus dem Jahr 1977. Aber die heute übliche Schlagbügelfalle zielt ja auch auf das Genick. Und dieser Fallentyp hatte viele Vorläufer. Fallen für den gezielten tödlichen Schlag gab es früh. Auch wenn der Kopf nicht abfiel, die arme Maus war hin. Solch eine Falle ist bereits 1590 beschrieben. In mehreren Museen stehen gut erhaltene Exemplare dieses Fallentyps. Sie müssen über Jahrhunderte in Gebrauch gewesen sein. Alle ähneln der Zeichnung aus dem Jahr 1590. Die Maus musste den Kopf in eine Höhle stecken, dort hing an einem Haken ein Köder (Abb. 43). Wenn die Maus daran zog, wurde der federnde Metallstab freigegeben, der ihr das Genick brach. Sicher, der Metallstab hätte wie ein Messer geschliffen werden können, dann hätte die Maus nicht nur ihr Leben, sondern auch ihren Kopf verloren. Das wäre viel Ehre für die Maus gewesen, denn die Vorläufer der Guillotine, die seit dem 12. Jahrhundert in Europa verbreitet waren, waren dazu bestimmt, adlige Gesetzesbrecher zu enthaupten. Die „modernere" Guillotine, deren Einführung die Ärzte Joseph

Kopf ab | 57

43 | Mäuse-Guillotine. Museum der Grafschaft Mark, Altena.

Ignace Guillotin rechtstheoretisch und Dr. Luis praktisch betrieben, wurde erst 1792 im Zuge der französischen Revolution – zuerst von einem Deutschen mit Namen Schmidt – als gleichmachendes Tötungsinstrument gebaut. So genau hat es bei den Mäusen niemand genommen, obwohl die Ähnlichkeiten nachdenklich machen. Rechtstheoretische Begründungen für die Konstruktion von Mausefallen sind nicht bekannt, medizinische schon. Auch wenn meist der funktionale Zweck dominiert, nämlich Mäuse zur Strecke zu bringen, gibt es sehr wohl Mausefallenerfinder, die nicht minder feinfühlig waren, wie der Erbauer der ersten modernen Guillotine, Tobias Schmidt. Der war im Hauptberuf Klavierbauer.

Wasserfallen

Mit zu den ältesten Fallentypen gehören Fallen, bei denen die Maus über eine Wippe in einen Fangbehälter stürzt, der oft mit Wasser gefüllt ist. Im „Krünitz" wird diese Fallenart so beschrieben: „*Unter den Fallen, mehrere Mäuse auf einmal zu fangen, sind die Tellerfallen mit einem untergesetzten tiefen kupfernen Kessel mit Wasser die besten. Plinius erwähnt schon diese Erfindung, die Maus vermittels eines Brettes, das leicht zurückweicht, ins Wasser fallen zu lassen.*" Ein seit den Tagen der alten Römer bekanntes Mausefallenmodell also. Kein Wunder, dass dieser Fallentyp in mehreren Varianten im Jagdbuch des Petrus de Crescentiis erwähnt wird. In deutschen Übersetzungen lagen die Konstruktionsbeschreibungen seit dem 15. Jahrhundert vor. Empfohlen wurde, einen mit Wasser gefüllten Topf mit einer über Kreuz eingeschnittenen Lederhaut zu bedecken, so dass das Leder nachgibt, wenn die Maus es betritt und danach wieder in die Ausgangsform zurückgeht. Empfohlen wurde auch ein Wippbrett, über das die Maus ins Wasser fallen soll. Eine einfache Methode, die sich als äußerst langlebig erwies. Weniger hilfreich war Crescentiis Behauptung, dass Mäuse, die in einem Fass ohne Wasser und Nahrung sitzen, einander auffressen würden. Und dass die letzte überlebende Maus, wenn sie wieder freigelassen wird, die übrigen Mäuse in der Nachbarschaft auffressen würde. Die würden nämlich nicht vor ihr fliehen. Für diese Form des Kannibalismus unter Mäusen gibt es keine Belege. Und auch die Mäusefänger haben, wenn sie Wippbrettfallen einsetzten, meist auf gefüllte Wasserbehälter gesetzt. Im „Krünitz" vom Anfang des 19. Jahrhunderts finden sich bereits Abbildungen sehr gediegener Wippbrett-Wasserfallen. Aber noch 1890 werden die Behauptungen Crescentiis munter abgeschrieben und als wahr verbreitet. In Ableitners Buch über die Bekämpfung der Mäuseplage heißt es wortreich wie im fast 400 Jahre älteren Text: „*Wenn man* die gefangenen Mäuse eine Zeitlang beisammen lässt, so verzehren sie sich gegenseitig selbst. Die stärksten Exemplare bleiben in diesem engen Raume im Kampf ums Dasein übrig, wenn man sie laufen lässt, so werden diese die schlimmsten Feinde ihrer Verwandtschaft und wüthen darunter ebenso arg, wie Wiesel und Mäusebussard."

Ende des 19. Jahrhunderts entwickelte Carl Bender aus Wiesbaden einen optimalen Fangautomaten. Er kombinierte das Prinzip der Wippe mit dem der Schwerkraftfalle. Der Eingang in die von ihm entwickelte Falle schloss sich nach dem Prinzip der Schwerkraftfalle, wenn die Maus auf eine Wippe trat. Das Tier konnte in der Falle nur einen Gang hinauf steigen, trat wieder auf eine Wippe und rutschte in einen Wasserbehälter, während sich die Tür der Falle durch einen mit der zweiten Wippe verbundenen Hebel wieder öffnete (Abb. 44). Die Bender-Falle wurde oft kopiert. Fallen nach dem von Bender entwickelten System waren am Markt äußerst erfolgreich. Durch die Tierschutzgesetzgebung wurden sie in den 70er Jahren des 20. Jahrhunderts verboten.

Früher als Gefäße mit Wippen dürften in die Erde eingegrabene Töpfe zum Mäusefang genutzt worden sein. Verardis Rat in seinem Handbuch für Schädlingsbekämpfer aus dem Jahr 1857 lautete: *„Auch könnte man Garten-Glasglocken oder inwendig glasierte Töpfe, mit etwas Wasser darin, hier und da in die Erde graben, weil gewiss viele Feldmäuse auf ihren nächtlichen Streifereien in diese Gefäße fallen und, da sie, des mangelnden Halts wegen, an den Wänden nicht wieder heraus können, ohne Rettung darin ersaufen würden."*

44 | Quantensprung: Benders automatischer Massenfänger. Sammlung Greb.

Topffallen

1866 propagierte das *„Wochenblatt für das christliche Volk"* eine neue Mausefalle: *„Hierzu wird ein Blumentopf in folgender Weise verwendet. Derselbe soll etwa ein Fuß hoch sein. Man stürzt ihn um, legt ihn auf ein Brett, welches mit Fett beschmiert ist. Ferner wird das kleine Abzugloch des Blumentopfs erweitert, bringt dann unter der Öffnung einen Draht an, um welchen eine leichte Rolle sich befindet. Diese Falle gräbt man in die Erde, bringt um dieselbe kurz geschnittenes Stroh, worunter man einige Körner bringen kann. Die Mäuse werden im Stroh umher suchen und auf den Fettgeruch aufmerksam. Während sie sich der Öffnung nähern, kommen sie auf die Rolle, welche sich umdreht, und die Maus fällt im Innern des Topfes auf den Boden, von dem sie nicht mehr empor klettern kann."* Mäuse wurden also nicht nur über Wippen verschaukelt, sondern auch christlich auf die Rolle genommen. Die Menschen, die den Mäusen ans Leben wollten, sparten, wo immer es ging. Wenn schon Mäuse in Behältern fangen, wozu dann Töpfe benutzen? Löcher graben und die Tiere totschlagen tat's auch. Zum Graben wurde der Mäusebohrer benutzt. Krünitz beschreibt ihn in seiner technischen Enzyklopädie auf 15 Seiten. Carl John, damals Experte im Kampf gegen die Maus, gibt den Rat, den Bohrer immer mir Wasser anzufeuchten, damit die Wände des Bohrlochs glatt werden, das erschwere den Mäusen das Herausklettern. Topfsparend seien so in den Jahren 1797 und 1799 in der Gegend von Gandersheim viele Tausend Mäuse gefangen worden. Die Tiere wurden getötet, meist erschlagen. Die Empfehlung vom Ende des 19. Jahrhunderts, die Mäuse mit *„einem spitzen Instrumente"* aus den Löchern herauszunehmen, lässt kaum einen anderen Schluss zu als den, dass die Tiere aufgespießt werden sollten. Mäusebohrer waren noch im letzten Jahrhundert im Angebot des einschlägigen Fachhandels.

Wird das Motto „praktisch, preiswert, gut" zum Maßstab, dann war die Fangmethode mit dem Suppenteller bzw. dem Blumentopf für die Jagd nach der Hausmaus das, was die Sache mit den Löchern für den Fang der Feldmaus war, nämlich die einfachste Methode. Bereits vor knapp 700 Jahren hieß es in Lindners Fanganleitung: *„Eine lebende Maus wird leicht gefangen, wenn du eine Nuss ein wenig öffnest und sie unter eine Schüssel setzt, so, dass die Öffnung nach innen zeigt. Will die Maus nun von der Nuss essen, fällt die Schüssel herunter und die Maus ist gefangen."* Krünitz beschreibt 500 Jahre später den gleichen Vorgang. Er spricht von der holländischen Methode. *„Die holländische Methode entbehrt alle Künsteleyen"*, schreibt er. Statt einer Nuss wird in seinem Beispiel ein Butterbrotrest in einen alten Pfeifenkopf gesteckt und der dann, Futterseite nach innen, unter einen Teller geklemmt. Knabbert die Maus, rutscht der Teller ab und das Tier ist gefangen. Im 19. Jahrhundert ist die Variante mit der Nuss dank Verardi nicht in Vergessenheit geraten, und Anfang des 20. Jahrhunderts wird Hausfrauen immer noch der Mäusefang mit dem Blumentopf empfohlen. Man nehme: einen Blumentopf, ein maushohes Brettchen, an dessen Ende ein Köder befestigt wird, verkannte – Köder nach innen – das Brett möglichst wackelig unter dem Blumentopf und warte, bis eine Maus kommt, nascht, am Köder zieht, das Brett umfällt und die Maus sich unter dem Topf selber fängt. Abschließender Rat der Hauswirtschaftlichen Rundschau: „Man nimmt nun den Blumentopf samt Unterlage und lässt die Maus in irgend ein mit Wasser gefülltes Gefäß fallen." Das ist für die Maus keine wirkliche Alternative zum Hungertod unter dem Blumentopf.

Das Mausefallenprinzip

Der Streifzug durch die Geschichte der Mausefallen zeigt, dass es kein „Mausefallenprinzip" gibt. Es sei denn das, Mäuse mit Fallen zu fangen. Doch Krünitz schreibt: „*Die Fallen wirken aber weit langsamer als die Katzen, und machen obendrein Mühe, indem man sie aufstellt und oft nach ihnen sehen muß.*" Außerdem kosten sie Geld, ließe sich hinzufügen. Trotz der hier gelobten Katze: Mausefallen sind seit Jahrhunderten Gegenstände des täglichen Gebrauchs. Da ist es erstaunlich, dass sie es nur in Neroth zum Wappensymbol gebracht haben. Der Maus gelang das nach Angaben des Vereins für Heraldik immerhin zehnmal. Die Mausefalle wurde dafür zum Kinderspielzeug. Wer hatte nach dem Krieg als Kind nicht den kleinen Taschenspiegel, auf dessen Rückseite, unter Glas, Mäuse aus Metall in ein oder zwei Mausefallen hineinbugsiert werden mussten. Diese Spiele gibt es heute noch, sie sind jetzt aus Plastik. Prominenter Spieler der 1980er Jahre war Tenniscrack Miloslaw Mecir. „*Miloslaw Mecir, 22, strahlte in der Umkleidekabine übers ganze schwejksche Gesicht: Ich hab's geschafft! Es war kein Sieg auf dem Tennisplatz, der ihn freute. Die Nummer acht der Weltrangliste reckte triumphierend ein kleines Kinderspielzeug aus Plastik hoch. Milo war es geglückt, durch schütteln, rütteln und drehen zwei kleine Kunststoffmäuschen in eine Falle zu bugsieren.*" Der Spiegel war dabei. Mäusefangen ist in vielen Varianten seit Jahrzehnten Gegenstand von Kinderspielen.

Mausefallen sind überall, nicht nur im wirklichen Leben, auch im Film, real wie in Scorseses „Die Zeit nach Mitternacht" und im übertragenen Sinn. In etlichen Krimis gibt es Fahrstuhlszenen. In Luis Malles „Fahrstuhl zum Schafott", Dick Maas „Fahrstuhl des Grauens", Karl Schenkels „Abwärts" oder in Jerry Jamesons „Fahrstuhl des Schreckens". Kritiker Jürgen Richter bemerkt sehr richtig: „Wie das Auto die Hauptrolle bei der Verfolgungsjagd spielt, hat sich die Luftkabine als Mausefalle für Ganoven im Genre etabliert." Mausefallen werden längst nicht mehr nur Mäusen gestellt. Sprachlich zumindest. In Manfred Dellings Kritik an seichten Journalistenfragen gegenüber Politikern heißt es: „*Warum stellen unsere Fernsehinterviewer den Elefanten immer nur Mausefallen?*" Die Mausefalle wurde zum Symbol für die Falle schlechthin. In diesem weitgefassten und übertragenden Sinne gibt es das Mausefallenprinzip doch. Nicht aber für reale Fallen in ihrer Typenvielfalt.

Mausefallenmacher

„Man kann die Mius nit mehr nähmen äs dat Leben."
(Wander, Sprichwörterlexikon, S. 540)

Wenn Menschen Mäuse fangen oder töten, dann meist mit Fallen. Wer sind und wer waren die Produzenten der Mausefallen? In Scheffels Roman aus der Mitte des vorletzten Jahrhunderts wird ein reisender Experte beschrieben, ein Spezialist für Mäusefang und Fallenbau. *„Auch flocht er aus Draht treffliche Fallen der Mäuse und zeigte sich in allem, was die niedere und niederste Jagd angeht, wohlerfahren."*

Spekulationen

Neben Schwippgalgenfallen beherrschte der Mausefänger auch die Herstellung von geflochtenen Drahtfallen. Reusenfallen waren, als der Roman entstand, in Deutschland weit verbreitet. Nun bleibt eine Romanfigur eine Romanfigur, auch wenn ihre Eigenschaften der Wirklichkeit entlehnt sind. Wer waren die Mausefallenmacher? Die wenigen Autoren, die sich mit Mausefallen beschäftigt haben, spekulieren. Gerhard Maresch spricht von Bauern, die Klotzfallen entweder kauften oder selbst herstellten. Christoph Gasser beschreibt eine Klotzfalle, die *„in der zweiten Hälfte des 19. Jahrhunderts bei einem Tischler in Seis bestellt und höchstwahrscheinlich nach einer Vorlage gebaut (wurde)."* Und er spekuliert: *„Jüngere Belege dieser Falle sind dem Autor nicht bekannt geworden."* Was er darauf zurückführt *„dass die Herstellung für einen Tischler meistens kein einträgliches Geschäft war."*

Der Wahrheit kommen beide Autoren nur insofern nahe, als sie mit Tischlern Spezialisten für den Mausefallenbau ins Spiel bringen, obwohl sie den Eigenbau durch Fallenbenutzer vermuten. *„Ursprünglich wurden diese Geräte bestehenden Mausefallen nachgebaut, hauptsächlich von Tischlern und Handwerkern, aber auch geschickte Bauern verfertigten sich ihre eigenen Fallen."* Die Eigenbauthese stützt Batalan Korompay, der in Südrussland Bogenfallen für Mäuse entdeckte, die er aus Ungarn kannte. Er schreibt: *„Die Übereinstimmung geht soweit (sie erstreckt sich bis auf die kleinsten Details des Fangapparates, z.B. auf die Nägel am Ende des Schubers), dass an eine Entlehnung auf natürlichem Weg, d.h. durch geografische Verbreitung, unmöglich gedacht werden kann. Das Auftauchen dieser Falle in Südrussland erklärt sich nach Meinung des Verfassers dadurch, dass sie während des letzten Weltkrieges (im Jahre 1942) von ungarischen Soldaten hierher verpflanzt worden ist."*

Es ist unwahrscheinlich, dass Korompay Recht hat.

Bogenfallen gibt es in allen Teilen der Welt. Sehr alte Fallen dieses Typs sind aus Frankreich bekannt und Frankreich hatte gute Handelsbeziehungen nach Osteuropa. So könnte auch die Bogenfalle nach Russland gekommen sein. Aber diese Spekulation klärt nicht die Frage, ob die Mausefallenherstellung Heim- oder Facharbeit war. Gegen die Heimwerkerthese spricht die Unkenntnis des Fallenmarktes, die ihre Verfechter offenbaren. Christoph Gasser schreibt zum Beispiel über Fangautomaten, also Wasserfallen, die in Millionen-Stückzahlen vom Ende des vorletzten Jahrhunderts bis in die 1970er Jahre industriell hergestellt wurden: *„Solche Fanggeräte sind äußerst selten, da sie zumeist von sinnreichen Bastlern erfunden und für den persönlichen Gebrauch gebaut wurden."*

Das Wort „zumeist" beinhaltet, dass es Fallen der beschriebenen Bauart geben muss, die nicht von „sinnreichen Bastlern" erfunden und nicht für den persönlichen Gebrauch gebaut wurden. Aber Mausefallenforscher Gasser geht der von ihm selbst gelegten Spur nicht nach, sondern fantasiert weiter: *„Solche Fallen sind höchst selten und stellen oft wahre Kleinode bäuerlicher Volkstechnik dar. Vor allem durch die Einführung und Weiterverarbeitung im ländlichen Bereich von neuen Arbeitsmaterialien, wie Maschendraht, Metallbleche und Stahldraht, die nunmehr allgemein zugänglich und erschwinglich waren, ergaben sich nicht nur neue Möglichkeiten der Herstellung und Weiterentwicklung von alten Fanggeräten, sondern sie ermöglichten auch neue Erfindungen."* Würden sie noch leben, hielten sich die Mausefallenfabrikanten die Bäuche vor Lachen bei der Vorstellung, Bauern Fangautomaten oder Käfigfallen aus Draht werkeln zu sehen. Richtig ist, dass Drahtfedern Holzruten ablösten, dass Drahtkäfige im Lauf der Jahrhunderte Holzkäfige ersetzten. Nicht richtig ist, dass es sich bei der Herstellung dieser Fallen um eine bäuerliche Volkstechnik handelte. Gasser kompensiert fehlendes Wissen durch Fantasie. Wie sonst kann er bei Dutzenden von vorliegenden Patenten und Millionen gebauter Wasserfallen des von ihm beschriebenen Typs schreiben *„man vergaß ihre Herstellungsweise."*

Kistenmacher

Näher an der historischen Wahrheit ist James Bateman. Er geht davon aus, dass Schmiede und Zimmerleute bereits vor dem Mittelalter Mausefallen herstellten. Aber auch er mutmaßt, dass das Mausefallenmachen zur üblichen Haushaltsbeschäftigung gehörte. Das ist falsch. Es gibt konkrete Belege, dass Mausefallen in Spezialwerkstätten von Fachleuten hergestellt wurden. Auf dem um 1425 gemalten rechten Flügel des Merode-Altars wird die Werkstatt eines Mausefallenmachers gezeigt. Abgebildet sind die Produkte, zwei unterschiedliche Fallentypen, und das Handwerkzeug: Bohrer, Meißel, Hammer, Zange, Einhandsäge, Winkelmaßbeil und ein Fleischbeil. Alois Nedoluka bemerkt, dass Robert Campins Altarbild die erste bildliche Darstellung eines Bohrers zeigt. Kunsthistoriker wie Zupnik registrieren, dass Josephs Werkstatt einen ordentlichen Eindruck macht.

Mausefallen sind nicht der zentrale Gegenstand der Kunstgeschichte. Doch rechtfertigt das, dass Kunsthistoriker János Végh *„staunen muss, dass so einfache und sinnvolle Geräte schon vor gut 500 Jahren in Gebrauch waren"*? Staunen muss man eher über das Staunen und den leichtfertig-spekulativen Umgang

45 | Heiliger als Handwerker. Werkstatt eines Mausefallenmachers Anfang des 15. Jahrhunderts. Robert Campin: Merode Altar.

von Wissenschaftlern mit der Geschichte. Es ist ratsam, die Interpretationen der Kunsthistoriker skeptisch zu betrachten. Interpretationsfrei und daher verwendbar sind ihre Bildbeschreibungen. Végh stellt fest, dass zum ersten Mal in der niederländischen Malerei durch den Blick aus Josephs Werkstatt eine Straßenszene dargestellt wird. Über die Auslage – eine Mausefalle – hinweg, ist der Blick frei auf eine flämische Stadt (Abb. 45). Zu sehen sind eine Kirche, ein Glockenturm und viele schmale, spitzgieblige Häuser, jedes mit einem Geschäft, Männer und Frauen gehen über den Marktplatz. Alltag in einer flämischen Stadt im 15. Jahrhundert. Der Mausefallenmacher Joseph in seiner Werkstatt, im Fenster als Blickfang für Kunden sein Produkt, eine Mausefalle. *„Joseph, der Zimmermann scheint auf Mausefallen spezialisiert zu sein"*, schreibt die Kunsthistorikerin Margarete B. Freemann. Campins Bild ist ein Beleg für die These, dass die Mausefallenherstellung keine Angelegenheit bäuerlicher Handwerkelei, sondern ein Beruf für Spezialisten war.

In Brügge und in vielen Städten der nördlichen Niederlande war die Herstellung von Mausefallen ein Privileg der Gilde der Kistenmacher. So war es auch in Frankreich. In der Enzyklopädie von Diderot und d'Alembert steht unter dem Stichwort Kistenmacher: *„Kistenmacher (Handwerker), der Kisten und Schachteln im Tischlerverfahren herstellt und verkauft. Der Meister der Pariser Zunft der Kistenmacher nennt sich ‚Meister für Kisten und Schmuckschatullen-Hersteller für Paris und seine Vororte'. Ihre ersten Statuten sind ziemlich alt, wie man aus den 15 Artikeln in einem Urteil des Vogtes von Paris sehen kann. Dieser Rechtsgelehrte nahm 1521 auf Vermittlung von Francios I die neu aufgestellten Statuten der Kisten-*

macher ab ... Die Zunft hat Geschworene, die die Interessen des Berufstandes vertreten, Aufsicht führen, sowie Lehrverträge und Abschlusszeugnisse ausstellen. Diese Pflichten wurden durch das Edikt von 1691 offiziell festgelegt, im folgenden Jahr wurden sie in den Statuten zusammengefasst und auch das Wahlrecht wurde festgeschrieben. Die Lehrzeit dauerte vier Jahre, der Abschluss ist an ein Gesellen- bzw. Meisterstück gebunden, es sei denn, der Bewerber ist Sohn eines Meisters. Die Kistenmacher benutzen fast alle Werkzeuge des Schreiners, tatsächlich sind sie ja aus dem gleichen Handwerk, nur, dass sie kleinere Werkstücke herstellen. Sie haben allerdings auch noch besondere Werkzeuge, z.B. Hobelbank, Stecheisen, Falzmesser und Ambosse."

Es ist immer die Rede von Kistenmachern und nicht von Mausefallenmachern. Nun, die Kistenmacher sind Mausefallenhersteller. Ihre Produkte sind eindeutig. Wie die zum Text gehörende Abbildung zeigt, sind die meisten Kisten Mausefallen (Abb. 46). Mausefallenproduzenten sind also zumindest seit der frühen Neuzeit in einer Zunft organisierte Handwerker mit festen Statuten, einer vierjährigen Lehrzeit und einem qualifizierten Berufsabschluss. Die Werkstatt des Josef dürfte typisch für die eines Mausefallenproduzenten seiner Zeit gewesen sein, genau wie das abgebildete Handwerkszeug und die Produkte. Geändert haben sich im Lauf der Jahrhunderte nur Fallentypen und -vielfalt, Materialien und Technologien.

Es gibt bei den Mausefallen auch Einzelstücke, die aber sind die Ausnahme. Die Betrachtung historischer Fallen zeigt, dass ihnen typidentische Bauprinzipien zugrunde liegen und sie in der Regel nicht für den

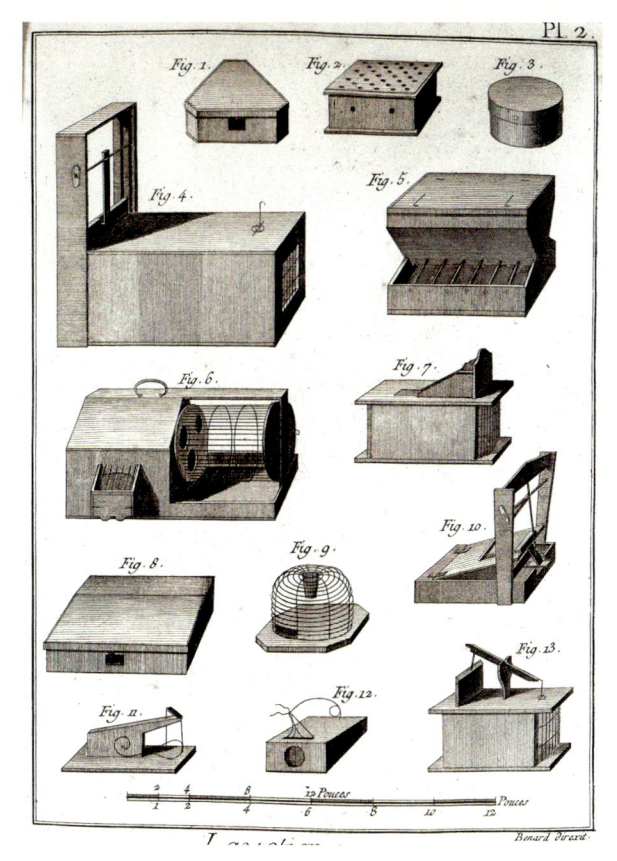

46 | Mausefallenmodelle in einem Lexikon des 18. Jahrhunderts.

Eigenbedarf, sondern als Verkaufsprodukte in größeren Serien hergestellt wurden. Die europaweite Verbreitung von Fallen vergleichbarer Bauart spricht für eine Angleichung der Produkte an den europäischen Markt und für vergleichbare Produktionsbedingungen und -methoden. Der Vergleich der in Museen und privaten Sammlungen vorhandenen historischen Fallen aus vorindustrieller Produktion mit Abbildungen auf Gemälden und Stichen lässt keinen anderen Schluss zu. Es gibt noch wenige Unternehmen, die aus fallenproduzierenden Handwerksbetrieben hervorgegangen sind. Zu ihnen zählen die Firma Keim/DeuFa in Neuburg und der namhafte Autozulieferer Webasto, zu dessen Produkten nach der Firmengründung im Jahr 1901 Mausefallen gehörten.

Heimarbeit

Ein Ort wird bis heute mit der Herstellung von Mausefallen in Verbindung gebracht: Neroth in der Eifel. Die Fallen, die dort hergestellt wurden, waren in erster Linie Drahtkäfige zum Lebendfang von Mäusen. Der Mann, der den Eifeldorfbewohnern die Fertigkeiten zum Fallenbau vermittelte, hieß Theodor Kläs. Er wurde 1802 geboren. Er hätte Lehrer werden können aber er *„begab sich zu Industriezwecken auf Reisen und lernte verschiedene Draht -und Holzwaren von Ausländern machen. Auf seinen Reisen durch Baiern, Württemberg, Böhmen, Ungarn, Savoien und Schweiz mit Hausierern von selbstgefertigten Holz- und Drahtmausefallen und anderen drahtgeflochtenen Gegenständen lernte er noch mehr dazu und benutzte seine Kenntnisse in der Fertigung der verschiedenen Sorten und Arten von Holz- und Drahtwaren."* Laut der Nerother Schulchronik starb Kläs am 26. Januar 1860 in Paris. Anhand seiner Lebensdaten lässt sich folgern, dass die Nerother Bürger die Fertigkeiten für die Mausefallenherstellung am Ende des ersten Drittels des vorletzten Jahrhunderts erlernten. Die dort gebauten Käfigfallen aus Draht und die Lochmausefallen entsprechen weitgehend historischen Baumustern. Neben Fallen wurden noch andere Drahtartikel hergestellt. Das Geschäft lief so gut, dass 1884 der Provinzial-Gewerbe-Verein in Düsseldorf aufmerksam wurde. Die Schulchronik vermerkt: *„Herr Direktor Frauberger aus Düsseldorf und einige technische Lehrer gaben eine Einführung von dem benannten Holz- und Drahtgeschäft zur Hausindustrie."* Hausindustrie klang für manche Ohren besser als Heimarbeit, die das Mausefallenmachen war. Die Draht- und Mausefallenproduktion hatte sich in Neroth durchgesetzt. Stolz vermerkte der Chronist: *„Aus diesem Grunde wurde am 24. August 1885 eine öffentliche Ausstellung der verschiedenen Drahtgeflechte und Mausefallen im Auftrag der königlichen Regierung durch einen Herrn Regierungsrat eröffnet."*

Die Nerother Mausefallen wurden durch Versandhandel und Hausierer vertrieben. Hanswilm Bauer stellt fest: *„Alle diese Sorten sind seit dem Jahre 1884 von Neroth aus in ganz Deutschland und in fremden Erdteilen bekannt geworden und in Brauch."* In der Schulchronik wird resümiert: *„Diese Industrie verbreitete sich sehr schnell . . . Mehrere der Anfertiger gründeten eine Firma, die den Namen Pfeil und Kompanie – Nerother-Drahtwaren-Fabrik führte. Ca. 20 Haushaltungen sind in dieser Industrie beschäftigt. Außer diesen jedoch noch cirka 20 Personen, die noch den Hausiererhandel mit selbstverfertigten Mausefallen und Drahtwaren betreiben."* Siegfried Stahnke schreibt: *„Diese unterhielt eine kleine Werkstatt mit selbst erfundenen Maschinen und Geräten zum Bearbeiten von Holz und zum Biegen von Draht. Gleichzeitig war die Firma Sammelstelle und übernahm den Versand der Produkte in alle Welt."* Möglich war der weltweite Versand der Mausefallen, weil das benachbarte Gerolstein seit 1871 eine Eisenbahnstation hatte.

Zum Handwerkzeug der Nerother Mausefallenmacher gehörten verschiedene Hämmer, Zangen und Leierbohrer. Wichtig war eine besondere Fertigkeit im Umgang mit dem Draht. Und man brauchte trockene Hände, sonst rostete er und das Produkt war minderwertig (Abb. 47). Das Knüpfen der Käfig- und Reusenfallen war in der Wohnstube oder in der Küche möglich und üblich. Eine Beschreibung dieser Arbeit liefert Hanswilm Bauer: *„Da sitzt er in dem kleinen Raum vor dem einzigen Fenster, hat sein geringes Holzwerkzeug auf dem breiten Brett vor sich liegen und viele Stücke Draht um sich herum. Die zunächst benötigten zieht er unter dem Sitz seines rechten Hosenbeins hervor. Den oben trichterförmigen Einschlupf durch den der liebliche Geruch des Specks das Mäuslein ins Gehäuse zieht, flicht er zuerst. Und dann geht es fix mit dem Ziehen des Gerippes und dem Flechten des Gehäuses. Rasch ist mit dem dünnen Rosendraht wieder ein Knoten geknüpft; wie bei der Spinne der Korbboden, so sieht der Zuschauer das Werk entstehen. Drei Scherenschnitte und das Blechtürchen ist dran, da ist es vollendet. Wenn mehrere Hände am Werk sind, geht es natürlich rascher. Das Flechten allein macht dann eine Person, an zehn bis zwölf Stück in der Stunde."* 1898 hatte Neroth 650 Einwohner. 15 Haushalte lebten ausschließlich von der Herstellung von Drahtwaren und Mausefallen. In 100 Haushalten wurde produziert, 60 arbeiteten für den Hausiererhandel. Die Drahtwarenproduzenten im Nebenberuf waren Saisonarbeiter: Bauern, Maurer oder Zimmerleute. Für Frauen und Kinder waren Vorarbeiten und Handreichungen selbstverständlich.

47 | Schwippgalgenfallenproduktion in Neroth.

Hilfs- und Gelegenheitsarbeiten leisteten laut Wilhelm Hohn für jeden *„Hauptarbeiter zwei bis drei Personen."* Das tägliche Arbeitspensum für Schulkinder betrug laut Hildegard Ginzler etwa drei Stunden, vor oder nach der Schule. Kinder von drei Jahren an mussten ebenso wie alte Leute bei der Herstellung der Mausefallen helfen. Die Mitarbeit der Familien war nötig, denn 1892 lag der Tagesverdienst der Heimarbeiter zwischen 1,50 und 2,50 Mark. Der Höchstsatz setzte neben besonderen Fertigkeiten eine Arbeitszeit von mindestens 15 Stunden voraus.

In und um Neroth hatten sich Unternehmen gebildet, die den Arbeitern Aufträge gaben und Draht und das zur Mausefallenherstellung nötige, zugeschnittene Holz lieferten. Die Fallen waren nach Mustern zu fertigen. Das Rohmaterial wurde ohne Abnahmeverpflichtung für die fertigen Produkte verkauft. Den Mausefallenunternehmern gehörten oft die örtlichen Geschäfte, in denen der Haushaltsbedarf gedeckt wer-

48 | Katharina Hommes, Waldkönigen, stellt Reusenfallen her.

den musste. Schulden schufen neue Abhängigkeit der Hersteller von den Zwischenhändlern.

In der Eifel wurden auch in Daun, Dockweiler, Gerolstein, Kirschweiler, Neunkirchen, Pelm und in Waldkönigen Mausefallen hergestellt. In Waldkönigen produzierte bis zum Jahr 2000 noch eine Firma, die Waldköniger Drahtwaren, die Katharina Hommes mit ihrem Mann betrieb. In dem Familienunternehmen wurden seit Generationen Mausefallen hergestellt. Selbstständig gemacht hatte sich die Familie Hommes 1932. Die Firmenchefin Katharina Hommes hatte bereits als Kind vor und nach der Schule bei der Produktion helfen müssen. Bis sie in der Lage war, Mausefallen in entsprechender Qualität und Stückzahl anzufertigen, brauchte sie länger als ein Jahr (Abb. 48). Je nach Art der Falle schaffte sie später zwischen acht und dreizehn Stück in der Stunde. Ihre Aufgabe war das kunstvolle Flechten der Reusenfallen. Ihr Mann, der in die Mausefallenfamilie eingeheiratet hatte, machte Vorarbeiten: Holzböden schneiden und Drähte vorbiegen. Nikolaus (Klaus) Hommes starb im Jahr 2000. Das Ehepaar benutzte die alten Schablonen und altes Handwerksgerät, aber auch ein umgebautes Fahrrad, mit dem die Federn für die Klappen der Kastenfallen gedreht wurden. An neuerem Handwerksgerät hatte die elektrische Bohrmaschine den alten Handbohrer ersetzt. Produziert wurde in der Werkstatt am Dorfrand, geflochten auch in der Wohnung. Hergestellt wurden immer Serien von 100 oder 200 Fallen. Frau Hommes benutzte, wenn sie Mäuse im Haus hatte, eine dreilöcherige Schwippgalgenfalle *„weil die Maus von Natur aus gern in ein Loch reinkriecht"*.

Die bekannteste Nerother Firma war das Unternehmen Pfeil, das 1884 gegründet worden war. Der Name des Unternehmens war ursprünglich „Nerother Drahtwaaren – Hausindustrie Joh. Isaak. Pfeil & Co in Neroth". Gründungsmitglieder waren vier Drahtarbeiter und Kaufleute. 1888 beschäftigte die Firma nach den Recherchen von Hildegard Ginzler 64 Personen. Pfeils Vater war zugezogen. Er hatte die Mühle gekauft. Pfeil Junior machte eine Bäckerlehre und lernte Drahtwaren herzustellen. Johann Jakob Pfeil wurde der Kopf des Mausefallenunternehmens. Er verdiente am Verkauf der für die Herstellung nötigen Materialien und am Erlös aus dem Verkauf der Fallen. Gleichzeitig betrieb er einen Kolonialwarenladen, in dem die Arbeiter einkauften. So holte er sich Teile des Lohns zurück. Ab 1896 saß Pfeil im Gemeinderat. In der Fachpresse inserierte Pfeil Gerolstein als Sitz der „Nerother und Eifeler Drahtwaaren-Fabrik". Dort gab es seit 1881 die Firma Oos, die nach Angaben der

Witwe des ehemaligen Inhabers bereits seit 1871 in das Handelsregister eingetragen war.

Pfeil war ab Sommer 1897 Mitglied des im gleichen Jahr gegründeten Verbandes Süddeutscher Eisenwarenhändler. Ein Jahr später meldete das Fachblatt der Eisenwarenhändler: *„Die Nerother- und Eifeler Drahtwaaren Fabrik ‚Hausindustrie' J. J. Pfeil & Cie. in Gerolstein ist auf Herrn Christian Oos in Gerolstein übergegangen, der das Geschäft unter der Firma ‚Eifeler Drahtwaaren – Fabrik Christian Oos' weiterführt."* Sein Gewerbe und sein Unternehmen, das immer in Neroth produzierte, hatte Pfeil aber nicht aufgegeben, auch wenn statt seiner im Juni 1896 erstmals Oos in der Fabrikantenliste der Eisenwarenhändler auftauchte. Gleichzeitig warb Oos jetzt mit dem Namen "Eifeler Drahtwaren – Fabrik, vormals J. J. Pfeil und Co." für sein Unternehmen. Nicht alle Fallen, die Pfeil in seinem Katalog anbot, waren "Made in Neroth". Die automatischen Massenfänger Velox und Capito bezog Pfeil von der Wiesbadener Firma Bender, ebenso die Schlagbügelfallen Omega und Fox.

In den 1940er Jahren ging es mit der Mausefallenproduktion bergab. Zwar war die Pfeilsche Werkstatt gut ausgerüstet, aber durch den Krieg fehlten Heimarbeiter. Es wurde zu wenig Ware produziert, um lohnende Aufträge annehmen zu können. Maschinen konnten die Fertigung der Drahtgeflechte nicht ersetzen. Abhilfe schuf Pfeil dadurch, dass er fertige Drahtgitter ankaufte, die dann zu Fallen verarbeitet wurden.

Pfeil warb bis in die 1960er Jahre in Fachzeitschriften für seine Produkte. Allerdings nicht mehr so aufwendig, wie sein Vater um die Jahrhundertwende. Auch gab es keine Kataloge mehr, sondern über mehrere Jahre wurden Handzettel benutzt, die nach Angaben Josef Pfeils 1960 gedruckt worden waren (Abb. 49). Der Katalog, den Pfeils Vater 1906 drucken ließ, war hochwertig und in die Abteilungen Fallen bzw. Küchen- und Haushaltsartikel gegliedert. Er enthielt die umfassende Palette der in Neroth hergestellten oder über Neroth vertriebenen Mausefallen. Ähnliche Produkte führten auch die anderen selbständigen Nerother Drahtwarenhersteller Mathias Hunz, Johann Mertes, die "Nerother Drahtwarenfabrik Freymann

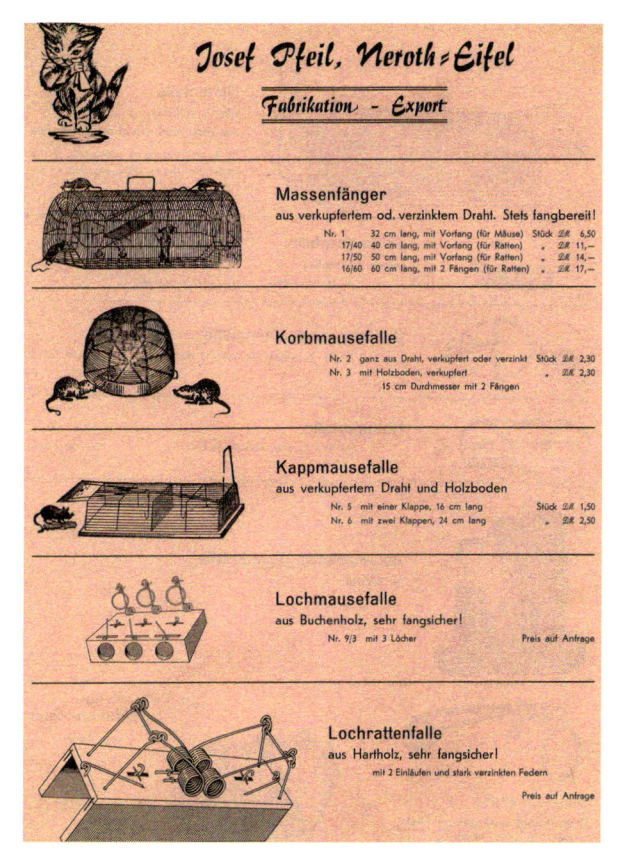

49 | Werbeblatt für Nerother Fallen, 1960.

und Co" und Peter Mick, der 1923 ein „*automatisches Fanghaus für Ratten und Mäuse mit neun Futterbehältern*" auf den Markt brachte und dafür Anerkennungsschreiben bekam.

Nach dem 2. Weltkrieg war die Firma Pfeil zunächst einziger Mausefallenhersteller in Neroth. Doch zwischen 1948 und 1953 baute Matthias Schottes ein neues Drahtunternehmen auf. Es war ein Betrieb, für den Familienmitglieder und weitere Familien aus Neroth, Niederstadtfeld und Birresborn produzierten. Schottes hatte bereits als Kind Drahtarbeiten machen müssen, als Hausierer gearbeitet und war drei Jahre lang Drahtarbeiter bei Oos in Gerolstein gewesen. Schottes produzierte Fallen für 40 Hausierer. Die meisten seiner Arbeiter erhielten Kranken- und Sozialversicherungsbeiträge. Das war laut Hildegard Ginzler

50 | Firma Oos, Ausstellungsstand auf der Leipziger Messe, 1905.

51 | Die „Germania"-Falle wird nur von der Firma Oos beworben.

selbst bei größeren Unternehmen in den 1960er Jahren in der Eifel noch nicht üblich. Das Ende des Hausierhandels war das Ende des Unternehmens Schottes. Nur die Firma Pfeil produzierte in Neroth noch bis 1979 Mausefallen. Josef Pfeil starb 1991. Heute ist die Pfeilsche Werkstatt Kern des Nerother Mausefallenmuseums, in dem neben Dokumenten die in Neroth hergestellten Fallenmodelle gezeigt werden.

Über die Firma Christian Oos in Gerolstein gibt es nur wenige Unterlagen: drei Kataloge aus den Jahren 1912, 1937 und 1952, außerdem Werbematerial aus dem Jahr 1986. Ein Foto zeigt den Ausstellungsstand der Firma bei der Leipziger Messe 1905 (Abb. 50). In den 1960er Jahren arbeiteten noch 40 Heimarbeiter für Oos. Sie wurden gekündigt. Die Fallen konnten kostengünstiger in Gefängnissen zusammengebaut werden. 1981 wurde das 100 jährige Firmenbestehen gefeiert. Welche Fallen- oder Fallenteile in der Fabrik hergestellt wurden, ist nicht bekannt. Das eigene Fallenlogo auf den Schlagbügelfallen war eine Maus in einem Kreis. Es war ein Wahrzeichen des Herstellers Wilmking. Unklar ist, ob Oos die „Germania"-Schlagbügelfalle, für die er 1903 warb, selbst herstellte oder wie andere Fallen von Dritten bezog. Der Katalog aus dem Jahr 1905 wirbt mit Fangautomaten der Firma Bender, aber Bender hat keine Schlagbügelfalle mit dem Namen „Germania" hergestellt (Abb. 51). Das Unternehmen Christian Oos ging am 1. Oktober 1997 in Konkurs. Zu diesem Zeitpunkt arbeiteten dort noch 46 festangestellte Mitarbeiter.

Es hat in Deutschland mehrere Orte und Regionen gegeben, in denen Mausefallen in Heimarbeit hergestellt wurden. In Bernau im Schwarzwald gibt es darüber eindeutige Belege. Dort gab es ein florierendes Holz verarbeitendes Gewerbe. Hergestellt wurden Haus- und Küchenartikel, Nudel-, Hack- und Gemüsebretter, Wellhölzer, Teller, Schüsseln, Kraut- und Gemüsehobel, Besenstiele, Blasebälge, Schachteln und Mausefallen. Für diese Produkte wurde 1898 in einem Inserat geworben. Der Meister der Holzwareninnung in Bernau, Walter Bauer, nannte 1986 als Hauptgegenstand der Bernauer Holzprodukte die Anfertigung von Kübeln. Mausefallen wurden im Winter von Maurern hergestellt. Gearbeitet wurde in den eigenen Wohnungen mit speziellem Arbeitsgerät und -werkzeug. Buchenholz wurde in Meterstücke gesägt und dann in ca. sieben Zentimeter dicke Streifen gespalten und glatt gehobelt. Dann wurden Löcher hineingebohrt, *„eins ums andere"*, im Nachhinein wurde das Werkstück zerteilt. Aus diesen Holzstücken seien Ein-, Zwei- und Dreilochfallen gefertigt worden. Die Schlingen und Spannvorrichtungen für die Schwippgalgen seien von Hand aus Rollendraht gefertigt worden. Der Vertrieb sei über mehrere Händler erfolgt. Bis zum 1. Weltkrieg war die Mausefallenfertigung in Bernau üblich. Das erzählte der Maurermeister Johann Köpfer, der seinem Vater beim Mausefallen machen helfen musste. Seine Familie habe pro Winter 4–5 000 Fallen hergestellt. Gearbeitet worden sei *„von morgens bis abends"*. Mehr als drei Löcher hätten die Bernauer Fallen nicht gehabt. Ein Arbeitsplatz der Mausefallenmacher ist im Bernauer Rosenhofmuseum ausgestellt.

Massenproduktion

Heimarbeit wurde durch industrielle Fallenproduktion abgelöst, auch wenn Handarbeit neben Maschinenarbeit üblich blieb. Die Sichtung von Mausefallenpatenten half herauszufinden, wann, wo und von wem seit Beginn der Industrialisierung Mausefallen hergestellt wurden. Anrufe in den Wohnorten der Erfinder bei Personen gleichen Namens waren aufschlussreich. Auf die Frage: *„Haben Sie, hat ihr Vater/Großvater Mausefallen hergestellt?"* gab es Antworten wie: *„Da haben wir nichts mit zu tun."* Oder: *„Damit möchten wir nichts mehr mit zu tun haben."* Auffallend oft hieß es: *„Da gibt es keine Unterlagen mehr, das ist alles abgebrannt."* Eine der schönsten Antworten wurde im harten westfälischen Tonfall gegeben: *„Mit sonner Schweinerei ham wir nie wat zu tun gehabt."*

Einige Anrufe waren erfolgreich, ebenfalls die systematische Auswertung der Produktwerbung von Mausefallenherstellern in Zeitschriften und Katalogen. Aus den dort genannten Namen, Orten und Produkten ergaben sich Ansatzpunkte für Kontakte zu Herstellern und ehemaligen Herstellern. Seit Ende des 19. Jahrhunderts wurden in mehr als 100 Unternehmen in Deutschland, Österreich und der Schweiz Mausefallen hergestellt. Informationen über die Produktion, die Produktpalette und die Produktionszyklen einzelner Modelle liegen bei keinem der ermittelten ehemaligen oder noch tätigen Hersteller vor, auch keine vollständige Produktsammlung. Und niemand hat die Firmenwerbung für die Fallen archiviert. Es ist daher nicht möglich, alle „industriell" hergestellten Mausefallen zu erfassen. Einige Firmen verfügen aber über Quellenmaterial, das interessante Einblicke in diesen Wirtschaftszweig möglich macht.

Der geniale Erfinder

Die Industriegeschichte der Mausefallen ist in Deutschland mit dem Namen Carl Bender und seiner bahnbrechenden Erfindung verknüpft. In einem englischen Fachbuch lobt James Bateman den Benderschen Fangautomaten als die *„endgültige Falle, die obendrein die Mäuse hart für ihren Tod arbeiten lässt."* Carl Bender, der Erfinder dieser Wunderfalle, wurde am 21. April 1843 im Wiesbadener Stadtteil Sonnenberg geboren. Er machte sich 1870 als Bau- und Möbelschreiner selbstständig. Bender erwarb mehrere Patente, unter anderem eins für eine Kittmaschine. Der Tüftler Bender war 25 Jahre lang Vorsitzender des Gewerbevereins Sonnenberg. Nebenher betrieb er in den 80er Jahren des 19. Jahrhunderts noch eine Spezereiwarenhandlung. Berühmt wurde er mit der automatischen Mausefalle, die 1889 auf den Markt kam. Es handelte sich um eine Kombination von Wipp- und Schwerkraftfalle, bei der eine zweite Wippe die Falle wieder öffnete. Alexander Engel beschrieb die Funktionsweise der Falle so: *„Sobald die Maus oder Ratte, durch den Geruch des Dauerköders (gewürzter Pumpernickel in kleinen Brocken) angezogen, einkriecht und über das Brückchen weghuscht, senkt sich dieses mit dem gefangenen Tier nach vorn, die Hemmung schaltet sich aus, die Falle am Eingang verschließend. Heraus kann das Tier nicht mehr und das Ziel, den Köderraum zu plündern, da vergittert, ist nicht zu erreichen. Was nun? Über sich sieht das eingeschlossene Tier eine Öffnung, welche anscheinend nach oben ins Freie führt. Sie kriecht eine Art Drahtleiter hinan; eine Blechzunge zurücklegend, gleitet dieselbe über den Rücken des eiligen Tieres hinweg und im Moment, wo die Zunge sich gesenkt hat, hat diese als zweite Falltüre wirkende Vorrichtung den Rückzug zweckentsprechend abgeschnitten. Ein bequemes Schlupfloch in einem seitlichen Brett ladet zur Fortsetzung des Henkerspaziergangs auf dem als Fallbrücke dienenden Teil der Falle ein, die Brücke senkt sich beim Betreten, ein erschrecktes Aufspringen und das Tier stürzt in einen gefüllten Wasserbehälter. Im selben Moment des Senkens und Abspringens aber hebt sich die Falltür selbsttätig zu neuem Fang, das vorbeschriebene Manöver dauernd fortsetzend."* Wasserfallen sind sehr alte Fallen, aber vor Benders Erfindung hatte es nie eine Falle auf so hohem technologischem Niveau gegeben. Benders Fangautomaten waren Dank ihrer Fangsicherheit für mäusegeplagte Haushalte und Betriebe eine echte Hilfe. Ende des 19. Jahrhunderts galt für den Bender-Biografen Ph. Dembach: *„Es ist bekannt, welche Plage namentlich in Deutschland die Mäuse bilden und wie man früher an Gift und dergleichen Mitteln oft verzweifelte und mit wenigem Erfolg dagegen ankämpfte."*

Die Erfindung war für viele Jahre marktführend. In Benders Familienchronik heißt es: *„Wegen Geschäftsvergrößerung ist im Jahre 1896 im Juli die Familie Carl Bender I von Sonnenberg Mühlgasse nach Dotzheim am Bahnhof verzogen und haben hier eine größere Fabrik gegründet, wo sie die automatische Mausefalle D.R. Patent weiter fabrizieren."* Bereits 1898 musste die neue Fabrik erweitert werden. Carl Bender, wegen der Perfektion seiner Mausefallen wohl der größte Mausefallenerfinder der Neuzeit, starb im September 1899. Die Leitung der Fabrik übernahmen seine Frau und die Söhne Wilhelm, Philipp und Emil. Die Söhne verantworteten die technische Leitung des Fabrikbetriebs, die kaufmännische Geschäftsführung wurde einem Direktor übertragen. Philipp und Wilhelm Bender meldeten nach der Jahrhundertwende weitere Patente und Gebrauchsmuster an. Es handelte sich um Verbesserungen an der Erfindung des Vaters,

52 | Carl Benders Mausefallenfabrik, Wiesbaden-Dotzheim, Anfang des 20. Jahrhunderts.

aber auch um neue Patente für Schlagbügelfallen und andere Produkte. *„Die Fabrikanlagen selbst machen den Eindruck eines industriellen Unternehmens. Zwei miteinander verbundene Gebäulichkeiten umfassen Bureau- und Verpackungsräume, Schreinerei, Schlosserei, Blechschneide- und Blechbearbeitungsräume, Anstreichewerkstatt sowie Trockenräume, Bäckerei usw."*, heißt es bei Dembach (Abb. 52). Ausgestattet ist die Fabrik mit einem umfangreichen Maschinenpark. *„Sägegitter, Kreissägen, Hobelmaschinen, Fraismaschinen, Drehbänke, automatische Schleifmaschinen, Ziehpressen, Revolverpressen, Fassondrehbänke,* *Anstreicheapparate mittels Luftdruck, Blechzuschneidemaschinen, ein Webstuhl für Draht, Handstanzen, ein Lastenaufzug, Blechbearbeitungsmaschinen usw."* Die Maschinen versorgt ein 125 PS Aggregat mit Strom. Das Unternehmen verfügt noch über eine Reservemaschine mit 80 PS. Zwei Gleichstromdynamos mit zusammen 40 PS liefern Strom für die 25 Bogenlampen, 500 Glühbirnen und 20 Lötkolben. 160 Personen sind 1912 bei Bender beschäftigt. Zwischen ihnen und der Fabrikleitung besteht ein *„geradezu patriarchalisches Verhältnis."*

Die Produktionszahlen und der Materialverbrauch

53 | Ausstellungsstand der Firma Bender, 1909.

54 | Werbeprospekt für Bender-Fallen aus den 20er Jahren des vergangenen Jahrhunderts.

sind erheblich. Chronist Engel schreibt: *"Die Lagervorräte an Rohmaterial belaufen sich dauernd auf ca. 2500 Festmeter getrocknete Hölzer, Waggons mit Weiß- und Schwarzblechen, Drähte (da eigene Weberei), Kartons für eigene Schachtelfabrikation usw."* Benders Mausefallenfabrik ist der erste Großbetrieb seiner Branche. *"Man kann sich einen ungefähren Begriff von dem Grossbetrieb machen, wenn man berücksichtigt, dass der jährliche Absatz an automatischen Mäuse- und Rattenfallen nach allen Staaten der Erde einige hunderttausend Stück erreicht."* Die Firma Bender wirbt mit dem Prospekt-Spruch: *"Eine Falle ist besser als 5 kg Gift oder 12 Katzen."* (Abb. 54). Und Chronist Dembach schreibt begeistert: *"Nur eines unserer Haustiere, die Katze, dürfte sich darüber grämen, denn sie hat ja keine Arbeit mehr! Die Schutzmarke der Firma, die eine weinende Katze darstellt, trifft wohl darum auch das richtige Symbol."* (Abb. 55).

Die weinende Katze hat die Firma Pfeil in Neroth auf ihrem Geschäftspapier übernommen. Pfeil vertrieb Benders Massenfänger, andere bauten ihn nach oder ließen sich ähnliche Modelle patentieren, wie Gustav Wilmking in Gütersloh bereits 1900. Dann folgten Patente der Firmen Aubach in Neuwied, Schmidt in Niederlahnstein, Weissweiler und Kleberg in Köln. Über dieses Unternehmen gibt es nur wenige Daten. Die Firma gehörte dem Eisenhändlerverband seit dessen Gründung 1897 an. Sie stand auf dessen Fabrikanten-Liste und muss mehrere Produkte hergestellt haben. Sie inserierte in der Verbandszeitschrift ab Nr. 3 zunächst Bender-Fallen, später aber eigene Massenfänger, die allerdings den Namen der Bender-Falle, „Capito", trugen, zum Patent angemeldet waren und Gebrauchsmusterschutz hatten. Weissweiler und

55 | Die weinende Katze, Markenzeichen der Firma Bender. Sammlung Greb.

Kleberg warb regelmäßig für die eigene „Capito"-Falle, einmal sogar mit einer nicht erhaltenen Sonderbeilage der Eisenhändlerzeitschrift. 1902 wurde das Unternehmen durch den Eisenhändlerverband von der Fabrikantenliste gestrichen. Das ist die letzte Information, die über Weissweiler und Kleberg vorliegt. Das Stadtarchiv Köln besitzt keine Unterlagen über das Unternehmen.

Alexander Engel schreibt: *"Es ist selbstverständlich, dass gewisse Unternehmen teils anderer Branchen seit langem ein Augenmerk auf den Ablauf der Schutzrechte gerichtet hatten, und in Anerkennung der Vortrefflichkeit und Zweckmäßigkeit der genannten automatischen Orginal-Bender-Fallen haben es diese Firmen alsdann nicht versäumt, ebenfalls als*

Der geniale Erfinder | 77

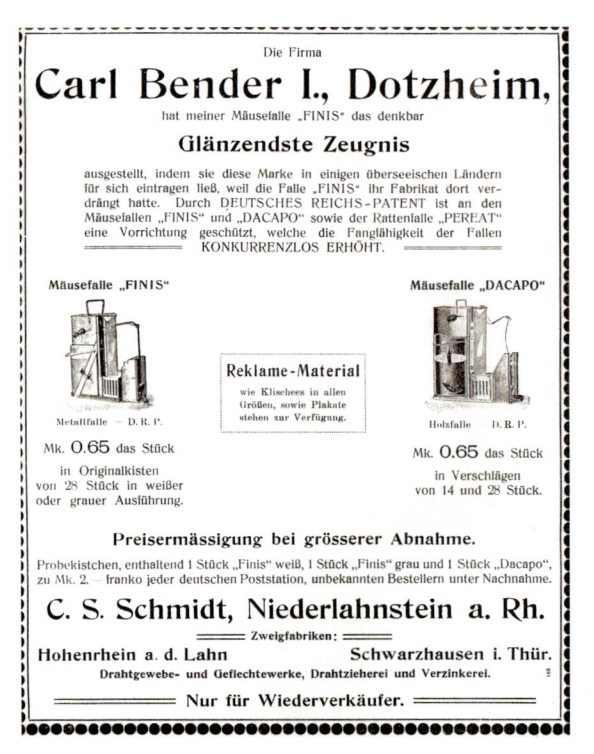

> Die Firma
> # Carl Bender I., Dotzheim,
> hat meiner Mäusefalle „FINIS" das denkbar
> ## Glänzendste Zeugnis
> ausgestellt, indem sie diese Marke in einigen überseeischen Ländern
> für sich eintragen ließ, weil die Falle „FINIS" ihr Fabrikat dort ver-
> drängt hatte. Durch DEUTSCHES REICHS-PATENT ist an den
> Mäusefallen „FINIS" und „DACAPO" sowie der Rattenfalle „PEREAT"
> eine Vorrichtung geschützt, welche die Fangfähigkeit der Fallen
> KONKURRENZLOS ERHÖHT.
>
> Mäusefalle „FINIS"   Mäusefalle „DACAPO"
>
> Reklame-Material
> wie Klischees in allen
> Grössen, sowie Plakate
> stehen zur Verfügung.
>
> Metallfalle – D. R. P.   Holzfalle D. R. P.
> Mk. 0.65 das Stück   Mk. 0.65 das Stück
> in Originalkisten   in Verschlägen
> von 28 Stück in weißer   von 14 und 28 Stück.
> oder grauer Ausführung.
>
> Preisermässigung bei grösserer Abnahme.
> Probekistchen, enthaltend 1 Stück „Finis" weiß, 1 Stück „Finis" grau und 1 Stück „Dacapo",
> zu Mk. 2.– franko jeder deutschen Poststation, unbekannten Bestellern unter Nachnahme.
> ## C. S. Schmidt, Niederlahnstein a. Rh.
> Zweigfabriken:
> Hohenrhein a. d. Lahn   Schwarzhausen i. Thür.
> Drahtgewebe- und Geflechtewerke, Drahtzieherei und Verzinkerei.
> Nur für Wiederverkäufer.

56 | Werbekrieg um Marktanteile. Inserat 1911.

Fabrikanten des Systems Bender in Erscheinung zu treten." Aber auch das Unternehmen Bender scheint sich ähnlich verhalten zu haben. Die Firma C.S. Schmidt in Niederlahnstein stellte das Unternehmen Bender 1911 in einer ganzseitigen Werbeanzeige für den Metall-Massenfänger „Finis" und das Holzmodell „Dacapo" an den Pranger: *„Die Firma Carl Bender I., Dotzheim, hat meiner Mäusefalle Finis das denkbar glänzendste Zeugnis ausgestellt, indem sie diese Marke in einigen überseeischen Ländern für sich eintragen ließ, weil die Falle Finis ihr Fabrikat dort verdrängt hatte"* (Abb. 56).

Chronist Engel analysiert: *„Freilich sind im Laufe der Zeit ... viele Nachahmungen in den Handel gekommen. Allein die Bender-Falle behielt unumstritten den ersten Rang, und es dürfte wohl auch keinem Unternehmen gelingen, diese Orginal-Bender-Falle ... aus der den Markt beherrschenden Lage zu verdrängen."* Die Bender-Fallen wurden nicht verdrängt. Bis zum ersten Weltkrieg galt: *„Die Fabrikate Bender beherrschen den Weltmarkt. Sie beherrschen die ganze Welt."* Aber keine Herrschaft dauert ewig. Die Geschäfte liefen schlechter. Durch den Krieg brach das internationale Geschäft weg. Die Wirtschaftskrise folgte. Auf einem Prospekt, der 1921 an einen Händler ging, wurde die damals bestehende Preisbindung durchbrochen. Zu lesen ist der handschriftliche Vermerk: *„ ... erhalten Sie erbetenen Preis, mit der Bitte, die Angelegenheit vollständig diskret zu behandeln"* (Abb. 57).

Das Ende

Seit 1919 gehört die Holz- und Metallwarenfabrik Bender dem Enkel Carl Benders, Georg Hollingshaus. Mitinhaber war Jakob Christian Schmidt aus Niederlahnstein, der Sohn jenes Christian Sebastian Schmidt, der sich mit Bender öffentlich um den Markennamen „Finis" gestritten hatte. Das Unternehmen Schmidt in Lahnstein, Jakob Christian Schmidt saß dort im Vorstand, produzierte seit 1861 Draht und war mit eigenen Fangautomaten Konkurrent auf dem Mausefallenmarkt. Die Fallen glichen denen der Firma Bender, hatten aber geringfügige Änderungen. So ließ sich Schmidt beispielsweise eine *„Sicherung für Klappen in Tierfallen"* patentieren. Schmidt schied 1925 aus der

Geschäftsführung des Benderschen Unternehmens aus, Georg Hollingshaus blieb bis Ende 1926 als Prokurist in der Firma. Er wickelte die Geschäfte ab und verkaufte die Traditionsfirma und ihrer Patente, Produkte und Werkzeuge an den Mausefallenproduzenten Friedrich Wilmking in Gütersloh. 1927 war das Mausefallenimperium Bender am Ende.

Die Mausefallenproduktion der Firma C.S.Schmidt in Niederlahnstein blieb eine vorübergehende Erscheinung. Karris Elard Schmidt, die 4. Generation der Unternehmerfamilie, gibt 1986 den Beginn der Mausefallenherstellung mit 1870/71 an. Als erste Produkte nennt er Kastenfallen aus Draht. Im Besitz der Familie Schmidt befinden sich nur noch zwei Kataloge und Werbezettel. Als Jahr der Übernahme einer „*kleineren Fallen verarbeitenden Firma in Wiesbaden*" nennt K. E. Schmidt das Jahr 1925. Das einzige Fallen produzierende Unternehmen in Wiesbaden war die Firma Bender. Aus Wiesbadener Presseberichten und Handelsregistereintragungen geht hervor, dass Benders Erbe Georg Hollingshaus das Unternehmen über Jakob Christian Schmidt 1927 an Wilmking verkauft hat. Die Markennamen der Unternehmen Bender und Schmidt wurden seit 1929 vom Konkurrenten Wilmking genutzt. Das 1861 gegründete Unternehmen Schmidt existiert noch, es produziert am Standort Lahnstein unter dem Firmennahmen CSS Draht Schmidt GmbH Drahtgeflechte.

57 | Die Preisbindung wird umgangen. Prospekt ca. 1925.

Die Stillen

Mehrere Zweige der Familie vom Heede stellten Fallen her, ohne dass Konflikte mit Konkurrenten bekannt geworden wären. Das waren Metallfallen für den Großtierfang, aber auch Mausefallen. Der älteste Betrieb wurde 1830 von Albert vom Heede in Priorei gegründet. Die Metallschlagbügelmausefalle „Fips" wurde dort seit 1906 produziert. 1908 gründete Reinhold vom Heede in Breckerfeld gemeinsam mit seinem Bruder August ein weiteres Fallenunternehmen, die Gebr. vom Heede KG. Das Unternehmen gab es bis zum Jahr 1992, dann wurde es – und das Werkzeug für die Herstellung der Killerfalle – an die Firma Hauer-Schmidt in Gevelsberg verkauft. Die Falle ist ein Erfolgsprodukt, das heute noch unter diesem Namen hergestellt wird und auf dem deutschen, vor allem aber auf dem internationalen Markt vertreten und entsprechend geschützt ist (Abb. 58). Der Name der Mausefalle wurde zum Markennamen weiterer, weitaus größerer Fallen.

Die Mausefallenfabrik von Friedrich-Wilhelm vom Heede in Krebsöge war 1933 Ort eines politischen Zwischenfalls. In der Fabrik bei Radevormwald hatten sich Nazi-Gegner zu einer Versammlung getroffen. Sie wurden von der SA überrascht und festgenommen. Nur der Fabrikbesitzer konnte sich verstecken. Die Fabrik verschwand durch den Bau der Wuppertalsperre. Dieses vom Heede-Unternehmen hat zwischen 1904 und 1950 Mausefallen, aber auch Fallen bis hin zur Bärenfalle hergestellt. Hauptabsatzgebiet war Russland. Das Geld für den Erwerb der Fabrik soll vom Heede nach Auskunft des Stadtarchivs Radevormwald aus Landverkäufen für den Bau der Ennepe-Talsperre bekommen haben. Der Sohn des Mausefallenproduzenten Rudolf Reitz aus Halver gibt an, sein Vater habe in Krebsöge gelernt, sei aber *„da rausgeflogen, weil er mit der Tochter vom Heedes poussiert hat."*

58 | Warenzeichenurkunde für die Killerfalle. Vom Heede GmbH, Breckerfeld.

Noch im Geschäft

Die Firma Franz Keim in Dommelstadl bei Passau an der Grenze zu Österreich gibt es als Mausefallenhersteller seit 1892. Auch sie vermied öffentlichen Streit mit Konkurrenten. Das Unternehmen ist heute nahezu Monopolist auf dem deutschen Mausefallenmarkt. Als Schmiede und Schlosserei bestand die Firma seit 1857. Hergestellt wurden und werden Schwippgalgenfallen, Korb- und Kastenfallen, außerdem Fallen für Wühl- und Feldmäuse. Seit 1902 ist die Produktion von Schlagbügelfallen belegt. Hergestellt wurden auch Fangautomaten bzw. Wasserfallen. Ihre Produktion wurde eingestellt, als die dafür nötigen Werkzeuge verschlissen waren. Neues Werkzeug für ihre Herstellung hätte 80 000 Mark gekostet, das sei nicht rentabel gewesen, sagte der Vater des heutigen Inhabers 1986. Im Internetkatalog der DeuFa, so der heutige Firmenname, heißt es, die Wasserfalle sei mit der Übernahme der Firma Norfa durch das Unternehmen Keim ab 1960 produziert worden. Die Tochter des Norfa-Gründers und die Unterlagen im Westfälischen Wirtschaftsarchiv bestätigen die Übernahme der Norfa durch das Unternehmen Wilmking im Jahr 1965. Richtig ist, dass Keims sogar zwei Wasserfallentypen gebaut haben. Die Falle aus Dommelstadl hatte keinen Namen. Eine im Schwesterunternehmen im österreichischen Wernstein erhaltene Keim-Wasserfalle hieß „Angora". Sie wurde zwischen 1952 und 1965 hergestellt.

Das Unternehmen Keim in Wernstein/Österreich wurde von einem Sohn des Firmengründers 1908 aufgebaut. Das österreichische Unternehmen produziert heute neben anderen Haushaltsprodukten mehrere

Mausefallentypen, darunter Schlagbügelfallen aus Holz mit der Markenbezeichnung Luna, eine Plastikfalle mit Namen „Snap", Lebendfallen und verschiedene Wühlmausfallen. Gelegentlich werden Fallen für Großabnehmer hergestellt und mit deren Logo versehen. Das deutsche und das österreichische Keim-Unternehmen stellten in der Vergangenheit eine weitgehend identische Produktpalette her. Auch die Firmenlogos, etwa die zusammengeketteten Katzen, stimmten überein. Noch heute produziert die Firma Keim in Wernstein ein Fallenmodell für die DeuFa in Neuburg. Die Produkte, etwa die „Muggi mit Stellhebel", wurden von beiden Unternehmen beworben. Heute unterscheiden sich die „Luna"-Fallen aus Österreich durch ein anderes Logo von ihren gleichnamigen Gegenstücken aus Deutschland (Abb. 59–61).

Herzstück der Fabrik in Dommelstadl war ein selbst entworfener Vollautomat, der Schlagbügelfallen herstellte. Mit dieser Maschine wurde mehr als 60 Jahre lang produziert. Sie wurde in den 1920er Jahren in Betrieb genommen, um Handarbeit zu sparen. Durch ihren Einsatz sollten Kosten gesenkt werden, als

59 | Katalog der Firma Keim, Dommelstadl.

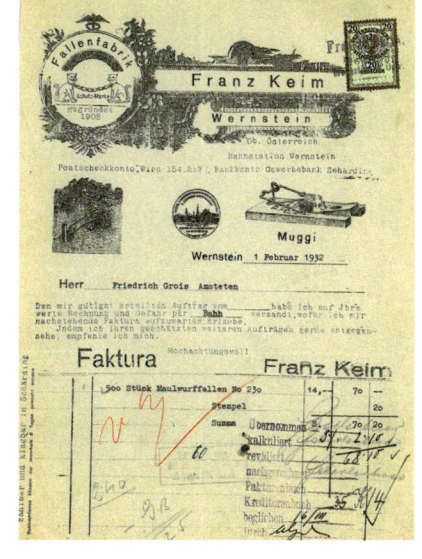

60 | Rechnung des Unternehmens Keim, Wernstein.

61 | Original der „Muggi"-Falle.

der Druck der Konkurrenten auf dem Mausefallenmarkt groß war. Drei Jahre sei an dem Automaten gebaut worden. *„Sie verdient das meiste Geld"*, sagte Erich Keim, der Vater des heutigen Fabrikinhabers Franz Keim. Es war eine einzigartige Maschine. Der kompakte Automat fertigte aus Holzbrettern und Draht funktionsfähige Schlagbügelfallen mit Wippe ohne die vorher und jetzt wieder übliche Schlussmontage von Bügeln und Federn in Handarbeit (Abb. 62). Die Produktion sollte Ende der 1980er Jahre von einer neuen Maschine mit elektronischer Steuerung übernommen werden, an deren Entwicklung das Fraunhofer-Institut beteiligt war. Sie funktionierte nicht wie erwartet. Franz Keim, der den Betrieb seit 1988 führt, entwickelte einen Halbautomaten, mit dem das Unternehmen seit 1993 arbeitet.

Bügel und Federn werden zum Teil in Justizvollzugsanstalten auf die Fallen montiert. Neu in der Produktpalette ist eine Plastik-Schlagbügelfalle, sie heißt „PlastiCat". *Der Markt hat das verlangt*, sagt Franz Keim. Von der Vielfalt der Schlagbügelfallen – es gab vier verschiedene Holzmodelle und eine aus Blech, war im Laufe der Jahrzehnte nur ein Modell übrig geblieben: „Luna", die Falle mit dem geringsten Produktionsaufwand und den geringsten Kosten. Die aufwändig konstruierte Falle „Monda", die nach den Katalogbildern einen von allen Seiten funktionierenden Auslöser hatte, wurde nur kurze Zeit hergestellt. Sie ist in keiner Sammlung erhalten (Abb. 63). Das Unternehmen produzierte Ende des 20. Jahrhunderts jährlich zwischen 300 000 und 1 Million Fallen, je nachdem, ob es ein gutes oder ein schlechtes Mäusejahr war.

DDR-Produktion

Nach dem Ende der DDR kaufte die Firma Keim 1992/93 die Produktionsanlagen des ehemaligen VEB Metallwaren Bad Gottleuba. Dort waren die DDR-Schlagbügelfallen Schnapp und Jaguar hergestellt worden, das Modell Jaguar auch als Metallfalle. Auch das Wilmking-Nachfolge-Unternehmens Münkel wurde 1993 gekauft. Seitdem ist die Firma Keim der größte Hersteller von Mausefallen in Deutschland. 1993 änderte sich der Name des Unternehmens in DeuFa, die Deutsche Fallenproduktions- und Vertriebs-GmbH. Durch die Übernahmen wurde die Fallenpalette wieder erweitert. Angeboten werden jetzt Fallen mit dem Traditions-Markennamen „Luna" und mit den ehemaligen Wilmking-Markennamen „Luchs" und „Fox" (Abb. 64). Außerdem die Plastikfalle „PlastiCat", Schwippgalgenfallen sowie Korb-, Käfig- und Wipp-Kastenfallen, außerdem Wühlmaus-

62 | Vollautomat der Firma Keim, Dommelstadl.

Fallenfabrik Franz Keim, Dommelstadl
über Passau, Niederbayern

Nr. 37 September 1936
Station Passau — Postscheckkonto München 8021 — Fernsprecher Dommelstadl 27 — Gegründet 1892

Mäusefallen

Muggi Nr. 280 — Muggi Nr. 280
Mit automatischem Stellhebel. Beste deutsche Falle.
1 Postpaket = 100 Stck. 5,— RM
1 Spezialkiste = 500 „ 4,40 RM
1 Originalkiste = 1000 „ 4,— RM

Luna Nr. 237
1 Postpaket = 100 Stck. 4,80 RM
1 Spezialkiste = 500 „ 4,20 RM
1 Originalkiste = 1000 „ 3,80 RM

Monda Nr. 285
1 Postpaket = 100 Stck. 7,50 RM
1 Spezialkiste = 500 „ 6,80 RM
1 Originalkiste = 1000 „ 6,30 RM

Hero Nr. 236
1 Postpaket = 100 Stck. 6,— RM
1 Spezialkiste = 500 „ 5,30 RM
1 Originalkiste = 1000 „ 4,80 RM

Feldmäusefalle Nr. 235 mit Faden
1 Postpaket = 100 Stck. 6,50 RM
500 „ 5,80 RM
1000 „ 5,50 RM

Blech Nr. 238
1 Postpaket = 100 Stck. 6,50 RM
1 Spezialkiste = 500 „ 6,— RM
1 Originalkiste = 1000 „ 5,50 RM

Feldmäusefalle Nr. 250 mit Stellbügel
1 Postpaket = 100 Stck. 9,— RM
500 „ 8,20 RM
1000 „ 7,70 RM

Wühlmäusefallen
In Holzkastenform ausgeführt, aus einem Stück gefräst, ungemein leicht abziehbar.

einfache Nr. 400
Preis 100 Stück 27,50 RM

doppelte Nr. 402
Preis 100 Stück 46,50 RM

Preise per 100 Stück frei Packung, frei Post oder Ihrer Station.

63 | Die Falle Monda in der Mitte des Werbeblattes ist nicht erhalten.

fallen. Gelegentlich bringt auch die DeuFa No-Name-Produkte auf den Markt, etwa eine Holzschlagbügelfalle mit Metallwippe und dem seitenverkehrten Logo der nicht mehr existierenden Norddeutschen Fallenfabrik.

Ein Mausefallenunternehmen in Thüringen ist in die Literatur eingegangen, in die „Lebensgeschichte eines modernen Fabrikarbeiters". Moritz Bromme schreibt: *„Unsere Holzschuh- und Pantoffelfabrik führte die Firma: Thomas und Comp. und hatte drei Teilhaber: den erwähnten Kaufmann Schettler, den früheren alleinigen Inhaber Julius Thomas und den Zimmermeister Trömel. Es wurden aber nicht nur Holzschuhe und Pantoffeln, sondern auch Waschbretter, Kleiderbügel, Bienenhäuser und vor allen Dingen Ratten- und Mäusefallen fabriziert. Deshalb heißt diese Fabrik heute noch die ‚Mausefalle' und wird so*

64 | Fallenlogos verkünden eine Firmenübernahme. Sammlung Bothe.

DDR-Produktion | 83

wohl auch in alle Ewigkeit heißen." Die Fabrik war 1882 gegründet worden. Bromme arbeitete 1892 in der „Mausefalle", damals verdiente ein Arbeiter dort zwischen 9,– und 11,– Mark in der Woche. Was aus dem Unternehmen Friedrich Trömel in Ronneburg nach 1945 wurde, ist nicht bekannt. Im Stadtarchiv sind keine Unterlagen vorhanden. Nur Inserate, die zwischen 1921 und 1934 in der Fachzeitschrift für Eisenwarenhändler geschaltet waren, belegen die Produkte. Friedrich Trömel warb 1921 für Reusenfallen aus Draht. In späteren Anzeigen waren die Reusenfallen auf einen Holzboden montiert. Aus den Inseraten geht auch hervor, dass die Firma den Besitzer gewechselt hatte. Sie war in die Hände von Richard Götz übergegangen. Götz schaltete in den 30er Jahren des 20. Jahrhunderts Werbetexte, in denen sich Zeitgeist mit Politik mischte. Sie waren der Wilmking-Werbung nachempfunden. Das letzte Inserat des Unternehmens erschien 1934. Es bewarb Schwippgalgenfallen zum Feldmausfang. Danach verliert sich die Spur der Firma Trömel und ihrer namentlich bekannten Produkte Rex, Dux und Wüstenkönig. Sie sind in keiner mir bekannten Sammlung erhalten.

In der DDR gab es 1989 nur noch ein Unternehmen, das Mausefallen herstellte, den Volkseigenen Betrieb „VEB Metallwaren" in Bad Gottleuba. In den *„letzten Tagen der DDR wurde das Unternehmen privatisiert"*, sagt der ehemalige Vertriebsleiter Karl-Heinz Gröschel. Aber die Absatzmärkte brachen weg und die Firma wurde an die Firma Keim in Dommelstadl/Neudorf verkauft. *„Die wollten die Maschinen, damit hier nie mehr Mausefallen gemacht werden können"*, spekuliert Karl-Heinz Gröschel. Nach dem 2. Weltkrieg hatte sich ein Mausefallenhersteller in

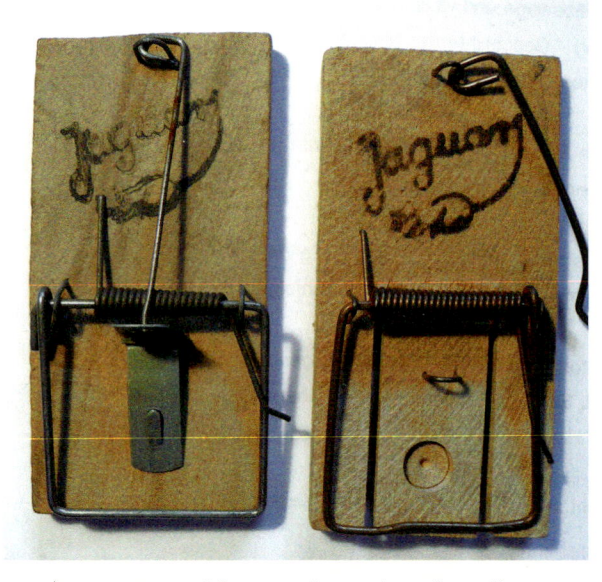

65 | Die DDR Exportfalle „Jaguar" mit Holz- und Metallwippe.

Bad Gottleuba niedergelassen, der seit 1911 in Böhmen in Eulau-Märzdorf Schlagbügelfallen aus Metall in seiner Knopf- und Metallwarenfabrik hergestellt hatte. Das Haus des Unternehmers Vinzenz Werner und die ehemaligen Firmengebäude befinden sich in der Badstraße 10. 1972 wurde die Firma verstaatlicht. In dem Betrieb arbeiteten 1977 180 bis 200 Personen, davon ca. 120 in Heimarbeit. Von 1984/85 an wurden auch Holzschlagbügelfallen hergestellt. Dieser Produktionszweig des VEB Werkzeuge und Messgeräte in Schweina/Bad Liebenstein war übernommen worden. Die Fallen „Jaguar" und „Schnapp" gingen wegen des hohen Profits zum größten Teil in den Export (Abb. 65). Mausefallen waren in der DDR ein knappes Gut. Die Union Haushaltgeräte Export-Import in Berlin exportierte die DDR-Fallen auch in die Bundesrepublik. Die Brandstempellogos der Fallennamen sind in Größe und Schrifttype unterschiedlich, sie wurden im Lauf der Jahre mehrfach verändert. Produziert wurde in Bad Gottleuba auf einem Halbautomaten, die Endmontage von Federn und Schlagbügeln war, wie in bundesdeutschen Mausefallenbetrieben, in Justizvollzugsanstalten ausgelagert.

Es ist nicht klar, aus welchem Betrieb der VEB Werkzeuge und Messgeräte Schweina/Bad Liebenstein hervorgegangen ist. Wahrscheinlich ist, dass die Mausefallenproduktion auf einen der Betriebe zurückging, die vor dem 2. Weltkrieg im Raum Schweina/Bad Liebenstein Fallen gebaut hatten. Es gab das kleine Unternehmen Schwarz Nachfolger, das in den 1920er Jahren Maulwurffallen produzierte, außerdem einen großen Metall und Holz verarbeitenden Betrieb, der Fallen herstellte, aber später hauptsächlich für Schlösser warb: das Unternehmen Heller. In Schweina gab es die Firma Weyh, die nach dem Krieg die Falle „Mohr" herstellte, die auch in der Bundesrepublik geschützt war (Abb. 66). Im benachbarten Ruhla produzierte die Firma Pressler Mausefallen und in Brotterode stellte die Schmauch KG zumindest bis 1966 die „Schnapp"-Falle her.

Der Erfolgreichste

Der bedeutendste Mausefallenhersteller in Deutschland war die Firma Gustav Wilmking in Gütersloh. Wilmking begann sich für Mausefallen zu interessieren, als andere den Markt längst besetzt hielten. Er ließ im März 1900 gleich zwei Fangautomaten patentieren, zu einem Zeitpunkt, als Carl Bender in Wiesbaden sein weit perfekteres Gerät bereits seit Jahren auf dem Weltmarkt platziert hatte. Ein Unternehmensporträt aus dem Jahr 1966 dokumentiert die Firmengeschichte. Gustav Wilmkings Vater war seit 1843 Schlosser in Gütersloh. Gustav Wilmking übernahm das Geschäft 1871 als Zwanzigjähriger. Er qualifizierte sich zum Eichmeister der Stadt, er reparierte und korrigierte Waagen. Wilmking besaß ein Patent für eine Heizanlage, er experimentierte mit Strom und inserierte elektrische Türklingeln. Seine Firma verkaufte Sparherde, Jauchepumpen, Geldschränke, Blitzableiter, Gartengerät und Tritteisen, Milchzentrifugen und Schreibmaschinen. 1887 erhielt Wilmking einen Großauftrag der Stadt Gütersloh. Ein Wasserwerk wurde gebaut, Wilmking sollte die Rohre verlegen und die Hausanschlüsse herstellen. In den 90er Jahren des 19. Jahrhunderts

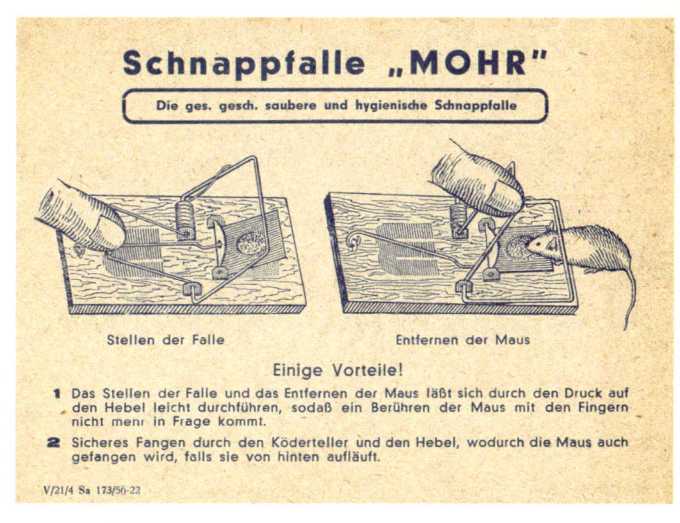

66 | In der Bundesrepublik geschützt: die DDR-Falle „Mohr."

begann Wilmking mit dem Verkauf von Fahrrädern. Als er schon längst erfolgreich im Mausefallengeschäft war, war er sich nicht zu schade, für die Städtische Sparkasse Sparbüchsen herzustellen. In viereinhalb Jahren wurden 1 562 verkauft.

Es steht nicht fest, wann welche Wilmking-Falle auf den Markt kam. Für die erste Wilmkingsche Schlagbügelfalle lässt sich das sagen. Am 8. Oktober 1901 erschien laut Firmenporträt Wimkings erstes Mausefalleninserat: *„Allright (Eingetragene Schutzmarke) D.R.G.M. Die beste Ratten- und Mausefalle der Welt fabriziert Gustav Wilmking Gütersloh. Fabrik patentierter Neuheiten."* Die Schlagbügelfalle war von einem amerikanischen Modell abgekupfert, das mindestens seit Dezember 1898 in Deutschland vertrieben und beworben wurde. Die Falle wurde von William Hooker aus Abingdon in Illinois 1894 auf den Markt gebracht. Gustav Wilmking hat sich mit dieser Falle gründlich beschäftigt. In Firmenunterlagen fand sich eine Zeichnung der Falle Out O' Sight mit einem handschriftlichen Vermerk, der zeigt, dass der Unternehmer am Anfang seiner Tätigkeit als Mausefallenproduzent Orientierungshilfen benötigte. Wilmking ging so weit, das Logo der amerikanischen Falle auf seinem Nachbau zu platzieren, der sich durch die veränderte Wippe vom Original unterschied. Die Hand mit der Falle tauchte in der Werbung für Wilmking-Fallen bis zum Jahr 1913 regelmäßig auf, dann wieder und letztmalig im Eisenhändlerfachblatt 1953. Das Schlagbügelfallenplagiat war Wilmkings erste erfolgreich auf den Markt gebrachte Mausefalle. Wahrscheinlich hat er mit mehreren Fallentypen experimentiert, denn als Inhaber eines Fachgeschäfts für Eisenwaren, Haus- und Küchengeräte gehörte er zu den Händlern, die mit Mausefallen handelten und die gängigen Typen und ihre Hersteller kannten (Abb. 67–70).

In Wilmkings Firmenkatalogen tauchen noch nach dem 2. Weltkrieg Massenfänger, Reusen- und Kastenfallen auf, wie sie in Neroth gebaut wurden. Unklar ist, ob solche Fallen auch in Gütersloh hergestellt oder nur über Wilmking vertrieben wurden. Jedenfalls kannte Wilmking die Personen, die sich in der Eifel um die Förderung der Drahtproduktion bemüht hatten. Und wichtiger: Diese Leute kannten ihn. Im August 1883 gab es in Gütersloh eine Gewerbeausstellung. Schlossermeister Wilmking hatte zugeliefert. Im Porträt von Heinz Renk heißt es: *„Der schöne Eisenbeschlag am Schrank des Gewerbevereins von Herrn Schlossermeister Wilmking"* wird vom Direktor des Düsseldorfer Centralgewerbevereins, Frauberger, gelobt. Frauberger war derjenige, der versucht hatte, die Mausefallenproduktion in der Eifel durch Schulungsprogramme anzukurbeln. Der etablierte Fabrikant Wilmking dürfte Nutznießer dieser Querverbindungen gewesen sein.

Der Markenname „Luchs" wurde der prägende Produktname des Unternehmens. Am 6. Dezember 1902 warb Wilmking zum ersten Mal mit ihm: *„Jede Ratte, jede Maus wird unter Garantie gefangen in Wilmking's Ratten- und Mausefalle Luchs"*. Das Geschäft mit den Schlagbügelfallen expandierte. Vom Oktober 1906 an produzierte Wilmking in einer neuen Fabrik. Im gleichen Jahr wurde ein erster Bürolehrling eingestellt, zwei Jahre später gab Wilmking die Eisenwarenhandlung auf, ein weiteres Jahr später verkaufte er seine Schlosserei. Wilmking hatte es geschafft, er konnte sein Geld mit Mausefallen verdienen. Gustav Wilmking übergab den Betrieb im Mai 1917 an seinen

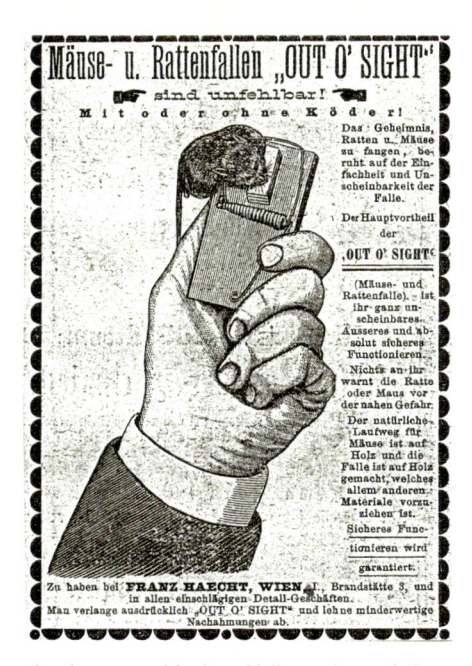

67 | Werbung für die erste Schlagbügelfalle mit beweglicher Wippe, 1900.

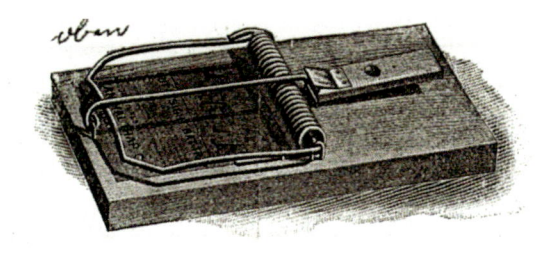

68 | Zeichnung des US-Originals mit Orientierungshilfe.

69 | "Luchs"-Falle mit Werbefoto auf der Wippe.

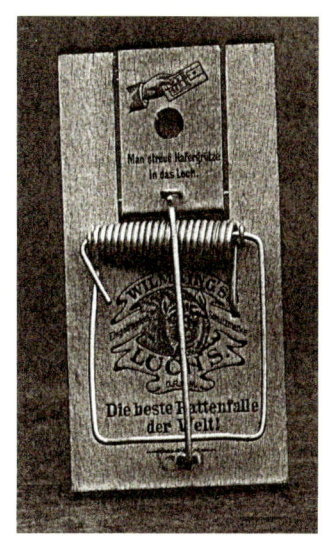

70 | Werbefoto für den leicht modifizierten deutschen Nachbau.

Sohn Friedrich, der zu diesem Zeitpunkt 26 Jahre alt war. Friedrich Wilmking war bereits sechs Jahre vorher persönlich haftender Gesellschafter geworden.

Auch nach seinem Rückzug aus dem Unternehmen kam Gustav Wilmking nicht vom Fallengeschäft los. In einer Fachzeitschrift reagierte er auf das Inserat einer Firma, die Radiergummimäuse herstellte. Er empfahl Blitze als ergänzende Werbemittel. Wilmking wollte sein Unternehmen mit Blitzen in Verbindung bringen, denn der Blitz war Symbol und Fallenname des Konkurrenzunternehmens "Norfa". Dass Wilmkings Zuschrift im "Deutschen Eisenhandel" veröf-

Der Erfolgreichste | 87

71 | Rattenfänger als Werbemotiv. Wilmking imitiert Bender.

fentlicht wurde ist kein Zufall. Bis zum Zeitpunkt seines Leserbriefes hatte er dort genau 99 Mal kostenpflichtig inseriert. Kein anderer Hersteller von Mausefallen warb so aggressiv, offensiv und kreativ wie Wilmking. Die Wilmking-Werbung war zunächst eher bieder und entsprach der der Konkurrenz. Das ging bis zu einer auffallenden Ähnlichkeit eines Wilmking-Inserats von 1922 mit einer Bender-Anzeige aus dem Jahr 1920. Beide verwendeten das Symbol eines Flöte spielenden Rattenfängers (Abb. 71).

Nach dem Tod Gustav Wilmkings am 4. August 1926 wurde eine bis dahin für die Branche völlig unübliche Kampagne gestartet. Es ging um die Marktführerschaft. Die Wirtschaftkrise nach dem 1. Weltkrieg stand das Unternehmen Wilmking durch, auch wenn der Preiskampf auf dem Mausefallenmarkt hart war. Wilmking bestand formal auf den vorgeschriebenen Festpreisen, räumte aber gleichzeitig hohe Rabatte ein. Friedrich Wilmking erhöhte die Produktionszahlen dadurch, dass er die Fertigung weitgehend auf Maschinenarbeit umstellte. Die Maschine, die er 1926 in Betrieb nahm, war das Herzstück der Fallenproduktion bis zum Ende des Unternehmens. Sie war ein industriell gefertigter Halbautomat, größer, aber bei weitem nicht so perfekt konstruiert wie der gleich alte Eigenbau des Wilmking-Konkurrenten Keim in Dommelstadl, der Handarbeit überflüssig machte. Trotzdem veränderte sich durch die kostengünstige Produktionsweise bei gleichzeitiger Kapazitätserhöhung die Marktsituation zu Gunsten Wilmkings (Abb. 72).

Friedrich Wilmking versuchte die Spitzenstellung am Markt dadurch zu erhalten, dass er Konkurrenten wo immer möglich vertraglich an sein Unternehmen band oder aufkaufte. Die Firma Reichel in Cossebaude/Dresden wurde per Vertrag für zehn Jahre zum Subunternehmer für Wilmking, die Salto-Falle der Firma Heun wurde gekauft, um sie vom Markt verschwinden zu lassen und auch der große Konkurrent, die Firma Bender in Wiesbaden, wurde übernommen. Der Kauf des Unternehmens Bender 1927 brachte die

Firma Wilmking in Turbulenzen. Übernommen werden mussten nämlich auch die Verbindlichkeiten. Dadurch und durch die Probleme, die die Weltwirtschaftskrise 1929 nach sich zog, entstanden für Wilmking erhebliche Schwierigkeiten.

Gleichzeitig mit der Firma Bender übernahm Wilmking die Fallenproduktion des Unternehmens C. S. Schmidt in Niederlahnstein. Wilmking nahm 1929 seinen Massenfänger „Cito" aus dem Programm und nannte eine Schlagbügelfalle „Cito". Geworben wurde jetzt für den Fangautomaten „Capito", das war Benders ehemaliger Markenname. Im Katalog aus dem Jahr 1930 verwendete Wilmking auch Benders Markenzeichen, die weinende Katze. Im selben Katalog wurde die Metallversion des Massenfängers unter dem Namen „Capito Finis" angeboten. Finis war der alte Markenname des Metallfangautomaten der Firma C. S. Schmidt.

Der Wilmking-Katalog aus dem Jahr 1930 war Auftakt einer neuen Werbekampagne. Das Unternehmen hatte wirtschaftliche Probleme. Und Konkurrenten wie die Norfa oder Reichel eroberten Marktanteile. Die Situation der Firma Wilmking war 1929 ernst. Das Unternehmen teilte den Eisenwarenhändlern mit: *„Um Irrtümern vorzubeugen, teilen wir mit, dass die in Konkurs geratene Kommandit-Gesellschaft Gustav Wilmking und die Firma Gustav Wilmking GmbH zwei vollkommen getrennte Firmen sind, so dass die Firma Gustav Wilmking GmbH von dem Konkurs der Kommandit-Gesellschaft Gustav Wilmking in keiner Weise berührt wird. Die Kommandit-Gesellschaft Gustav Wilmking hat bereits seit längerer Zeit ihre Fabrikation vollkommen eingestellt. Wir haben das Fabrikgrundstück und die Betriebseinrichtungen für lange Jahre gepachtet. Wir führen den früheren Betrieb der Kommandit-Gesellschaft Gustav Wilmking nicht nur in unveränderter Form weiter, sondern wir haben ihn in der letzten Zeit auch wesentlich vervollkommnet und erweitert, so dass wir in der Lage sind, allen an uns gestellten Ansprüchen hinsichtlich Qualität und Lieferzeit jederzeit nachkommen zu können. Wir weisen bei dieser Gelegenheit auf die bekannten Wilmking Spezialfabrikate – Mause- und*

72 | Schlagbügelfallenproduktion auf dem Halbautomaten der Firma Wilmking.

Rattenfallen Luchs, Mause- und Rattenfallen Capito, Wäscheklammern Luchs, Wäschetrockner Lyra, Silberreinigungsplatten Koh-i-noor, Tomatenschneider Wilmking – empfehlend hin." „Lyra" und „Koh-i-noor" waren ehemalige Bender-Produkte, deren Herstellung Wilmking übernommen hatte. Das Unternehmen war nachhaltig ins Trudeln geraten. Es muss außerordentlich gute Wirtschaftsberater gehabt haben, um bei der drohenden Pleite aus der KG eine GmbH machen zu können und weiter zu produzieren, als sei nichts gewesen.

Es ging um die Existenz. 1929 meldete Friedrichs Ehefrau Margarete ein Patent für eine Schlagbügelfalle an, eine Falle, die der „Blitz-Falle", die die Norfa seit fünf Jahren baute, verblüffend ähnelte. Das erinnert an die Anfänge der Firma, als Gustav Wilmking sich vom amerikanischen Modell der Out O' Sight inspirieren ließ. Parallel wurde Wilmkings Werbekampagne immer fantasievoller. Im Katalog für das „Mäusejahr" 1930, dem ersten Katalog der neuen GmbH, heißt es:

„Päng! macht das scharfe Eisen,
5 Mausekinder sind nun Waisen."
Mit diesem Spruch wurde für die neue Metallschlagbügelfalle „Cito" geworben. Der Werbespruch für die Wasserfalle „Capito Original" lautete:
„Ein Automat als Mausefalle!
Die Mäuse drin ertrinken alle.
Der Dauer-Köder riecht so fein.
Den Groschen steckt die Maus selbst rein."
Oder: „Capito macht Katzen brotlos." Für Drahtmausefallen in Kugel- oder Kastenform und als Massenfänger gibt es das „Klagelied der Mäuse":
„Man wird seines Lebens nicht mehr froh
Es gibt einen Wilmking in Gütersloh.
Erst hat er gründlich bei uns spioniert
Wie man am besten das Leben verliert.
Dann macht er Fallen aus Eisen und Holz
Und ist darauf sogar noch stolz.
Luchs und Capito und Kerker aus Draht
Man weiß sich nunmehr keinen Rat.
Die Ratten – hörte ich vor Tagen
Sollen ähnlich sich beklagen."

Festsetzen sollte sich der Werbespruch: *„Es gibt nur einen Wilmking aber Milliarden Ratten und Mäuse"*. Wilmking behauptete, jährlich fünf Millionen Luchsfallen in alle Welt zu exportieren. Im Katalog von 1930 sprach der Fabrikant von acht Millionen Fallen. Das Titelblatt des Katalogs 1930 ist in anbetracht der Krise der Firma von kaum glaublicher Arroganz. Es ist einer der schönsten erhaltenen Werbeträger für Mausefallen (Abb. 73). Im Verlauf der beispiellosen Werbekampagne werden zwischen Januar 1930 und Ende 1935 allein in der Fachzeitschrift „Deutscher Eisenhandel" über 100 Anzeigen geschaltet. Wilmking ließ „Mauselieni im Völkerbund" auftreten und verkünden*: „Mäuse aller Länder – vereinigt Euch! Es gilt, etwas gegen unseren gefährlichsten Feind, die Luchsfalle der Firma Wilmking zu unternehmen. Luchsfallen kosten hunderttausenden das Leben. Sie sind zuverlässig und in der ganzen Welt bekannt."* Wilmking veröffentlichte eine Schwarze Liste der „Internationalen Mausekommission zur Bekämpfung der Luchs-Fallen" mit dem Werbetext: *„Wir stehen auf der schwarzen Liste. Wir sind eben im Reich der Mäuse und Ratten nicht sehr beliebt. Kein Wunder bei der vorzüglichen Beschaffenheit der Luchs- Fallen. Kein Wunder bei der ungeheuren Verbreitung der Luchs-Ratten- und Mausefallen."* Eine Anzeige zielte

73 | Wilmkingkatalog 1930. Die Welt, die Maus, die Wilmkingfalle.

auf Konkurrenzunternehmen. Ihr Text: *„Du siehst so blass aus, Mausi!? fragt die Mausemutter ihr Kleines. Oh, Mama, beinahe wäre ich in eine Falle geraten! Beinahe? Gott sei Dank, dass es keine Luchs-Falle war, sonst hätte ich dich nie wieder gesehen."*

Unter der Rubrik „Geschäftliche Mitteilungen" ließ die Fallenfirma aus Gütersloh eine Maus mit Flüstertüte auftreten und rufen: *„Hört, Ihr Mäuse und lasst Euch sagen, Vorsicht vor den Capito-Fangautomaten. Das Häuschen sieht so harmlos aus und ist doch einer der raffiniertesten Apparate, die die Menschen zu unserem Verderben erdacht haben. Nicht genug, dass jede Maus, die in dieses Haus tritt, unfehlbar ins Wasser stürzt, nein – durch ihren Todessprung öffnet sich dazu noch automatisch die Tür für das nächste Opfer. Eine Maus hilft die andere fangen."* Mit dem Bild eines Asiaten, Text: *„Auch er kennt sie"*, wurde für die *„weltbekannte Schlagfalle Luchs 1"* geworben, unter der Zeichnung eines Briefes, Text: *„Streng vertraulich"*, stellte sich Wilmking im Namen des Tierschutzvereins eine Unbedenklichkeitsbescheinigung für den Fangautomaten Capito aus.

In einer Anzeige klang an, dass Wilmking gegen Hersteller von Schlagbügelfallen aus Metall konkurrieren musste. Gegen die Brüder Ermecke, gegen Vosshenrich aus Verl, gegen die Wülfeler Nietenfabrik. Wilmking agierte wie üblich. Er inserierte: *„Mäuse auf den Holzweg locken, das ist eines der alten Jagdgeheimnisse der Luchs-Mausefallen. Auf den Holzweg! Ja, es mag unmodern scheinen, in unserem Zeitalter des Metalls noch Fallen von Holz zu machen. Aber wer die Seele der Mäuse so durchschaut hat, wie der Luchs, der weiß, dass die kleinen Nager eine starke Antipathie gegen alles metallisch Kühle und Blin-*

kende haben. Kein Mausevater würde sich in einem modernen Stahlrohrsessel ausruhen wollen. Mäuse sind konservativ: sie bleiben beim heimisch riechenden Holz, das sich auch so gemütlich anknabbern lässt. Nun, zum Anknabbern lassen ihnen die Luchsfallen allerdings keine Zeit. Der Gedanke daran wird schon mit sofortigem Tode bestraft. Also: Gut Holz! – auch fernerhin."

Friedrich Wilmking versah seine „Luchs"-Falle mit einem Faden, nannte sie „Luchs 1a" und ließ Anzeigen schalten, die über Text und Bild belegen sollten, dass jetzt sogar Frauen in der Lage waren, problemfrei eine Maus aus der Falle zu nehmen, ohne sie zu berühren. Wenn man die Falle neu spannte, kam man allerdings sehr wohl mit dem verschmutzten Schlagbügel in Berührung. Bei Konkurrenzprodukten dagegen nicht. Während des 2. Weltkriegs galt der Betrieb als „kriegswichtig". Doch die Preise fielen. Wilmking bewarb nach dem Krieg wie vor dem Krieg die Falle mit dem Faden. Nur die Parole lautete jetzt nicht mehr *„Kampf dem Verderb"*, sondern es ging in der jungen Bundesrepublik um Händlergewinn, Rabatte und Nettoverdienst (Abb. 74–76). Nach 1945 ließ sich Wilmking Schaufensterwettbewerbe einfallen, um seine Mausefallen an den Mann zu bringen. Der erste Preis war ein 14tägiger Erholungsurlaub. In Fachzeitschriften wurde mehrfach über den Wettbewerb berichtet, das sparte Investitionen in Anzeigen. Auch Fotos der preisgekrönten Schaufenster wurden veröffentlicht. Alles in

74 | Kriegswerbung für die Falle mit dem Faden.

75 | Vorkriegswerbung für die Falle mit dem Faden.

76 | Nachkriegswerbung für die Falle mit dem Faden.

allem war diese Kampagne eine gut wahrgenommene preiswerte Werbung. 1949 verschickte der Unternehmer kostenfrei Plakate und Dias als Werbematerial an Händler, um in den Schaufenstern präsent zu sein.

Friedrich Wilmking starb im März 1950. Seine beiden Söhne Albrecht und Ernstfried übernahmen die Idee mit dem Schaufensterwettbewerb. Er fand 1952 erneut statt. Diesmal gab es Geldpreise. Prämiert wurden Fotos der mit Fallen dekorierten Schaufenster. Begleitet wurde die Aktion mit Berichten und Bildern im Eisenhändler-Fachblatt.

Die Wilmking-Werbung wurde nach Friedrichs Tod einfallsloser. Lediglich ein Inserat knüpfte an die originellen Kampagnen der 1930er Jahre an. Es stammt aus dem Jahr 1951 und zeigt einen Mann, der zwei Mäuse füttert. Text: „Unkenntnis gibt, das ist gewiss, für jede Hausfrau Ärgernis. Mitleid in Ehren; aber wer füttert Schädlinge? Dimpel tat's aus Dussligkeit- später hat's ihn dann gereut." Wilmkings große Zeit ging mit der dritten Generation dem Ende zu. Das Plastikzeitalter begann, und die Wilmkings kauften der Firma Münkel in Wertheim die Erfindung einer Plastikmausefalle ab. Sie wurde ein Flop. In den 1960er Jahren wurde ein neuer Versuch mit Plastik-Schlagbügelfallen gestartet. Die Wilmking-Mitarbeiter Poggenpohl und Wallhorn sicherten dem Unternehmen 1961 und 1962 entsprechende Patente, aber auch diese Falle verschwand wieder vom Markt. Zum Jahreswechsel 1969/70 wurde die Firma Wilmking verkauft. Das lange Jahre erfolgreichste deutsche Mausefallenunternehmen wurde 1970 von Karl Münkel übernommen, einem Verwandten der Wertheimer Münkels. Karl Münkel produ-

78 | Werbeblatt der Firma Münkel.

zierte Tapetenleisten, dann stieg er auf Rollläden und die Kunststoffverarbeitung um. Mausefallen waren ein Nebenprodukt. Der Fallenbetrieb wurde 1974 von Gütersloh nach Verl verlagert, die Produktion lief auf den alten Maschinen weiter. Der traditionelle Markenname Luchs blieb ebenfalls erhalten. Fangautomat gab es bis 1977. Neben den Luchs-Schlagbügelfallen mit Holz- und Metallwippen waren in den 1980er Jahren eine Plastik-Schlagbügelfalle, eine Kastenfalle und eine Wühlmausfalle im Angebot. Neue Fallen wurden nicht mehr entwickelt. Ein Firmensprecher sagte 1986: „Vergessen Sie alle anderen Modelle, denn sie bringen nicht den gedachten Erfolg. Unsere Versuche, Schlagbügelfallen mit kleinen Abänderungen auf den Markt

77 | Der Besitzer Wechselt, die Marke bleibt.

zu bringen, die sogar noch wirtschaftlicher zu fertigen gewesen wären und sogar noch günstiger an den Endverbraucher hätten herangebracht werden können, brachten nicht den gewünschten Erfolg." (Abb. 77.78)

Im September 1990 gab Karl Münkel auf. Die DeuFa übernahm 1993, die Markennamen „Luchs" und „Fuchs" blieben erhalten.

Die Gründer

Zwischen der Norddeutschen Fallenfabrik Küker & Stoya in Wennigsen und dem Unternehmen Wilmking in Gütersloh gab es enge Beziehungen. Stoya war Meister bei Wilmking gewesen. Er hatte die Luchs-Falle verbessert und seine Erfindung, eine automatische Feineinstellung, zum Patent angemeldet. Zum Aufstellen der Falle wurde der Schlagbügel in einen fest montierten Sperrhebel eingerastet. Dabei richtete sich die Wippe mit dem Köder auf und stellte sich so genau ein, dass die geringste Berührung die Falle zuschnappen ließ. Die Falle bekam den Namen „Blitz". Stoya wohnte in Hannover und war Nachbar von Friedrich Küker. Küker, Jahrgang 1903, war Kaufmann. Die beiden Männer entschlossen sich, gemeinsam eine Firma zu gründen. 1923/24 begann die Produktion in der Vahrenwalder Straße in Hannover. Auf einem gemieteten Dachboden wurde von Arbeiterinnen montiert, verpackt und versandt. Die nötigen Einzelteile fertigten Fremdfirmen. Das Geschäft florierte, der Dachboden wurde zu eng. 1926 bezog das Unternehmen in Wennigsen, 20 Kilometer von Hannover entfernt, neue Gebäude. Die Jungunternehmer hatten eine Fabrikhalle mit Lagerräumen, Büros und einer Wohnung gekauft. Der Betrieb nannte sich jetzt Norfa,

Norddeutsche Fallenfabrik Küker & Stoya. 1929 stieg Stoya aus dem Unternehmen aus und wurde von Küker abgefunden. Küker investierte in Maschinen, alle Teile der Fallen wurden jetzt selbst gefertigt. Eine

79 | Alleinstellungsmerkmal Feineinstellung. Norfa-Falle „Blitz".

80 | Handarbeit. Montage von Bügeln und Federn bei Norfa.

Sägerei lieferte die Bretter über ein Feldbahngleis auf Loren in die Sägerei der Norfa. Die Artikelbezeichnung und der Firmenname wurden eingebrannt. Die Schlagbügelfallen hatten die Namen „Blitz", „Perfekt" und „Rapid". Neben den Holzschlagbügelfallen wurden noch Korb- und Kastenfallen aus Draht, Drahtmassenfänger, Wühl- und Schwippgalgenfallen hergestellt. Außerdem ein Fangautomat mit der Typenbezeichnung „Triumph" (Abb. 79–81).

Ab Mai 1940 musste der Betrieb Flugzeugteile herstellen. Die Mausefallenproduktion wurde 1945 wieder aufgenommen und durch eine Schlagbügelfalle aus Metall, Markenname „Record", ergänzt. Die Nachfrage nach Norfa-Produkten war groß, die Pro-

81 | Maschinenarbeit. Produktion von Federn und Bügeln.

duktion wurde auf Fliessbandarbeit umgestellt. Afrika, Nordamerika und Kanada waren neue Märkte. Nach dem Krieg hatte der Betrieb ca. 50 Beschäftigte. Friedrich Küker ließ ein neues Firmenlogo entwickeln, das das Logo mit dem Blitz ablöste. Die Entwürfe mit den handschriftlichen Vermerken des Firmenchefs blieben erhalten (Abb. 82). Das neue Logo prägte das „Nachkriegsgesicht" der Firma. Küker verkaufte das Unternehmen 1965 an Wilmking in Gütersloh. Albrecht Wilmking betont, dass die Norfa nicht gekauft wurde, sondern gegen eine Abstandszahlung Produktion und Vertrieb einstellte. Jedenfalls schrieb das Unternehmen Wilmking alle Norfa-Kunden an und wies auf die Einstellung der Norfa-Produktion hin.

82 | Entwurf für das Nachkriegslogo der Norfa-Falle.

Verschwunden

Die Fallenfirma Oswald Reichel, die in Cossebaude/Dresden 1896 gegründet und in den Adressbüchern der Stadt als *„Metall- und Holzwarenfabrik, Dresdner Straße 21, Hintergebäude"* geführt wurde,

tratt erstmals 1929 mit einer aggressiven, gegen den Konkurrenten Wilmking gerichteten Werbeanzeige überregional in Erscheinung. *„Unserer verehrten Kundschaft und unseren langjährigen Geschäftsfreunden möchten wir hierdurch bekannt geben, dass das bekannte langjährige Abkommen mit der Fa. Wilmking, wodurch wir unsere Kundschaft nicht mehr direkt beliefern konnten, nunmehr durch gütliches Übereinkommen wieder aufgelöst worden ist. Eine Fallenkonvention in irgendeiner Form besteht heute nicht mehr."*

Neben der Schlagbügelfalle „Fix" bot Reichel die Fallen „Super" und „Caro" an, ebenfalls eine Wasserfalle. Ihr Name: „Vedis 19". Auch hier warb er offensiv. *„Genau wie Capito, sagen die einen. Nur technisch vollkommener, sagen die anderen. Der bequeme Einlauf, der leichte Fang, der breite und unter Garantie wasserdichte Wasserbehälter machen die Vedis zum Schmuckstück und erstklassigen Massenfänger. Wie hätte sich der arme Capito gefreut, wenn er seine Erfindung in diesem schmucken Gewande wieder sehen würde."* Die fünf Jahre, in denen Reichel an Wilmking gebunden war, müssen bittere Jahre gewesen sein. Über das Schicksal seines Unternehmens ist nichts bekannt. Im Stadtarchiv Dresden finden sich bis auf die Firmenadresse keine weiteren Informationen.

Terror

Immer wieder gab und gibt es Unternehmen, die mit neuen Produkten auf den Markt gehen. Die Wülfeler Nietenfabrik in Hannover sicherte sich im Oktober 1932 und im Januar 1933 Patente für eine Schlagbügelfalle aus Metall, deren Besonderheit der Auslösungsmechanismus war. Der Name der Falle ist angesichts des Vorabends der nationalsozialistischen Machtergreifung makaber. Sie hieß „Terror". „*Jetzt ist nach langjährigen schwierigen Versuchen die Terror-Stahlfalle herausgekommen, deren wissenschaftlich durchkonstruierte Fangform das Erstaunen der gesamten Fachwelt im In- und Ausland erregt hat. Sie hat doppelte Auslösung. Sie löst sowohl beim Treten als auch beim Heben aus – auch beides zugleich. Der Köderträger ist von geradezu geheimnisvoller Form.*" In mehreren Anzeigen hieß es: „*Die Terror-Fallen erobern die Welt*" (Abb. 83). Wilmkings öffentliche Behauptung, Mäuse seien konservativ und hätten eine Antipathie gegen alles metallisch Kühle und Blinkende und seien daher besser in Holzfallen zu fangen, zielte vor allem gegen die Wüllfeler Nietenfabrik. Wilmkings unbewiesene Behauptung blieb nicht folgenlos. An einen ihrer Großhändler schrieb die Wülfeler Nietenfabrik: „*Hinsichtlich der Bedenken, die seitens der Kundschaft wegen des glänzenden Aussehens der Fallen gemacht worden sind, können wir nur nochmals erwidern, dass diese Bedenken an sich sachlich völlig unberechtigt sind und es sich hierbei zweifelsohne nur um ein Vorurteil handelt und diese Vorurteile – wo sie auftreten – überwunden werden müssen. Um aber irgendwelchen Einwendungen zu begegnen – insbesondere, wenn sich diese auf das blanke Aussehen der Falle beziehen – würde es vielleicht empfehlenswert sein, die Falle auch in schwarzer Ausführung zu liefern, nach dem hier beifolgenden Muster. Gerade diese schwarze Ausführung haben wir in letzter Zeit in großem Umfang verkauft und bitten wir – bevor wir daher die Sendung an Sie abfertigen – uns mitzuteilen, ob wir die Mausefallen vielleicht zur Hälfte in blanker und zur Hälfte in dieser schwarzen Ausführung liefern sollen.*" Das von Wilmking verbreitete Gerücht hatte Wirkung. Von nun an gab es die „Terror"-Falle in Farbe.

Selbst die Werbetexte der Wülfeler Nietenfabrik thematisierten das Aussehen der Falle: „*Wie soll eine ideale Mausefalle sein? Sie soll erstens gut fangen, zweitens automatisch aufstellbar sein und drittens auch schmuck und nett aussehen. Diese drei Grundbedingungen erfüllt die neue automatische Terror-Mausefalle in hervorragender Weise. Sie ist kinder-*

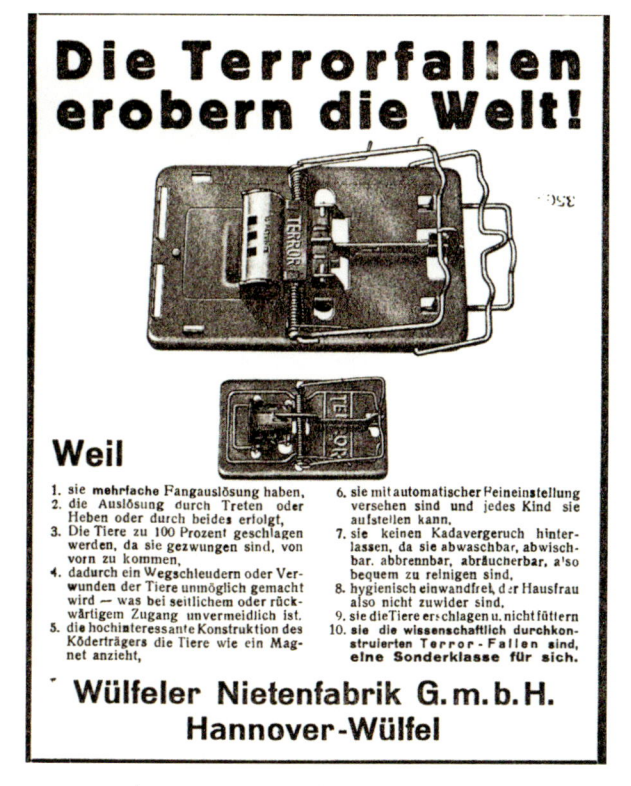

83 | 1933. Die Terrorfalle kommt auf den Markt.

84 | „Salto", die einzige Falle mit Magnetverschluss. Werbezettel, ca. 1925.

leicht zu handhaben und leicht und bequem sauber zu halten. Wenn sie auf dem Ladentisch steht, dann erweckt sie stets sofort das vollste Interesse des Kaufpublikums. Sie ist so hübsch und ansprechend, dass jeder sie gern mitnimmt. Sie ist ja auch wie ein kleines Maschinchen. Zu all diesen Vorzügen ist nun auch die doppelte Fangauslösung dazugekommen. Diese erhöht das Fangvermögen um ein Vielfaches und macht die Terror-Falle zu einer idealen Mausefalle, so wie man sie sich schon immer gewünscht hat."

Die Werbebotschaft ließ das eigentlich Neue, das Alleinstellungsmerkmal, nämlich die revolutionäre Auslösevorrichtung, in den Hintergrund treten. Defensiv wurde das Aussehen des Produkts in den Vordergrund gestellt. Dann bekam die Falle Konkurrenz. Die Holzschlagbügelfalle „Monda", die das Traditionsunternehmen Keim in Dommelstadl 1936 anbot, hatte eine vergleichbare Auslösevorrichtung. Beide Fallen verschwanden letztlich vom Markt.

Magnet mit Mängeln

Die Metallwarenfabrik H.K. Heun in Niederscheld inserierte in den Jahren 1924 und 1926 die Mausefalle „Salto" (Abb. 84). Heuns Patent war ein Fangautomat mit Blechkorpus. Die Mäuse stürzten von einer durch einen Magneten gehaltenen Wippe ins Wasser. Keine andere Falle arbeitete mit einem Magneten. Heun hatte die Produktion 1922 begonnen, nach dem ersten Weltkrieg. Er hatte sich umfassend über Produkte und Preise anderer Hersteller informiert. Heun produzierte bis 1927/28. Dann gab es zunehmend Beschwerden über die Blechfallen, die aus nicht genutzten Munitionskästen des 1. Weltkriegs gemacht worden waren. Viele dieser Kisten hatten Rost angesetzt. Es geschah auffallend häufig, dass Kunden die Falle in Geschäften auf den Ladentisch schlugen. Dabei platzte die Farbe ab und der rostige Kasten kam zum Vorschein. Heun vermutete dahinter gezielte Machenschaften von Konkurrenten und verkaufte das Patent schließlich an Wilmking, der die Produktion der Salto-falle nie aufnahm. Damit war ein technologisch interessantes Konkurrenzprodukt vom Markt verschwunden.

Einer der Hersteller, der die Firma Heun mit Werbematerial beliefert hatte, war Michael Jaeger aus Darmstadt. Die Firma wurde 1891 gegründet. Jäger leitete gleichzeitig die Miele-Niederlassung in Darmstadt und eine Großhandlung für Haus- und Küchengerät. Er besaß neun Mausefallenpatente und stellte „Hatsi-Fangautomaten" und andere Massenfänger aus Metall her, von denen kein vollständiges Exemplar erhalten ist, außerdem auch eine Schlagbügelfalle. Aus Jaegers Korrespondenz und aus Werbezetteln geht hervor, dass er die Fallen in Seligenstadt herstellen ließ. Die Firma erlosch nach Jaegers Tod 1931 (Abb. 85).

Frauenfreundlich

Die Firma Ermecke in Fleckenberg/Schmallenberg im Sauerland wurde 1920 von den Brüdern Hubert und Richard Ermecke als Schreinerei und Stellmacherei gegründet. Während des 2. Weltkriegs wurden unter anderem Holzknöpfe und Raketenteile hergestellt. Albin, der dritte Ermecke-Bruder, baute Radios. Die Produktion frauenfreundlicher Mausefallen hatte Hubert Ermecke (1894–1967) nach dem 1. Weltkrieg begonnen. Er hatte sein Unternehmen von dem der Brüder getrennt. Seine Firma produzierte Mausefallen, die der Brüder Tapetenleisten und Maßausgießer. Er stellte die Produktion Mitte der 1960er Jahre ein. Albin Ermecke nahm die Mausefallenproduktion mit einem Partner wieder auf. 1977 wurde die Lady-Falle entwickelt, die Produktion der Drücker-Fallen lief wieder an. Alle Ermecke-Fallen waren bedienungsfreundlich.

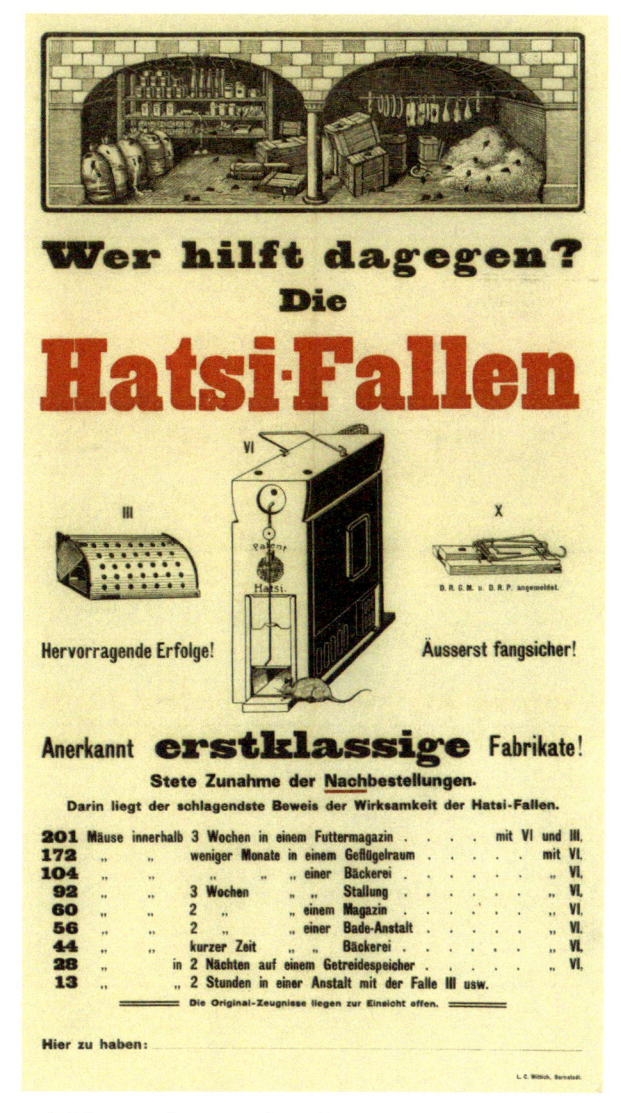

85 | Plakat aus den 20er Jahren des vergangenen Jahrhunderts. „Hatsi"-Massenfänger sind nicht erhalten.

Die bekanntesten Ermecke-Fallen hießen „Lady", „Argus" und „Drücker". Anfang der 1980er Jahre wurden keine Ermecke-Fallen mehr hergestellt. Vereinzelt waren sie noch im Handel erhältlich. Die wieder verwendbaren Metallfallen waren gegenüber den als Wegwerfprodukte benutzten Holzschlagbügelfallen wegen des höheren Preises nicht konkurrenzfähig. Die Firma Richard Ermecke existiert nach wie vor und produziert Bodenleisten (Abb. 86).

Eine Falle, die Hubert Ermecke patentieren ließ, hatte den Namen „Micki". Vertrieben wurde sie in den 30er Jahren des 20. Jahrhunderts durch die Firma Vosshenrich in Verl. Es ist nicht zu klären, ob der Kontakt zwischen den beiden Unternehmen vor oder nach der Erwähnung der „Micki"-Falle im redaktionellen Teil einer Fachzeitschrift zustande kam. Dort war die „Micki"-Falle 1933 als *„beachtenswerte Neuerung in Mausefallen"* bezeichnet worden, ohne dass allerdings der Name des Herstellers erwähnt wurde. Die Firma Johann Vosshenrich warb in den 1930er Jahren als Spezialfabrik für Schlagfallen. Verwandte sagen, das Unternehmen habe *„Brettchenfallen"* (Schlagbügelfallen) hergestellt, nach dem 2. Weltkrieg habe es nicht mehr produziert, es habe allerdings noch Material gegeben, das sei aber bei einem Brand vernichtet worden. Außer den Inseraten existieren keine weiteren Unterlagen über die Firma Vosshenrich. Fallen sind aber erhalten (Abb. 87. 88).

Ultraschall

In den 80er Jahren des letzten Jahrhunderts schaffte es ein Hersteller, in den redaktionellen Teil einer Sonntagszeitung zu kommen. Das bringt Aufmerksamkeit und spart Geld für Werbung. Im Bericht der Welt am Sonntag hieß es: *„Die Firma Dekur aus Koblenz bietet jetzt einen Mäusemassenvernichter an. Das Spitzenmodell kostet zwar 2.485 Mark, soll dafür aber Hallen bis zu 3 000 Quadratmeter mäusefrei halten. Und das geht so: Der Apparat sendet einen Ton aus, den der Mensch nicht wahrnimmt, der Maus aber den Todesschrei eines Artgenossen vortäuscht. Die Folge: Die Maus verlässt panikartig das bestrahlte Gebiet. Doch ihrem Schicksal kann sie nicht entfliehen: Der elektri-*

86 | Frauenfreundlich. Die Ermecke-Fallen. Werbezettel, ca. 1977.

Orginal **Micki** Mausefalle
der große Schlager

Micki das Ideal des Kammerjägers!

Micki ist eine Falle, die alle nur denkbaren Vorzüge in sich vereinigt:

Micki wird durch einen Druck gestellt!

Micki rostet nicht, weil ganz verzinkt!

Micki braucht nicht ausgeräuchert zu werden.

Micki gibt durch einen Druck die tote Maus frei, ohne diese oder den Schlagbügel zu berühren!

Micki löst sich federleicht aus und die Fangresultate sind verblüffend.

Micki ist äußerst stabil gebaut und hat unbegrenzte Lebensdauer!

Micki ein Verdiener!

Für diese Eigenschaften verbürgt sich

Micki mit seinem guten Namen!

Micki hat sich vorgestellt und will sich bei Ihnen einführen. Will Ihren Umsatz erhöhen und Ihnen zufriedene Kunden bringen. Ein Versuch wird Sie auf jeden Fall überzeugen und Sie werden diese Falle nie mehr unter Ihrem Lagerbestand missen wollen.

Verlangen Sie Muster u. Angebot von der Fa.

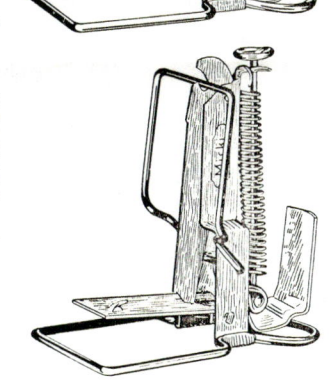

Joh. Voßhenrich, Verl Nr. 1 (Bez. Minden)
Spezialfabrik für Schlagfallen

87 | Fast so alt wie Micky Maus: die „Micki"-Falle.

88 | Schlagbügelfalle der Firma Voßhenrich.

pelte Wirkung: Es soll den Alarmschrei von Mäusen imitieren und die Tiere dadurch zur Flucht veranlassen. Und es soll durch einen elektrischen „Strahl" die Gehirnzellen der Maus schädigen. Der Fachmann Ulrich Lachmuth sagt dazu: *„Verhaltensbeobachter zeigen, dass Alarmschreie allein nicht in der Lage sind, eine Fluchtreaktion hervorzurufen. Hört ein Tier einen Alarmruf, werden alle Sinne aktiviert, um die unmittelbare Umgebung auf eine potentielle Gefahr hin abzusuchen. Ist keine Gefährdung des hörenden Tieres von diesem festzustellen, wird der Ruf nicht weiter beachtet ... Der Alarmruf ist nur für eine bestimmte Zeit Signal, dann tritt an seine Stelle die Fluchtreaktion des warnenden Tieres ... Wenn Alarmrufe imitiert werden sollen – warum sind die Geräte dann mit regelbarer Frequenz ausgestattet? ... Alarmrufe sind immer gleich innerhalb einer Art, sonst würden sie nicht funktionieren."*

Der Experte Peter Uhlig stellt bei der Erprobung des Gerätes fest, dass sich die Mäuse an die Frequenz gewöhnen. Und was ist mit dem Gehirn, das angeblich

sche Strahl ihre Gehirnzellen schon zerstört." Mäusetod und Mäusevertreibung durch Ultraschall werden als ultimative Maßnahme im Kampf gegen die Maus angepriesen. Das Gerät hat angeblich eine dop-

zerstört wird? Experte Lachmuth sagt: *„Schädigung von Gehirn und Gehör entfällt. Schallwellen jeder Art können nur dann zerstörend wirken, wenn sie in der Frequenz der Eigenschwingung des Materials entsprechen, auf das sie treffen. Tierische Zellen gehören nicht zu den Strukturen, die sich durch kurzwelligen Schall anregen lassen."* Lachmuth geht noch weiter. Er stellt fest, Mäuse müssten sich nicht einmal an das Geräusch gewöhnen, sie würden sich a priori nicht dafür interessieren, denn Töne dieser Art entsprächen der Umwelt der Tiere, solche Signale seien bedeutungslos und würden mit vergleichbarer Gleichgültigkeit hingenommen, mit der sich Menschen an die ständige Untermalung ihres Lebens mit Verkehrslärm gewöhnt hätten. Lachmuth erledigt das Kapitel Ultraschall mit einem klassischen K.o.-Schlag: *„Einer der größten Hersteller von Ultraschallanlagen in England schloss kürzlich einen Vertrag mit einem bekannten, weltweit präsenten Schädlingsbekämpfungsunternehmen ab, um seine Fabrik endlich wirksam von Ratten zu befreien."* Die Arbeitsgemeinschaft für Verbraucher hat vor dieser Art von Mausefallen gewarnt. Wirkungslos, sagt die AgV, Mäuse hätten sich in einem Versuch sogar unmittelbar neben dem Gerät angesiedelt.

Strom

Erich Keim, der Mausefallenfabrikant aus Dommelstadl, überlegte 1986, ob er sich noch einmal an die Erfindung einer neuartigen Mausefalle machen solle. So eine Falle, sagte er damals, müsse eine elektrische Falle sein. Er musste sie nicht mehr erfinden, es gab sie schon. Entwickelt und zum Patent angemeldet wurde sie von der KYBERNA – der Gesellschaft für Automation, Datenverarbeitung und Messetechnik mbH in Bensheim. Ihr Inhaber war Siegbert Graf vom Hagen.

Geht ein Tier in die elektronische Mausefalle „Catron", unterbricht es eine Infrarotschranke und löst einen tödlichen Stromschlag aus. Ein Schieber befördert die Maus in den Abfallkasten. Danach ist das Gerät wieder fangbereit. Die Falle kostete 1986 um 800 Mark und wurde in Lebensmittellagern und Bäckerein eingesetzt. Im Testbericht eines Schädlingsbekämpfers heißt es: *„Die Fangergebnisse waren zum Teil sehr beeindruckend."* Auch wenn ein anderer mahnt: *„So sollte auch Catron als eine zwar sehr viel versprechende Neuheit, nicht aber als ein Wundergerät, mit dem sich schlagartig alle Mäuseprobleme lösen lassen, gesehen werden. Auch damit wäre schon ein wichtiger Meilenstein auf dem jahrtausendelangen Weg der Mäusebekämpfung erreicht."* Vom Hagen berichtete, Mitarbeiter seiner Firma hätten über mehrere Jahre das Verhalten von Mäusen studiert und dabei regional unterschiedliche Eigenarten von Mäusepopulationen festgestellt, etwa spezifische Verhaltensweisen im Bezug auf die Umgebung, auf Licht, Lärm und Temperatur. Experimentiert wurde auch mit Ultraschall. *„Stört die Mäuse nicht"*, sagte vom Hagen, *„unsere Videoaufnahmen zeigen, dass sie die Ohren anlegen."* Das Unternehmen vom Hagens war eine Entwicklungsfirma für neue Technologien. Die Falle wurde von mehreren kleinen Firmen im Odenwald nach Plänen und Mustern zusammengebaut. Das Hygieneinstitut der Bundeswehr in Koblenz hatte die Anregung für diese Falle gegeben. Es hatte auf die Probleme eines Mäusebefalls in Lebensmittellagern aufmerksam gemacht. Die elektronische Mausefalle entstand ohne

Kenntnis historischer Fallen. *„Dass mit Elektrizität gearbeitet wurde, lag nahe durch unsere sonstige Technik. Wir wussten, dass Hochspannung eine sichere Lösung ist und die Tiere nicht quält. Wir haben einfach gesagt: das ist der Markt und das ist unsere Technik und angeguckt, wie das Tier sich verhält und denn los. Ganz direkt und ohne Umschweife."* Die elektronische Mausefalle der Firma KYBERNA ist in ihrer Perfektion vergleichbar dem von Bender entwickelten Massenfänger. Selten kommt der Tod präziser.

Plastik

Im Jahr 2000 stieg das Solinger Unternehmen S. Franzen Söhne in das Mausefallengeschäft ein. Die Franzen-Gruppe sicherte sich das Patent für eine Kunststofffalle mit dem Namen „PowerCat" (Abb. 89). Die Falle hat einen Langzeitköder, sie kann mit einer Hand geöffnet werden, dabei wird der Kontakt mit der Maus vermieden. Die „PowerCat" wird für Großabnehmer branchenüblich auch mit deren Markenzeichen hergestellt. Franzen war mit seinem Plastikprodukt früher auf dem Markt, als der zur Zeit bedeutendste deutsche Mausefallenhersteller, die DeuFa in Neuburg. Vergleichbare Plastikfallen sind inzwischen gängige Handelsartikel. Die erste Falle dieses Typs wurde von einem Schweizer entwickelt, der die SWISSINNO GmbH in St. Gallen gründete und seine Falle, die in China und Slowenien hergestellt wird, europaweit in Millionenauflagen vertreibt.

Aus alt mach neu

Anfang des 21. Jahrhunderts brachte Arnold Dohmen einen Massenfänger auf den Markt, bei dem Mäuse von einem Flügelrad in einen Kasten stürzten. Auf der Erfindermesse in Nürnberg wurde er dafür 2006 ausgezeichnet. Wirklich neu war die Erfindung nicht, eine vergleichbare Falle war bereits am 6. März 1886 patentiert worden. Das Prinzip wurde bereits 1590 in Mascalls Fallenbuch erwähnt.

Immer wieder werden neue Mausefallen auf dem Stand der Technik entwickelt. 2009 wurde nach gründlichen Marktanalysen eine High-Tec-Falle für die Lebensmittelindustrie präsentiert. Sie wird unter dem Namen „BioTec-Klute-Permanent-Monitoring-Nagerfalle" von einem Paderborner Unternehmen angeboten. Es ist eine Lebendfalle, die den Personalaufwand bei den gesetzlich vorgeschriebenen täglichen Kontrollen reduziert. Sie besteht aus einem in England hergestellten Metallgehäuse, in das ein wartungsfreies Funksystem integriert ist. Ohne jede externe Stromquelle informiert die Falle selbsttätig per Mail oder SMS über einen Fangerfolg. Auch eine Kamerakon-

89 | Die Falle des Plastikzeitalters: „PowerCat" aus Solingen.

90 | Generation Web 2.0. Die Falle, die Mails verschickt. BioTec-Klute.

Erfinerschicksale

Ronald Davis hat Recht: „*Für kein anderes Wesen erfand der Mensch – außer für den Menschen selbst – in seiner Geschichte mehr Möglichkeiten, zu erschlagen, zu erdrosseln, aufzuspießen, zu zerquetschen, zu köpfen, zu vergiften, oder doch wenigstens hinter Gittern festzusetzen, als für mus musculus, die gemeine Hausmaus.*" Die Maus ist des Menschen Feind, aus hygienischen Gründen und als Konkurrent um Nahrungsmittel. Das trieb Menschen dazu, Fallen zu erfinden. Seit es Patentämter gibt, 1877 wurde das erste deutsche Patent vergeben, wurden dort hunderte von Kampfmittel gegen die Maus und die Namen ihrer Erfinder registriert.

Erfinden kann jeder. Aber nicht jede Erfindung garantiert Erfolg. Der Große Herder gibt Rat: „*Zum Fangen von Ratten und Mäusen dienen die bekannten kleinen Konstruktionen nach Art der Kasten-, Schlag- und Schwanenhalsfallen, auch die patentierte Ratten- und Mausefalle hat sich gut bewährt.*" Die patentierte Mausefalle? Welche meinen die Herder-Autoren? Das zitierte Lexikon stammt aus dem Jahr 1932. 1932 gab es hunderte von patentierten Mausefallen, Dutzende unterschiedliche Typen waren im Handel. Die patentierte Mausefalle ist lexikalischer Humbug. Vielleicht ist es wirklich besser, dass in Lexika kurz darauf nichts mehr über Mausefallen stand. Lieber nichts, als gedruckte Ahnungslosigkeit.

Es gibt Erfindungen, die sich zunächst nicht durchsetzten, wie etwa Robert Kraussens Mäusegrill aus dem Jahr 1924. Über die Tötung von Mäusen durch Strom hatten vor ihm schon andere nachgedacht. Der Engländer Smith zum Beispiel, dessen Erfindung 1890

trolle ist möglich. Die für das Senden einer Nachricht notwendige Energie liefert die Maus durch das Auslösen der Falle. Diese revolutionäre Technik hat Patrick Mause von die Firma BSC Software in Allendorf-Battenfeld im Auftrag des Unternehmens BioTec-Klute entwickelt. Die Westfalenpost meldete, der Energiespeicher reiche aus, um 25 000 Nachrichten zu versenden (Abb. 90).

so beschrieben wird: *„Längs der Kellermauern stehen Holzkästchen mit Käsekrumen bereit. An den Kästchen sind die elektrischen Drähte befestigt".* Auch in den Vereinigten Staaten von Amerika wurde zeitgleich mit der Tötung von Menschen und Mäusen durch Strom experimentiert. In der Illustrierten Zeitung Leipzig heißt es 1890: *„Nachdem die Hinrichtung mittels Elektrizität, wenigstens soweit das in Amerika zur Anwendung gebrachte Verfahren in Frage kommt, sich als praktisch nicht durchführbar erwiesen hat, begnügt man sich neuerlich damit, den elektrischen Strom zur Tötung von allerlei schädlichen oder lästigen Thieren anzuwenden. Eine Erfindung dieser Art, auf die kürzlich in den Vereinigten Staaten ein Patent angemeldet wurde, ist durch die nachfolgende Abbildung veranschaulicht... Selbstverständlich muss der Strom hinreichend stark sein, um die beabsichtigte tödliche Wirkung sofort auszuüben, da der Hauptzweck der Erfindung offenbar in der Vermeidung unnützer Tierquälerei besteht."* Durchgesetzt hat sich in den Vereinigten Staaten nicht die elektrische Mausefalle, sondern der elektrische Stuhl. Auch wenn die ersten elektrischen Mausefallen in Europa am Markt nicht erfolgreich waren, blieb das Töten durch Strom über Jahrzehnte für die Erfinder von Mausefallen ein Thema. Etwa für Ambros Schäffner aus Forst/Baden, der Anfang der 1950er Jahre eine elektrische Mausefalle mit Namen „Erma" herstellte und zwischen 1952 und 1957 vertrieb. Fallen, die durch Strom töten, wurden und werden noch immer erfunden und gebaut.

Einige Erfindungen hatten von Anfang an keine Chance, seriell hergestellt zu werden. Zum Beispiel die von Josef Crompe aus Leinfelden. Er ließ sich 1924 ein Nadelkissen patentieren. In der Patentschrift heißt es:

„Dieses neue Nadelkissen dient in seinen Ausbildungen ausschließlich der Belästigung der Tiere, mit dem Zweck, sie zur Abwanderung zu veranlassen." Heiliger St. Florian. Eine andere Erfindung, nämlich Leimfallen für Mäuse, meldeten Benjamin und Stanley Baker aus den USA 1980 zum Patent an. Günther Temp aus Köln ließ sich diese Idee 1981 patentieren. Die Ideen waren nicht neu. In Kollers Rattenbuch aus dem Jahr 1932 heißt es: *„Unter dem Namen Varnish-Trap, Rattenleimfallen, Ratlimtraps wird seit einiger Zeit in England eine eigenartige Methode empfohlen, die im wesentlichen darin besteht, dass man Klebstoffe mit Messer oder Spatel in dünner Schicht auf starkes Papier, Karton, Pressdeckel usw. aufträgt und das ganze gut beködert auf einen Rattenwechsel aufstellt. Die Ratten sollen sich darin ebenso fangen, wie die Fliegen am Fliegenleim... Der Tod soll durch ersticken erfolgen, da sich die Ratten bei den Versuchen, sich vom Leim zu befreien, die Maul- und Nasenöffnungen mit Leim verstopfen. (Ist nicht eher Erschöpfung durch die vergeblichen Befreiungsversuche anzunehmen?) Als Klebstoffe werden Firniss oder eine etwas steifere Art Vogelleim verwendet. Vogelleim wird aus Eichenrinde, Mistelbeeren und Disteln gewonnen..."* Mit dieser Falle lassen sich auch Mäuse fangen. Und Krünitz erwähnt schon im Jahr 1802 Leimfallen für Mäuse: *„Man macht auch aus Pergamentstreifen kleine Tüten, deren Naht man fest leimt. In dem Boden der Tüte muss ein Stückchen Käse befindlich seyn. Das Inwendige wird aber mit Vogelleim oder weichem Pech ausgestrichen. Diese Tüten legt man in die Gegend der Mauselöcher, wo als denn die Mäuse, wie sie aus den Löchern kommen, bald angelockt werden, den Kopf in die Thüten zu stecken*

Erfinderschicksale | 107

und sich auf diese Art zu fangen. Sie laufen nämlich mit der Tüte über dem Kopf umher und können sogleich erschlagen werden. Man sieht indessen leicht, dass dieses mehr eine Art der Belustigung für gewisse Leute als ein sicheres Mittel ist, Mäuse zu vertilgen."

Bekanntlich bestimmen Erfinder nur in den seltensten Fällen darüber, wie ihr Produkt verwendet wird. Glauben wir also an die gute Absicht, auch bei der Erfindung von Joseph Barad und Edward E. Markoff, die 1908 zwar eine Mausefalle erfanden, diese jedoch nicht nutzten, um die Maus zu fangen oder zu töten, sondern um ihr ein Halsband mit Glöckchen umzulegen, damit die danach wieder freigelassene Maus bimmelnd andere Mäuse vertreiben konnte. Hier kommen auch dem gutartigsten Betrachter Zweifel an der Ernsthaftigkeit der Erfindung, aber Rückfragen sind nicht möglich, die Erfinder sind verstorben.

91 | Leimfalle im Comic. Fast zeitgleich werden Patente angemeldet.

Mausefallenhandel

„Koof Mausefall, Ratzefall."
(Suhr, Christopher, Der Ausruf in Hamburg, 1808)

Mausefallen haben einen Markt, solange es Mäuse gibt. In der Welt am Sonntag hieß es 1983: „*Die Unausrottbarkeit von mus musculus sichert der Branche offensichtlich dauerhafte Geschäfte. Denn: Bei nur 25 Millionen Haushalten in der Bundesrepublik werden jedes Jahr rund neun Millionen Mausefallen gekauft – für immerhin fast elf Millionen Mark.*" Das war so und das ist so. Mit Mausefallen lässt und ließ sich verdienen. Ein junger Schweizer, Gabriel Le Laidier, stieg 1999 in das Geschäft ein. Er entwickelte die „SuperCat"-Falle, nachdem eine Marktanalyse ergeben hatte: „*Allein das europäische Marktvolumen für Mausefallen beträgt 40 bis 60 Millionen Stück pro Jahr.*" Laidier war erfolgreich, berichtet Urs Schönholzer. 2007 verkaufte sein Unternehmen rund zwei Millionen Fallen.

Heute ist es kein Problem, Fallen an einem beliebigen Ort der Welt zu produzieren und sie weltweit zu verkaufen. Es gibt ein weit verzweigtes Einzelhandelsnetz, Waren können über das Internet global angeboten und beworben werden, Transportwege und -kosten spielen kaum eine Rolle. Aber wie war das vor 100 oder vor 200, 300 Jahren? Wie funktionierte da der Handel mit Mausefallen? Wer handelte mit diesem Produkt? Und wie funktioniert der Mausefallenhandel heute? Da Fallen bereits vor der industriellen Fertigung von Spezialisten gebaut und nicht als Eigenkonstruktionen hergestellt wurden, entstanden bis auf Ausnahmefälle keine Einzelstücke, sondern Serien unterschiedlicher Produktlinien. Wie die Hersteller, waren auch die Mausefallenhändler Spezialisten, echte Fachhändler.

Logistik

Für den Vertrieb war ein Netz von Händlern und Zwischenhändlern nötig, die die Ware entweder weiterleiteten oder auf Märkten bzw. im Haustürverkauf vertrieben. Viele Quellen belegen, dass diese Art des Mausefallenhandels üblich war und funktionierte. Mausefallenhändler gehörten zum Bild der Städte und Dörfer. Die beiden Herren mit Draht und Fallen in der Mitte des Bildes aus Schleswig sind Mausefallenhändler (Abb. 92).

Christoph Gasser erwähnt Trentiner Wanderhändler, ungarische Rastelbinder und österreichische Händler aus dem Fleims- und dem Fersetal und anderen Orten. Eine Dauerausstellung „Die Maus im Haus" im Freilichtmuseum Salzburg beschäftigt sich unter anderem mit Mausefallenwanderhändlern aus dem Vichtau. Noch bis in die 70er Jahre des vergangenen Jahrhunderts ist dieser Vertriebsweg bei bestimmten Fallentypen nachweisbar. Bela Gunda spricht von herum-

92 | In der Bildmitte: Mausefallenhändler mit Fallen und Draht. Peermarkt in Schleswig, N. Ch. Schmittger, Ende 19. Jahrhundert.

ziehenden Blechschmieden, die eine wichtige Rolle bei der Verbreitung einiger Fallentypen spielten. Diese *„slowakischen Wanderhändler"*, schreibt er, hätten ihre Touren vor dem 1. Weltkrieg in den Dörfern des Nord-Westens der Karpaten begonnen und auf ihren Reiserouten Töpfe von Bauern repariert und Drahtfallen verkauft. In einem Film von Babette Ellen wird die Geschichte slowakischer Drahtbinder portraitiert. Ihr Erfolgsprodukt waren Mausefallen, die seit dem 16. Jahrhundert auf Verkaufstouren auch in

Deutschland vertrieben wurden. In Meyers Konversationslexikon von 1885 heißt es: *„Da der Handel fast in der ganzen Slowakei in jüdischen Händen ist, bleibt den Slowaken nur das Hausieren mit Leinwand, Mäusefallen, Spitzen etc."* Der Vertrieb von Fallen durch Wanderhändler auf Märkten oder im Direktverkauf an der Haustür war in Europa über Jahrhunderte üblich (Abb. 93).

Relikte dieser Handelsform haben sich vor allem in Südeuropa auf Märkten und Verbrauchermessen bis heute erhalten. Wer waren die reisenden Mausefallenhändler? Grimms Deutsches Wörterbuch bezeichnet die in Deutschland herumziehenden Verkäufer von Mausefallen als *„Mausefallenkrämer"* aus Italien. Italienische Mausefallenhändler wurden zum Gegenstand von Geschichten und Sagen. Ein Mausefallenmacher ist nach einer Wörterbuchdefinition aus dem Jahr 1814 ein *„herumziehender Verfertiger von Mausefallen"*. Die Ostracher Liederhandschrift, ein um 1740 vermutlich vom Salemer Zisterzienserpater Theobald Vogler angelegtes Textbuch, enthält das Lied vom *„Hechel, und maus-falle macker"*. Es geht so:

„Ab ein hechel, mausfall,
gib wohl, was Campare,
in der Kuckel, in der Stall.
Sewu applicare.
Ist etwan in eürem haus,
eine ratte, oder maus,
Liebe Herren! kauffet dockh
eh der maus kriechs in der lockh . . ."

Das Lied imitiert das gebrochene Deutsch der Wanderhändler. Ein anderes Lied, um die Jahrhundertwende von Rudolf Dietz in Hessen-Nassau dokumentiert, ist ein weiteres Indiz für reisende italienische Mausefallenhändler. Es heißt „Der Mausefallenkrämer".

93 | Oft gemeinsam angeboten: Mausefallen, Hecheln, Krauthobel und Blasebälge. Gemälde nach einem Stich von C. Brand.

*„En ‚Mausdiefalldieratti' kam
Letzt bei de Belzeschorsch deham
Un saat ‚Nixmausdifalldieratz?'
De Schorsch saat: ‚Naa, mir hunn e' Katz.'
Der Idaljenerbub saat do:
‚Hab Sie vielleicht die Wanz, die Floh?
Ich hab die gute Pulver hier,
Macht alle tot die kleine Tier!'"*

Mausefallenhändler wurde im Lauf des 19. Jahrhunderts zum umgangssprachlichen Begriff für Italiener. Dieses Synonym hat sich lange gehalten, das bestätig der Brief von Ewald Lang aus dem Jahr 1986: *„Bei uns haben die Italiener den Spitznamen Mausfallenhändler. Nach Angaben alter Ortsbewohner sind sie früher, behängt mit Mausefallen und anderem, herumgezogen und haben mit dem Kaufruf: ‚Kaufe Du mir ab diese Mausfall, darin Du fangen viele Maus', ihre Erzeugnisse angeboten."* Der Begriff Mausefallenkrämer war im 19. Jahrhundert nicht nur ein Synonym für Italiener, sondern er wurde auch für einen unsympathischen Mann benutzt. Abgebildet wurden Mausefallenhändler diesem Image gemäß auch auf einer Polizeistation.

In Küppers Lexikon der deutschen Umgangssprache wird die Antipathie gegen reisende Mausefallenhändler mit dem Aussehen der Hausierer begründet. *„Ihr Haar ist ungepflegt, ihre Kleidung verschlissen"* heißt es dort. Der bereits angesprochene Dokumentarfilm über die wandernden slowakischen Mausefallenmacher beschreibt ihr Aussehen als ärmlich. Einige Stiche aus dieser Zeit scheinen den Eindruck zu belegen. Bei Hofe in Dresden verkleideten sich Anfang des 18. Jahrhunderts die Hofnarren August des Starken, Fröhlich und Schmiedel, mitunter als Hausierer von Mausefallen, als Leute von „ganz Unten", um so ihrem Herren unverblümt die Meinung sagen zu können. Im Zwinger findet sich in einer der Vitrinen der Porzellanausstellung eine Fayence, die die beiden mit einer Reusenfalle zeigt. Die bei Gasser, Gunda und in Grimms Wörterbuch beschriebenen Mausefallenkrämer und Mausefallenmacher, die ihre Produkte unterwegs herstellen konnten, dürften auf ihrer Verkaufstour ausschließlich Drahtfallen angefertigt haben. Das belegen die Werkzeugverzeichnisse auf den Abbildungen eines Mausefallenhändlers und einer Händlerin.

Zum Marschgepäck der reisenden Händler gehörten Draht, Kneifzange, Spitzzange, Hammer, Meißel und Säge. Mit diesem Material waren sie in der Lage, auch unterwegs Fallen herzustellen oder zu reparieren. Jedes andere Produkt als Drahtmausefallen hätte mehr Material und Werkzeug erfordert, als bei der damals üblichen Fortbewegungsweise, nämlich zu Fuß, im Handgepäck zu transportieren gewesen wäre. So erklärt sich auch die Unterscheidung zwischen Mausefallenmacher und Mausefallenzimmerer, die Grimms Deutsches Wörterbuch vornimmt. Mausefallenzimmerer haben in Werkstätten, zum Beispiel als Kistenmacher, Holzfallen hergestellt, wie sie auf Engelbrechts Kupferstichen zu sehen sind und als branchentypische Produkte in Diderots Enzyklopädie beschrieben werden, in der unter anderem Werkzeuge, Handwerkstechniken und handwerkliche Produkte des 18. Jahrhunderts aufgelistet sind. Die Abbildungen von reisenden Mausefallenhändlern aus der frühen Neuzeit zeigen, dass das Warenangebot häufig über Mausefallen hinausging. Wie das Problem des Nachschubs bei diesen Produkten auf den oft mehrwöchigen Wan-

94 | Kupferstich von Mark Quin. Mausefallenhändler mit Reusen-, Schwerkraft- und Schwippgalgenfalle.

RATZÄ-FALLÄ, MUS-FALLÄ.

Mit Fallen fang ich Ratt und Mauß,
Und laß die Kazen nicht ins Hauß.

95 | Hechel- und Mausefallenhändler.

Literatur, die das damalige Arme-Leute-Image der Händler aufgreift und Spannung daraus zu ziehen versucht, dass die Autoren das negative Bild in sein Gegenteil verkehren. Eine anonyme Schrift aus dem Jahr 1766 hat den Titel: „Des in Person eines Mäusefallenmannes reisenden reichen und witzigen Italieners lesenswürdige Schicksale, welche wegen vieler darinnen befindlichen Sittenlehren zu allgemeinem Nutzen entworfen worden". Ein Kupferstich in diesem Buch zeigt einen reisenden Händler, zu dessen Warenpalette neben Flachs-Hecheln kugelförmige Reusen- und Mehrlochfallen nach dem Schwippgalgenprinzip gehören. Die Bildlegende lautet:

„Zwar schein ich nur zu sein ein Mausefallen Mann
Der wie mein Ansehn giebt geringe Künste kann;
Jedoch mein Schicksal wird die Lesenden belehren:
Man sol nicht allemahl sich nach dem Scheine kehren
Oft steckt ein weißer Man in armer Bettler Tracht
Oft wird das nützlichste von Niedrigen vollbracht.
Ein Mausefallen Man kann also ingeheim
Reich, tugendhaft, geschickt, und Hohen Standes
seyn."

Sowohl der Titel des Buches als auch der Untertitel des Kupferstichs bestätigen die alten Wörterbücher. Der mit Mausefallen handelnde Titelheld ist Italiener, dessen Äußeres zu wünschen übrig lässt. Allerdings ist er anders, als es scheint. So ist es auch im zweiten Buch aus dem 18. Jahrhundert. Es heißt „Der Mausefallen- und Hechelkrämer". Auch in diesem Buch ist der Hauptprotagonist ein Italiener aus Savoyen, der nach Deutschland reist und diverse Abenteuer erlebt. Das Werk bestätigt die Vorurteile gegen reisende Mause-

derungen gelöst wurde, ist nicht recherchiert (Abb. 94). Es ist aber naheliegend, von einem Netz von Zwischenhändlern oder unterschiedlichen und dezentralen Bezugsquellen für die angebotenen Waren auszugehen. Anders ist die Warenvielfalt nicht zu erklären. Deutlich wird jedenfalls aus dem mitgeführten Werkzeug, dass es auf den Verkaufstouren nur eingeschränkte Möglichkeiten zur Produktion gab.

Mausefallenhändler waren früh Gegenstand der

DER MAUSEFALLENJUNGE
Gemälde von Paul Meyerheim

96 | Üblich: Kinder als Mausefallenhändler.

fallenhändler in Bezug auf die ärmliche Kleidung und das Misstrauen, das vor allem die Landbevölkerung dieser Personengruppe entgegenbrachte. Es bestätigt auch in einem knappen Nebensatz die These, dass Mausefallenhändler ihre Ware sowohl bei spezialisierten Herstellern kaufen als auch selbst herstellen. Der Satz lautet: *„Eh er es (Deutschland) noch erreichte, kaufte er für sein ganzes Kapital einige Mäusefallen und Hecheln, die ... er auch selbst zu machen verstand."* Die Geschichte der Familie Rebay, ihr bekanntestes Mitglied war Hilla Rebay von Ehrenwiesen, die die Sammlung moderner Kunst für das Guggenheimmuseum in New York zusammenstellte, dokumentiert exemplarisch die Geschichte italienischer Wanderhändler, die seit dem 17. Jahrhundert unter anderem in Deutschland, Österreich und Ungarn mit Mausefallen, Käfigen und ähnlichem handelten. Die Familie stammt aus Como, die Männer der Familie waren vom 12. und manchmal bis zum 60. Lebensjahr als Wanderhändler und Mausefallenhersteller unterwegs. In der Regel dauerten die Touren zwei bis drei Jahre, dann blieben die Männer vier bis fünf Monate bei der Familie, bevor sie zu einer neuen Tour aufbrachen (Abb. 95. 96).

Wanderhändler

In Deutschland entstand in Neroth in der Eifel Mitte des 19. Jahrhunderts ein Zentrum für die Drahtwarenproduktion. Zu den Produkten, die dort hergestellt wurden, gehörten Mausefallen aus Draht. Die Autoren Bauer und Hay behaupten wortgleich, die Nerother Hausierer hätten auch Massenfänger mit auf ihre Touren genommen. Das ist wegen der Größe und des Gewichts dieser Objekte aber unwahrscheinlich. Wasserfallen wurden auch nicht in Neroth hergestellt, sondern lediglich von einem Nerother Unternehmen vertrieben. Die Nerother Fallen waren typische Produkte für den Hausierhandel, der von Neroth aus – ergänzend zum Versandhandel – deutschlandweit, aber auch ins benachbarte Ausland betrieben wurde.

In Neroth gab es eine Besonderheit. Dort lebten seit dem 18. Jahrhundert auch vagierende Familien mit einer eigenen Sprache, dem Jenisch, das dem Rotwelsch ähnlich ist, der damaligen Gaunersprache, wie Siegfried Stahnke schreibt. Diese Bevölkerungsgruppe lebte traditionell vom Wandergewerbe und stellte einen Teil der Mausefallenverkäufer. Aus Neroth kamen zwei Hausierergruppen mit unterschiedlichen Wanderrhythmen. Hausierer aus Familien mit Landwirtschaft reisten vierteljährlich nach Weihnachten bis zur Feldbestellung Ende März nach der Feldbestellung bis zur Heuernte im Juni/Juli nach der Heuernte bis zur Herbstsaat im Oktober von Allerheiligen bis Weihnachten.

Hausierer ohne Landwirtschaft reisten von Neujahr bis Juli und von Juli bis Weihnachten. Die Hausierer wurden beim Auszug aus dem Dorf von ihren Familien begleitet. Bekleidet waren sie mit Gamaschenhosen, Ledergamaschen, hohen Schuhen und einer langen Stoffjacke. Die Fallen trugen sie in einem Rucksack oder offen an Drahtringen. Karren zum Warentransport, wie das in anderen Regionen bei Hausierern üblich war, benutzten sie nicht. Dafür hatten sie Material dabei, aus dem sie unterwegs neue Fallen fertigten. *„Entscheidend ist, dass der Drahtbinder seine Waren mit sich herum tragen kann und Vorräte für eine Woche fortbringt."*

Mausefallenhausierer kamen auch aus Nachbarorten Steinborn, Waldkönigen und Neunkirchen. Das Gewerbe war einträglich. 1898 lebten laut Hildegard Ginzler in Neroth 60 Hausierer, 1918 waren es fast 80 Personen, die einen Wandergewerbeschein besaßen. Nach dem 2. Weltkrieg bereisten ca. 60 Hausierer aus Neroth Deutschland. Sie waren noch in den 60er Jahren des vergangenen Jahrhunderts mit Waren 2. Wahl unterwegs, die sie bei der Firma Oos in Gerolstein gekauft hatten und die, von ihnen ausgebessert, als Waren 1. Wahl verkauft wurden. Die Wanderhändler wechselten ihre Absatzgebiete und kamen nur alle drei bis vier Jahre in das gleiche Gebiet. Ihre Kunden waren Landhaushalte und in den Städten größere Betriebe wie Brauereien, Bäckereiein und Hotels, Brot-, Wurst-, Marmelade- und Fischfabriken. Das Lied, das ihnen Manfred Ulrich widmete, verklärt den harten Broterwerb:

„Morgen müssen wir verreisen
Und es muss geschieden sein.
Mausfallskrämer ziehn die Straßen,
lebewohl du Heimat mein.
Über's Jahr da kehr ich wieder,
über's Jahr da kehr ich heim,
will für immer bei dir bleiben,
lebewohl mein Schätzelein."

Der Hausierhandel erforderte Anpassungsfähigkeit, denn den Hausierern schlug Misstrauen entgegen. Vincenz Leclaire war einer der Nerother Mausefallenhausierer, die nach dem 2. Weltkrieg in Deutschland unterwegs waren. In einem langen Gespräch schildert er den Anpassungszwang an regionale Gepflogenheiten als Voraussetzung für den Verkaufserfolg, betont, dass zur Kleidung auf der Verkaufstour auch ein Schlips gehörte um seriös zu wirken, und er berichtet von seiner Unsicherheit am Beginn seiner Hausiererkarriere. *„Ich habe angefangen in Oppenheim am Rhein. Es kam mir damals sehr lächerlich vor. Ich hab mich immer etwas geschämt, weil ich ein junger Bursche war, wenn wir diesen Klimbim (die Mausefallen) umgehängt hatten. Ich hab immer geglaubt, die Leute lachen mich aus. Es war sehr schwer für mich."* Er schildert das Reiseleben auf der Straße, in Hotels und in Gasthäusern, er beschreibt die Konkurrenz unter den Hausierern, das knappe Geld, den Hunger und wie er es geschafft hat, einer Bardame auf der Reeperbahn und einem Brauereidirektor trotz Hausierverbot Mausefallen zu verkaufen. Reich werden konnten die Hausierer nicht, auch wenn es ihnen mitunter gelang, gute Geschäfte zu machen. Sechs bis acht Wochen war Vincenz Leclaire auf seinen Touren jeweils unterwegs. Seine Abwesenheit war der Preis für das Überleben seiner Familie in Neroth. In einem Artikel über die Nerother Mausefallenhändler resümiert Walter Schmidt: *„Immer noch besser als auswandern"*, denn Neroth gehörte über viele Jahrzehnte zu den ärmsten Orten der Eifel, in dem die alles andere als wohlhabenden Hausierer oft über mehr Bargeld verfügten als die Bauern.

Der Hausierhandel war für aus Draht geflochtene Reusen- und Kastenfallen bis in die 60er Jahre des 20. Jahrhunderts ein üblicher Vertriebsweg. Gelegentlich werden immer noch Mausefallen und andere Haushaltsgeräte von reisenden Händlern auf Märkten angeboten, etwa von Monika Grill seit 1988 auf dem Malterdinger Markt oder von Josef Bayer, einem fahrenden Händler aus Landscheid in der Eifel, der die

Dörfer der Region mit einem mobilen Kaufhaus bereist. Reisende Mausefallenhändler sind rar geworden.

Fachhandel

Das Gemälde des Meisters von Flèmalle ist Beleg dafür, dass Mausefallen Jahrhunderte lang für einen lokalen und regionalen Markt direkt über die Hersteller vertrieben wurden. Die europaweite Verbreitung und die konstruktive Gleichartigkeit der unterschiedlichen Fallentypen legt auch einen gut funktionierenden Fernhandel nahe. Traditionell wurden und werden Mausefallen über den Eisenwarenhandel verkauft. In der Geschichte des Eisenwarenhandels in Deutschland ist eine Eisenkrämerzunft bereits 1295 in Augsburg dokumentiert. 1895 gab es rund 9000 Eisenwarengeschäfte in Deutschland. Heute läuft der Verkauf von Mausefallen zusätzlich über Bau- und Gartenmärkte. Die Eisenwarenhändler sind und waren Teil des Vertriebsnetzes für Mausefallen. Sicher haben auch Spezialunternehmen der Holzbranche wie die Kistenmacher ihre Produkte nicht nur in den eigenen Werkstätten, sondern über kooperierende Händler verkauft (Abb. 97).

Seit dem 19. Jahrhundert werden Mausefallen von Herstellern und Händlern über Kataloge im Versandhandel angeboten. Heute ist der Internethandel hinzugekommen. Eine Vielzahl von Unternehmen bietet dort Mausefallen an, einige sogar als vermeintlich eigene Erzeugnisse. So gibt es sowohl über den Internetversand als auch im Fachhandel eine Holzschlagbügelfalle mit dem Namen „Helo". Die Firma Lorenz Heckelmann, die diese Falle in den Handel gebracht hat, stellt aber keine Mausefallen her, sondern Wäscheklammern. Sie bezieht die Fallen von einem österreichischen Unternehmen. Ähnlich verfahren andere Großhändler, die fremdproduzierte Mausefallen mit eigenem Firmenlogo versehen lassen und unter ihrem Namen verkaufen.

Unter den auf dem deutschen Markt angebotenen Mausefallen sind etliche Produkte aus Großbritannien, den USA und anderen Ländern. Ein deutsches Unternehmen in Gevelsberg stellt sogar US-Fallen in Lizenz her. Der Fallenmarkt ist und war ein globaler Markt. Während im 20. Jahrhundert bis nach dem 2. Weltkrieg deutsche Fallen den einheimischen Markt beherrschten und in großem Stil exportiert wurden, werden inzwischen immer mehr Mausefallen nach Deutschland importiert. Hergestellt werden viele dieser Fallen in Billiglohnländern. Zunehmend sind es Produkte aus Kunststoff. Im Comic wurde diese Entwicklung antizipiert. Es gibt auf dem deutschen Mark aber Fallentypen, die sich schon vor Jahrzehnten etabliert haben, die in Deutschland hergestellt und immer noch angeboten werden.

97 | Mausefallenhändler. Radierung von Th. Rowlandson aus dem 18. Jahrhundert.

Mäusefänger

*„Manche Thiere sind durch die menschliche Kunst nicht zu vertilgen,
wie es der Fall auch mit unseren Ratten und Mäusen ist."*
(Krünitz, Johann: Ökonomisch-technologische Enzyklopädie, Band 86, Buchhandlung Joachim Pauli, Berlin 1802, S. 9)

Der Spiegel berichtete 1988 über Experimente mit genmanipulierten Versuchstieren, über Aids-Mäuse hinter Sicherheitsglas und über eine ultimative Sicherheitsmaßnahme: *„Obwohl die Forscher das Mäusegefängnis für absolut fluchtsicher halten, haben sie rundherum eine letzte Defensivlinie errichtet – mit Speck beköderte handelsübliche Mausefallen."* Sicher ist sicher. Pannen im Genlabor sind nicht bekannt geworden. Mäusefang ist alltäglich, manchmal gefährlich. Die Mainzer Allgemeine Zeitung schrieb 1986 über so einen Fall: *„Mausefallen wollte ein Mann morgens in der Weißliliengasse aufstellen und kletterte dabei auf eine Leiter. Von dieser stürzte er herunter und verletzte sich so schwer, dass er von einem Notarztwagen in ein Krankenhaus eingeliefert werden musste."* Schwäbische Sprichworte wie *„Hesch's Müsli g'fange?"* oder *„Hest wölle a Mäusle fange?"* sind in einem solchen Fall wenig tröstlich.

Oft ist es besser, man wendet sich in ernsten Fällen an Spezialisten. Das geschieht seit Jahrhunderten. Die Fachliteratur nennt Jahreszeiten, die Experten für besonders geeignet zum Mäusefang halten, nämlich Frühjahr und Winter. Begründung: Es gibt zu diesem Zeitpunkt weniger Mäuse, man braucht weniger Fallen, hat also geringere Kosten und die Mäuse haben – beim Einsatz von Giftködern – kaum Nahrungsalternativen. Professionelle Mäusefänger sind seit der frühen Neuzeit in Text- und Bildquellen belegt.

Spezialisten

Spätestens seit dem 19. Jahrhundert gibt es eine umfangreiche Fachliteratur für Schädlingsbekämpfer. Die Maus spielt in ihr eine herausragende Rolle. Nur scheinbar war der Kampf des Menschen gegen die Maus in den landwirtschaftlich geprägten vergangenen Jahrhunderten notwendiger als heute, auch wenn heute Mäuse in einer Flut von Kinderbüchern als niedliche, liebenswerte Tiere dargestellt werden. Als E.T.A. Hoffmann die Geschichte vom Nussknacker und Mausekönig schrieb, war die Maus in der Literatur noch ein bedrohliches Wesen, das zur Strecke gebracht werden

98 | Mäuse- und Rattenfänger aus dem 17. Jahrhundert. Gemälde von A. P. van der Venne.

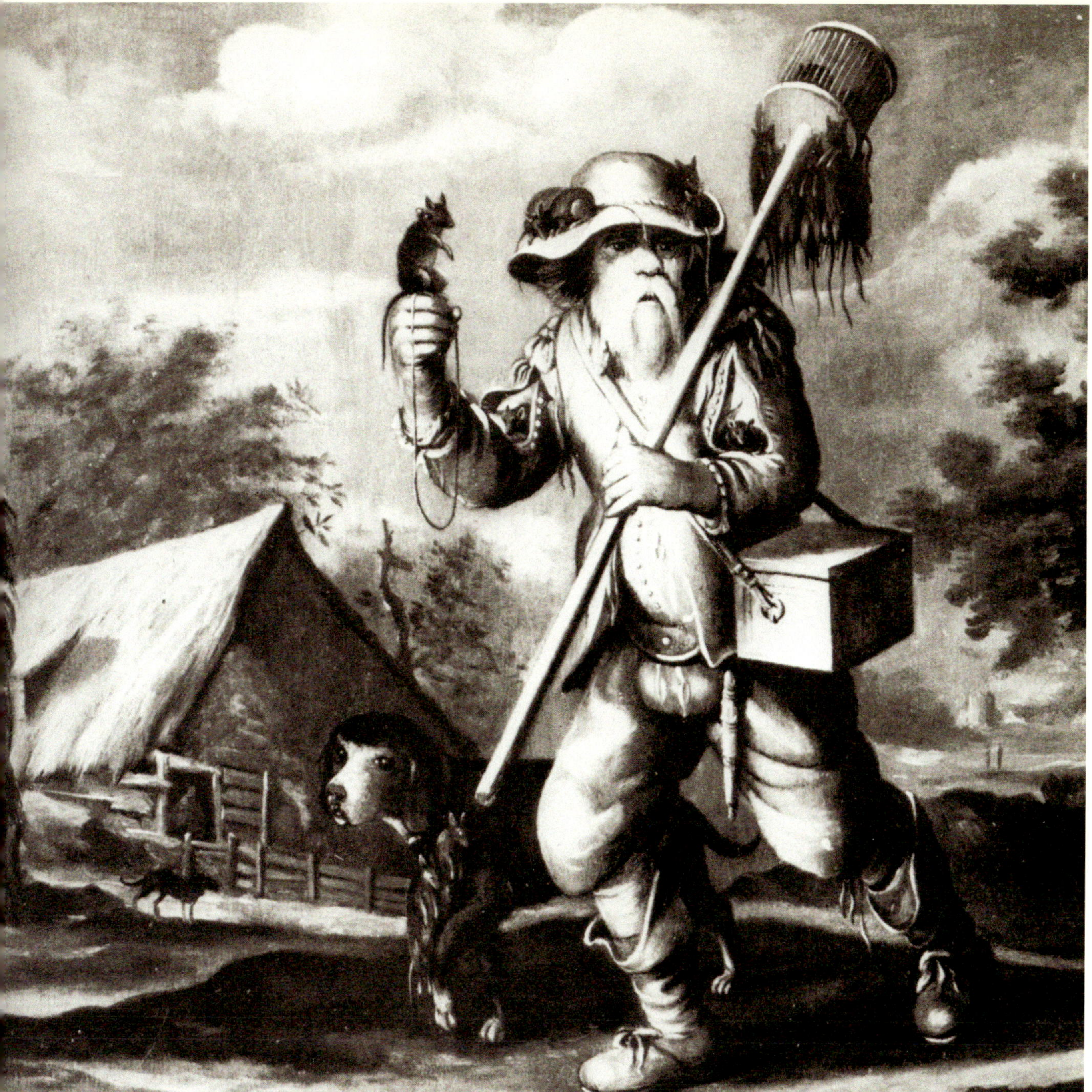

99 | Mäusefänger, Stich aus dem Jahr 1632.

musste. Bis in das 20. Jahrhundert hinein wurde die Auseinandersetzung mit der Maus als Kampf, sogar als Krieg betrachtet, der einer Schlachtordnung bedurfte. Bereits auf einem Flugblatt aus dem 17. Jahrhundert wurde den Mäusen militärisches Vorgehen bescheinigt. Es war die Terminologie einer Abwehrschlacht, wenn Schädlingsbekämpfer wie Karl Eckstein forderten: *„Oft genug ist hierfür ein gemeinsames Vorgehen mit dem Nachbarn geboten, zumal bei der Vertilgung von Mäusen. ‚Vereint schlagen!' ist auch in diesem Krieg die Parole."* Es wurden Horrorszenarien entworfen, um Mitstreiter im Kampf gegen die Mäuse zu gewinnen: *„Wie jeder Krieg, so übt auch der Kampf gegen die Tiere meist einen Einfluss aus auf die nicht direkt Beteiligten. Dass dem Besitzer, dessen Besitzstand geschädigt wurde, Verluste entstehen, Kosten erwachsen, ist selbstverständlich. Aber auch andere Erwerbszweige können infolge derselben tierischen Angriffe beeinträchtigt werden, vielleicht ein ganzer Volksstamm in Not geraten."* Die Abwehrschlacht war Sache von hochrangigen Experten. Hans Zinsser zitiert aus dem III. Akt von Romeo und Julia und verweist auf den bedeutenden Beamtenstatus von Ratten- und Mäusefängern, er vergleicht sie mit Wissenschaftlern und Künstlern, die unter den Bezeichnungen Rattoren, Realtoren oder Todbringer agierten. Wer Mäuse fangen konnte, wurde wertgeschätzt. Das galt für das Land und für die Stadt. Mäuse- und Rattenfänger gehörten zum Bild der Städte der frühen Neuzeit (Abb. 98). Mäuse waren eine nicht ausrottbare Plage. Zum „Waffenrepertoire" der Mäuse- und Rattenfänger gehörte auch Gift, das über lange Zeiträume bedenkenlos angepriesen eingesetzt wurde.

Herausforderungen

Mäusejahre gibt es immer wieder. 1998 wurde die Mäuseplage in der Region Split in Kroatien zur Naturkatastrophe erklärt. Die Mäuse hatten die Ernte vernichtet. Vergleichbare Katastrophen gab es schon im Altertum. Strabo, der 63 vor Christus geborene griechisch-römische Geschichtsschreiber, berichtete von einem massenhaften Auftreten von Mäusen in Kantabrien während eines Feldzugs der Römer. Er berichtete auch von einem organisierten Massenfang der Tiere gegen Bezahlung. Er liefert damit einen rund 2000 Jahre alten Beleg für professionellen Mäusefang, der vermutlich ähnlich chaotisch abgelaufen ist wie die Bekämpfung einer Mäuseplage in der chinesischen Provinz Hunan im Sommer 2007. Dort war das öko logische Gleichgewicht zerstört worden. Schlangen, die natürlichen Feinde der Mäuse, wurden in der Region so gern gegessen, dass die Mäuse überhand nahmen. Außerdem war nach heftigen Regenfällen Wasser aus dem Jangtse-Staudamm abgeleitet worden und hatte die Tiere aus ihren Löchern aufs Land getrieben. Zwei Milliarden Mäuse fraßen 1,6 Hektar Ernteboden kahl. Von der Regierung geschickte Spezialisten waren der Bevölkerung zu teuer. Die Bauern knüppelten die Mäuse tot und griffen zu gefährlichen Giftmischungen. Nahezu zeitgleich spielte sich ein vergleichbares Drama in Spanien ab. In Kastilien und Leon vernichteten 750 Millionen Mäuse die Ernte. Die Regionalregierung ließ nach einem Bericht der Frankfurter Rundschau als Gegenmaßnahme die abgeernteten Felder abbrennen und setzte eine wissenschaftliche Expertenkommission ein, um Ursachen und Konsequenzen zu überprüfen. Nach Berichten in der Frankfurter Allgemeinen sollen in Hunan 2,3 Millionen Mäuse getötet worden sein, viele davon wurden als Nahrungsmittel an Restaurants verkauft. Der Verkauf von Mäusen kam übrigens auch in Mitteleuropa vor. In der Oper „Hans, der Flötenspieler" tritt die Hauptfigur mit einer Lebendfalle um den Hals auf, in der Mäuse sitzen, die zum Kauf angeboten werden. Außerdem trägt der Hauptdarsteller eine Flöte, die auch in der Sage vom Rattenfänger von Hameln eine Rolle spielt.

Das Berufsbild

Gemälde belegen, dass seit dem 16. Jahrhundert Mäuse- und Rattenfänger herumziehende Schädlingsbekämpfer waren, die im Frühjahr und nach der Heuernte angefordert wurden (Abb. 99). Sie galten als unseriös, potentielle Diebe und Betrüger. Gegen Feldmäuse setzten sie hauptsächlich Schwippgalgenfallen ein. Sie waren ein organisierter Berufszweig mit festen Statuten. Durch die Literatur bekannt ist der von auswärts herbeigeholte Mausefänger Cappan, dessen Tätigkeit Scheffel im Ekkehard so beschreibt: „*Es war ein Grundstück drunten in der Ebene, ... dort hatten die Feldmäuse ihr Heerlager aufgeschlagen ... Dahin war Cappan beordert. Wie ein Staatsmann in aufruhrdurchwühlter Provinz sollte er ein geordnet Verhältnis herstellen und das Land säubern vom Gesindel. ... Leise grub er nach und schlug manche Feldmaus im Frührotscheine tot, ehe sie sich dessen versah, dann stellte er sorgsam seine Schlingen und Weidenruten.*" (Abb. 100). Im Roman benutzt der Mausefänger auch Gift und Beschwörungsformeln. Die Literatur spiegelt die Wirklichkeit. In einer Dorfchronik werden die Maßnahmen gegen die Mäuseplage ausführlich beschrieben. Im Ort Mödingen gab es innerhalb weniger Jahrzehnte etliche Mäuseplagen, die erste

100 | Feldmausfang mit Schwippgalgenfallen im 19. Jahrhundert.

1771. 1794 wurde ein bezahlter Mäusefänger, ein „Mauser" angeworben (Abb. 101). 1805 stellte die Gemeinde einen Mausefänger fest an, er bekam einen Jahreslohn von 20 Gulden. Der Mann muss erfolgreich gewesen sein, im Folgejahr bekam er nur noch 18 Gulden. Die Chronik registriert für 1812 und 1827 weitere Mäuseplagen. Einen festangestellten Mausefänger gab es erst wieder bei der Plage 1849. Als die Mäuse 1860 wieder massenhaft auftauchten, griff die Verwaltung zu drastischen Maßnahmen. *„Betreffes Vertilgung der Feldmäuse werden die Gemeindevorsteher vom Kgl. Landgericht Dillingen angewiesen:*
Angesichts dieser ein Verzeichnis sämtlicher Grundbesitzer anzulegen und für jeden eine bestimmte Anzahl täglich zu liefernder Feldmäuse zu bestimmen.
In dieses Verzeichnis ist die Zahl der täglich abgelieferten Feldmäuse einzutragen und darin zu vermerken, ob die Zahl richtig abgeliefert oder auf Kosten der Säumigen beigeschafft worden ist.
Die Vorsteher haben über die abgelieferten Feldmäuse gleichfalls ein Verzeichnis zu führen und aus diesem von 3 zu 5 Tagen zu berichten, wie die Feldmäuse eingeliefert und vertilgt worden sind.
Mit der ersten Anzeige ist auch zu berichten, ob und welche Preise für eine abzuliefernde Zahl Feldmäuse aus Gemeindekassen ausgesetzt worden sind, worüber eine eigene Rubrik anzulegen ist.
Diejenigen Vorsteher, welche in Befolgung dieses Auftrages säumig befunden werden oder die vorgeschriebene Anzeige unterlassen, verfallen in eine Strafe von 3 fl."

Festangestellte Mausefänger gab es in Mödingen bis 1925. Der letzte war Mathias Stöffelmaier, genannt „Mauser-Matthes". In der Schweiz gibt es noch Mau-

101 | Um 1900. Mauser bei der Arbeit.

sefänger. 1983 arbeitete einer so erfolgreich, dass der für den Fang vorgesehene Etat der Gemeinde Frenkendorf bei Basel von 2 000 auf 6 000 Franken erhöht werden musste. Der Mann erhielt eine Erfolgsprämie, pro Mauseschwanz einen Franken. Der Preis war angemessen, denn durch den vorausgegangenen Gifteinsatz waren nicht nur Mäuse, sondern auch 400 Greifvögel verendet. 2005 widmet die Wochenzeitung Zürich einem Mausefänger einen langen Artikel. Der Mann fängt zwischen März und September durchschnittlich 3 500 Mäuse. Er bekommt pro Mauseschwanz zwei Franken fünfzig.

Mäusefang gegen Bezahlung ist seit dem 18. Jahrhundert üblich. In Bayern führte das zu enormen Fangerfolgen, in Norderdithmarschen zu hohen Einnahmen der Mausefänger. Gezahlt wurde nach der

Anzahl der abgeschnittenen Schwänze. Es wurde aber auch pauschale Bezahlung gefordert, weil – je nach Bekämpfungsmethode – etliche Mäuse in ihren Löchern starben und der Fangerfolg nicht nachweisbar war. Im Krünitz heißt es Anfang des 19. Jahrhunderts: *„Das Wirksamste war immer noch das, die Mäuse von Menschen aufsuchen und töten zu lassen, weshalb die obrigkeitlichen Behörden Belohnungen aussetzten, so dass die Feldmaus, vornehmlich die am meisten schädliche Art mit dem kurzen Schwanze ... mit einem Schillinge (8 Pfennig preußische Münze) bezahlt wurde. Dieser Preis that große Wirkung, indem sich viele von den geringeren Leuten mit Eifer auf das Mausefangen legten, und auch nach ihrer Art etwas Geld dabei verdienten."*

Fangmethoden

Die Fangmethoden waren unterschiedlich. Einige Ratschläge der damaligen Zeit erinnern an die Vorgehensweisen bei den Mäuseplagen in China und Spanien im Jahr 2007. Empfohlen wurde 1802, den Acker zu pflügen und die aus den Furchen springenden Mäuse mit *„Hacken, Prügeln und anderen Instrumenten"* zu erschlagen. Das Fachbuch von Gatterer nennt den Besen als Totschlaginstrument, empfiehlt eine Sondersteuer für Landbesitzer, aus der der Mausefang finanziert werden könne, und zitiert eine herzoglich-württembergische Verordnung in Sachen Mäuseschaden vom 22.12.1801. Der Gifteinsatz ist verboten, empfohlen wird:

- Töpfe und Schüsseln halb mit Wasser zu füllen und einzugraben, damit die Mäuse hineinfallen, ersaufen oder sich selbst auffressen
- Die Mäuse mit Schwefel auszuräuchern
- Bögen aus Weidenruten in den Boden zu stecken, auf die sich Raben setzen sollen, die dann die Mäuse fressen
- Strohbunde aufzustellen, dann einen Graben darum zu ziehen, in den die Mäuse fallen, das Stroh anzuzünden und die flüchtenden Mäuse zu erschlagen
- Kalk und Mehl zu mischen und den Mäusen zum Fraß zu geben
- Wasser mit Leim oder Jauche zu mischen und in die Mauselöcher zu schütten, damit die Mäuse blind werden und leichter getötet werden können

Die Verordnung legt fest, dass die Gemeinden die Kosten der Aktionen zu tragen haben. Sie schreibt vor, dass mehrere obrigkeitlich bestellte Mausefänger gegen Bezahlung aus den öffentlichen Kassen tätig werden müssen. Der Einsatz lohnte sich. Das Oberamt Urach meldete am 9.11.1802, dass freiwillige Mausefänger in jedem Amt für drei Mäuse einen Kreuzer bekommen hätten. Zwei Unterämter hätten den Mäusefang allerdings als Fronarbeit verlangt, weil ihnen die Kosten zu hoch waren, aber in zwei anderen Unterämtern, in Laichingen und Böhringen, seien 50 000 Mäuse gefangen worden. Kosten: 270 fl. Der Bericht resümiert: *„Allein wer verdiente dieses Geld? Bürger vom Ort oder ihre Kinder, die fleißig seyn wollten."* Überzeugungsarbeit und Druck waren nötig, denn Bekämpfungsmaßnahmen kosteten Geld und die Landbevölkerung setzte daher solange es möglich war lieber auf Wunder oder Aberglauben. So ist es nicht verwunderlich, dass es immer wieder Appelle an die politisch Verantwortlichen gab, etwa die von 1767, Direktiven zu erlassen, um die Feldmausbekämpfung zu regeln und Strafen anzudrohen, wenn diesen Weisungen nicht gefolgt wurde.

Oft blieben die Appelle erfolglos, Mäuse im Akkord totzuschlagen, selbst, wenn die Mausefänger, wie Ableitner berichtet, zusätzlich zum Geld mit dem in Mäusebauten ausgegrabenen Korn bezahlt wurden, und wenn, wie es 1801 heißt, „dergleichen Beschäftigung ohnehin unter die angenehmsten der rüstigen Bauernjungen" gehörte. In der Praxis blieben Ratschläge zur Selbsthilfe wert- und folgenlos, wie der von Ableitner empfohlene Einsatz eines Mäusestampfers, mit dem die Mauselöcher zugestopft werden sollten, um die Tiere zu ersticken. Richtig ist die Analyse. „Man muss bei der Mäusevertilgung wie bei allen Unternehmungen im Leben systematisch zu Werke gehen, mit den kleineren Mitteln beginnen und allmählich zu den größeren, besseren und ergiebigeren übergehen, wenn man den im Auge habenden Zweck erreichen will." Richtig ist auch der Satz: „Die Mäuseplage ist eine elementare Last, welche dem Landwirth viel Mühe und Arbeit macht und ganz nie aus der Welt wird geschafft." Vorbeugen, so Ableitners Resümee, sei die beste Methode, Mäuseplagen zu verhindern, die zweitbeste der Einsatz von Fallen, weniger empfehlenswert sei Gift, weil dadurch auch andere Tiere getötet würden.

Gesetze

Weil der Landwirt ohne Befehl nichts gegen die „räuberischen Heerden" unternahm, forderten Experten über Jahrzehnte verordnete Maßnahmen „von höheren Orten" und machten, wie es in den Vorschlägen zur Vertreibung der Feldmäuse heißt, zur Begründung eine Gewinn- und Verlustrechung auf. Ende des 19. Jahrhunderts gab es solche Verordnungen. Zu ihnen gehörte das zitierte Beispiel aus Urach, eine Verordnung aus Wiesbaden aus dem Frühjahr 1873, die allen 30 Mark Strafe androhte, die sich nicht an der Mäusebekämpfungsaktion beteiligen, eine Verordnung aus dem Kreis Kosel, die sogar Fangmethoden vorschrieb, eine Polizeiverordnung aus Niemberg, die Schludrigkeit beim Mäusefang mit 9 Mark bestraft wissen wollte und die die Hohenheimer Feldmausfalle als Fanggerät empfahl. Die Regierung in Schleswig erließ 1880 eine Polizeiverordnung, die Maßnahmen vorschrieb, den Gifteinsatz verbot und Geld- und Haftstrafe androhte. In Bayern sah das Polizeistrafgesetzbuch Geldstrafen vor, und auch das Königreich Sachsen regelte 1886 den Feldmausfang und drohte mit Geldbußen und Haftstrafen für Verweigerer. Auch in Oldenburg gab es entsprechende Regelungen. In Düren bat der Landwirtschaftliche Verein um einen Erlass, der Fangverweigerern Strafen androhte. Ableitner listet das akribisch auf. Das gesetzliche Regelungsbedürfnis war international. In Großbritannien und Irland trat 1919 das Ratten- und Mäusevernichtungsgesetz in Kraft. Es regelte die verbindliche Bekämpfung der Tiere, die Finanzierung aus öffentlichen Mitteln und belegte Verstöße mit Geldstrafen von 20 Pfund, das entsprach damals 400 Mark.

Obwohl seit 1890 eine einheitliche gesetzliche Grundlage zur Mäusebekämpfung gefordert wurde, kam in Deutschland kein entsprechendes Gesetz zustande. Dafür gab es Bestrebungen, den Tierschutz zu stärken. Der Tierschutz ist seit 2002 im Grundgesetz verankert. Das Tierschutzgesetz stammt aus dem

Jahr 1933. Es schreibt vor, dass Wirbeltiere, zu denen die Mäuse gehören, nur unter Vermeidung von Schmerzen getötet werden dürfen. Töten darf nur, wer die dazu notwendigen Kenntnisse und Fähigkeiten hat. Das Fangen mit Vorrichtungen oder Stoffen, die vermeidbare Schmerzen oder Leiden verursachen, ist verboten. Die Formulierungen lassen Interpretationsspielraum.

Bei Mäuseplagen gibt es für den Einsatz von Gift Sondergenehmigungen. Das war in Sachen-Anhalt der Fall. Dort befürchteten Bauern nach einem Bericht der Mitteldeutschen Zeitung Halle, dass 30 Prozent der Ernte durch Feldmäuse vernichtet werden würde. Dagegen klagten Tierschützer. Gift ist wegen der Nebenwirkungen für andere Tiere umstritten. Aber auch Lebendfallen sind tierschutzrechtlich bedenklich, weil die Tiere anschließend getötet werden müssen, die Mäuse also längere Angst- und Leidenszeiten ertragen müssen. Es gibt Experten, die sagen, Tötungsfallen reduzieren Schmerz und Leiden auf ein Mindestmaß, Schlagbügelfallen sind jedoch wegen der ständigen Kontrollnotwendigkeit und weil die Fallen neu gestellt werden müssen, wenig geeignet, große Mäusepopulationen zu bekämpfen. Klebefallen dürfen wegen der Einschränkungen durch das Tierschutzgesetz in Deutschland nicht benutzt werden. Schädlingsbekämpfer wie Peter Uhlig setzten deshalb wieder auf Massenfänger, obwohl die Mäuse nach dem Fang mit Chlorform oder Kohlensäure getötet werden müssen.

Tierschutzorganisationen lehnen den Fallenfang ab. Dem Bundesverband Bürgerinitiativen Umweltschutz wären Duftstoffe, die Mäuse vertreiben, lieber. Der Deutsche Tierschutzbund ist gegen Schlagbügelfallen und schlägt vor, lebend gefangene Mäuse im *„Wald oder an einer anderen geeigneten Stelle"* auszusetzen. Der Bundesverband der Tierversuchsgegner möchte auf das Fangen von Mäusen ganz verzichten und plädiert für eine Regulierung des Bestandes ausschließlich durch natürliche Feinde. Ethisch-moralisch sind die Positionen nachvollziehbar. Für den Umgang mit Mäusen im Haus, in Großküchen, Bäckereien, Getreidelagern oder mit Feldmäusen sind sie nicht hilfreich.

Trotz der eindeutigen Gesetzeslage, die den Mäusefang durch Spezialisten vorschreibt, wird toleriert, dass Privatleute, die ein Problem mit Hausmäusen haben, die Tiere mit handelsüblichen Fallen fangen. Wie macht man das? Welche Falle ist die beste? Der „Krünitz" umreißt das Problem und gibt Rat: *„Das viele Klagen, gegen Mäuse in den Häusern wäre keine Hülfe, und sie würden mit der Zeit so klug, dass sie sich nicht mehr fangen ließen, kommt theils daher, dass viele Leute die Fallen nicht an den rechten Ort hinstellen und sich auch keine Mühe geben, und darüber nachdenken, wie die Sache auf eine bessere Weise als bisher anzufangen sey, sondern alles nur so beobachten, als sie bisher gewohnt sind."*

Fachwissen

Das Wissen über Mäuse und Fallen ist in den letzten 150 Jahren gewachsen. Mitte des 19. Jahrhunderts waren sich die Experten sicher, Mäuse gingen in jede Falle, sie seien aber schlau und ließen sich nur wenige Tage in einem Fallentyp fangen. Verardi riet, immer nur einen Fallentyp aufzustellen, dann die Fallenart zu wechseln und unbedingt die benutzten Fallen zu reinigen und frische Köder zu nehmen. Knapp 100 Jahre später wurde die Fängigkeit von Mausefallen durch Konrad Herter wissenschaftlich untersucht. Ausgangspunkt des Experiments war die Beziehung zwischen den Eigenschaften unterschiedlicher Fallen und den sinnespsychologischen und psychischen Fähigkeiten der Mäuse. Im Experiment wird zwischen tödlichen Schlagbügelfallen und Lebendfangfallen unterschieden. Bei den Lebendfangfallen wird zwischen der Reusenfalle, der Kastenfalle mit Klappe und Fangautomaten differenziert. Als Versuchstiere wurden in Fallen gefangene „wilde" Mäuse und gezüchtete Tiere benutzt. Der Versuchsraum war ein rechteckiger Käfig. Querwände und Deckel bestanden aus Drahtgeflecht, die Längswände aus Glas. In der Mitte stand ein Wassernapf, die Fallen waren in den vier Ecken platziert. Durch den Teil einer Querwand fiel Licht. Ergebnis: Die Mäuse bevorzugten die dunklen Ecken, sie bevorzugten die Fallen, die ihren Schlupfwinkeln nahe lagen. Es gab Mäuse die selten, und welche, die oft in Fallen gingen. Die Mäuse zogen größere Fallen den kleineren vor. Im frühen 19. Jahrhundert war für die Autoren des „Krünitz" eins gewiss: *„Es ist übrigens aber eine bekannte Erfahrung, dass die Mäuse selten in Fallen gehen, die andere unrein gemacht haben, oder wo andere Ihresgleichen zerquetscht etc. worden sind. Gewöhnlich erklärt man dieses so, dass die Mäuse, die an einer solchen Falle vorbeygehen, klüger geworden seyen; es ist aber bloß ein Instinkt, dass sie durch einen solchen Geruch abgeschreckt werden. Will man eine solche Falle wieder brauchbar machen, so muss man sie stark ausbrühen, damit sie nichts von dem vorgedachten Geruche behält, und die Mäuse werden sich wieder fangen lassen, als wenn es eine neue Falle wäre."* Das ist falsch. Die Untersuchung aus dem Jahr 1944 belegte, dass alte, benutzte Fallen von Mäusen bevorzugt wurden, unabhängig, ob in ihnen Mäuse gefangen worden waren oder ob sie bei offener Tür ein- und ausgehen konnten. Entscheidend war, dass bereits Mäuse in den Fallen waren. Männliche Mäuse gingen bevorzugt in Fallen, in denen Weibchen gesessen hatten, für Weibchen war es nur wichtig, dass die Fallen benutzt waren.

Bevor die Mäuse zwischen den Fallen wählten, wurden die Fallen von den Tieren eingehend untersucht. Reusenfallen hatten für die gefangenen Tiere keine abschreckende Wirkung, die Tiere ließen sich von der vorübergehenden Freiheitsberaubung nicht beeindrucken. Die Drahtgitter-Klappfallen erschreckten die Mäuse durch den Knall beim Zuschnappen, oft wurde der Schwanz der Tiere von der Klappe eingeklemmt. Diese Erfahrungen reduzierten den Fangerfolg solcher Fallen. Zwar wurden die Mäuse durch den Köder angelockt und gingen in die geöffnete Falle, nach negativen Erfahrungen fraßen sie aber oft nicht, so dass die Klappe nicht zuschlagen konnte. Die Assoziation an Schreck- und Schmerzreiz hielt mindestens zwei Tage lang an. Optimal arbeitete der Fangautomat. Er verschreckte die Mäuse nicht, die Tiere zeigten eine Neigung, gerne in den dunklen Eingangsbereich zu gehen. Sie ließen sich immer wieder fangen. Das Experiment ergab, dass Mäuse unterschiedlich aggressives Verhalten und eine unterschiedlich ausgeprägte Neigung haben, in Fallen zu gehen (Abb. 102). Fallen sind fängiger, je mehr Mäuse in ihnen waren, selbst Schlagbügelfallen, in denen Tiere getötet wurden. Die größten Fangerfolge erzielt man laut Konrad Herter mit Fallen, die in dunklen Ecken, möglichst in der Nähe der Mäuseschlupfwinkel stehen. Bei den Lebendfallen

I turns my hand to any thing now
I ketches Rats like winking

THE CAD TO THE MAN WOT DRIVES THE SOVEREIGN

102 | Montgomery, W. H.: Mausefallen-Mann. Wo Mäuse waren, gehen andere Mäuse hin.

war die Drahtgitter-Klappfalle die am wenigsten erfolgreiche.

Untersuchungen aus dem Jahr 1983 gehen davon aus, dass Mäuse die Erfahrungen mit Fallen nicht speichern. Die Fängigkeit der Fallen hängt von der Form des Eingangs, dem Anreiz für die Neugier der Tiere und dem Schutzbedürfnis der Mäuse ab (dunkler Standort). Die Falle muss im Mäuserevier stehen. Neugierige Tiere (führende Männchen) gehen früh in Fallen, trächtige Weibchen tendieren zur Vorsicht. Mäusegeruch macht Fallen fängiger, weil Lockstoffe über Duftdrüsen an den Fußsohlen und über den Urin freigesetzt werden. Die Aussage gilt auch für Fallen, die mit Strom töten, etwa die „Catron-MT-100". Ultraschallfallen werden kritisiert, weil sie die Tiere bestenfalls kurzfristig vertreiben. Wenn die Vorbereitung stimmt, ist der Fangerfolg nahezu gesichert: *„mit Hilfe von Fallen, die mit der Lieblingsspeise des zu fangenden Tieres geködert werden ...",* was man seit 1900 weiß. Als erfolgreicher Köder wird ein Lockmittel empfohlen, das der Maus nicht als Nahrungsmittel zur Verfügung steht, wie etwa leicht angebratener Speck bzw. wenn, wie in „Bild der Wissenschaft" veröffentlicht wurde, der Köder als nach Schokolade riechendes Plastik in die Falle integriert ist. Dann geht alles wie von selbst, genau so, wie es Karl Eckstein beschreibt: *„Wenn die Sonne untergeht, tritt das Wild aus dem Walde, der Äsung nachgehend; früh am Morgen finden wir die Ratte oder Maus in der am Abend vorher gestellten Falle."*

Glaubt man an Sprichwortweisheiten, dann ist Speck (mit Speck fängt man Mäuse) mit zusammen 11 Wörterbuch-Nennungen die geeignetere Mäuseköderspeise als Käse mit drei Nennungen. Auf jeden Fall gilt für den Mäusefang das Sprichwort: *„Wenn's aus der Mausefalle nicht lieblich riecht, so fängt man nichts."* Aber wenn ein Mäusefänger alles richtig gemacht hat und trotz aller Fangerfolge doch wieder Mäuse auftauchen, dann kommt man schon ins Grübeln, ob Conrad Forer 1606 nicht doch richtig beobachtet hatte, als er notierte: *„Aelianus schreibt daß so ein Mauß oder zwei in ein wasser gefallen/ so bieten die andern solchen ihre schwenz dar/welche sie mit dem bisse erfassen/ja eine die ander/ziehen also einander herauß."*

Gift

*„Giftkugeln, Brotschnitten mit etwas Giftigem beschmiert,
oder ähnliche Giftmischungen thun allerdings auch ihre Dienste, schade nur,
daß man sie selten ganz ohne Gefahr brauchen kann."*

(Krünitz, Johann Georg: Ökonomisch-technologische Enzyklopädie, Band 86,
Buchhandlung Joachim Pauli, Berlin 1802, S. 33)

Nie war und ist der Einsatz von Giften gegen Mäuse problemfrei. Oft endete er tragisch. 1801 wandte sich der Autor J. Werner gegen den Gifteinsatz. *„Fast in einem jeden oft noch so kleinen Bereiche sind traurige Beispiele vorhanden, wie oft durch das Aufstellen verschiedener Gifte-Mittel Menschen und sonst nützliche Haustiere um Leben und Gesundheit gekommen sind."* Der Tod von Menschen führte Anfang des 19. Jahrhunderts zu Konsequenzen: *„Hier wurde das Weib dem Manne, dort das Kind seinen trostlosen Eltern, ja ganze Familien dem Staate entrissen. Daher dann auch die Landesväterliche Fürsorge sich genötigt sah, den Verkauf der Gifte nachdrücklich zu untersagen"* (Abb. 103).

Experimente

Die Verbote blieben wirkungslos, Gifte wurden weiter eingesetzt. Gatterer berichtet, dass ein Experte der damaligen Zeit Pillen entwickelte, die Mäuse durch einen Duftstoff anlocken und durch ein beigemischtes Gift töten sollten. Die Pillen sollten mit Hilfe von Erdbohrern in die Mäusegänge gelegt werden, Kinder sollten die toten Tiere einsammeln. Der Mann bekam für den Vorschlag eine Prämie. Ein anderer Experte machte die Probe aufs Exempel. Ergebnis: Die Mäuse ließen die Pillen unberührt liegen. Der Mann, der den Vorschlag

103 | Alternative zur Falle: Gift. Inserat 1932.

gemacht hatte, erntete Spott, aber er konterte gelassen. „Ich habe in meiner Preisschrift weiter nichts behauptet, als daß diejenigen Mäuse, die von diesen Pillen fressen würden, sogleich sterben müssten; denn dies habe ich bewiesen und kann es beweisen. Zu versuchen, ob die Mäuse daran giengen, war Sache der Gesellschaft, nicht meiner."

1892 wurde der Einsatz von Giften gegen Mäuse in einem Buch ausdrücklich begrüßt, von Verboten war nicht mehr die Rede, auch wenn zur Vorsicht gemahnt wurde. „Endlich zieht man gegen die lästigen Tiere ... mit Gift zu Felde und setzt Lockspeisen aus, die entweder mit Arsenik oder mit Phosphor vermischt sind. Die Anwendung der genannten Gifte sowie des Quecksilbersublimats und Grünspans ist aber stets mit großen Gefahren verknüpft – es ist in bewohnten Häusern gar zu leicht möglich, daß einem Haustier oder gar einem Menschen dadurch ein Schaden zugefügt wird, so daß nur kundige Personen in den unvermeidlichen Notfällen sie anwenden dürfen. In der Wohnstube müssen Gifte füglich als Mittel gegen Mäuse sowie auch gegen anderes Ungeziefer gänzlich vermieden werden." Die Schäden durch Vergiftungsaktionen waren für Menschen und Tiere so erheblich, dass Strafen für den Gifteinsatz in Haushalten gefordert wurden.

Im 19. Jahrhundert wurde oft Arsen benutzt, um Mäuse zu töten. Arsenverbindungen, Bariumcarbonat, Strychnin und Weißer Phosphor blieben bis in die 50er Jahre des 20. Jahrhunderts gängige Mäusegifte. Sie sind inzwischen wegen ihrer Gefährlichkeit für Menschen nicht mehr allgemein zur Anwendung zugelassen. Arsen war bereits im 18. Jahrhundert Synonym für Mäusegift. Im Wörterbuch der Hochdeutschen Mundart heißt es: „*Das Mäusegift, ..., ein Körper, welcher den Mäusen ein tödliches Gift ist. Ingleichen Gift, so es zur Vertilgung der Mäuse gelegt wird. Im gemeinen Leben pflegt man daher auch den Arsenik, wegen dieses Gebrauchs, nur Mäusegift, Mäusepulver und Ratzenpulver zu nennen.*" Gifteinsatz gegen Mäuse war zu allen Zeiten üblich. Den Menschen war jedes Mittel recht.

Im Krieg sind alle Mittel recht

Die Zeitschrift Gartenlaube wertete diese Auseinandersetzung Ende des 19. Jahrhunderts als Krieg: „*Vor kurzen meldeten unsere Tageszeitungen, dass die Bauern Griechenlands von ihrer Regierung militärische Hilfe erbaten. Waren etwa die Türken unvermutet in den hellenischen Gauen erschienen, oder hatten Räuberbanden das klassische Land der Griechen zum Schauplatz ihrer Thaten gemacht? Durchaus nicht! Der Feind, gegen den die griechische Armee buchstäblich zu Felde ziehen sollte, war ein unscheinbares Geschöpf, das aber durch seine unzähligen Legionen furchtbar wurde ... gegen Mäuse sollte das Militär helfen.*" Der Bericht zählt zur Verdeutlichung der Gefahr Mäuseplagen in Deutschland auf. Betroffen waren die Regionen um Erfurt und Gotha, Dessau, Leipzig, Oberschlesien, Böhmen, die Wetterau, Rheinhessen und die Rheinpfalz. Das Fazit: „*Das sind einige Beispiele, die geeignet erscheinen, der Mäusesippschaft beinahe eine Bedeutung in der sozialen Frage beizumessen; sie sind in der That höchst unerwünschte Gäste an unserem Tische, sie fressen uns centnerweise das Korn weg, dessen wir zu unserer Nahrung bedürfen.*" Im Kampf gegen die Maus wurde ein gewaltiges

Waffenarsenal eingesetzt, auch Artillerie und Kavallerie, Fallen sowieso und Gifte. Bevorzugt wurden laut Ableitner folgende Substanzen: Arsenikpräparate, Gips, kohlensaurer Baryt, Kalk und Petroleum, chromsaures Bleioxyd, Calomel, Chlorkalk und Minium. Neu war die biologische Kriegsführung und deren Held war ein Deutscher. Die Gartenlaube schilderte das 1892 so: *„Die griechische Regierung ließ die Regimenter gegen den Feind nicht ausrücken; sie verschrieb sich vielmehr vom Ostseestrande einen deutschen Professor, ... und der Professor dampfe eines Tages nach Athen ab, ausgerüstet mit einigen Fläschchen. Mit diesen harmlos aussehenden Wassern nahm er den Kampf auf, indem er gegen die winzigen Mäuse die unendlich kleinen Bacillen ins Feld führte, um so Pestilenz unter die Legionen der Nager zu bringen und das klassische Hellas von der schweren Noth zu befreien."*

Professor Löffler aus Greifswald war Bakteriologe. Er hatte den Diphtheriebazillus entdeckt und wollte die Mäuse durch einen Krankheitserreger ausrotten, und zwar mit Hilfe eines Bazillus, den er Bacillus typhi murium, Mäusetyphus, nannte. Löffler machte Feldversuche. Er kam zu dem Schluss, dass sein Mittel wirksam war und andere Tiere nur in geringem Maße erkrankten. Die Operation in Griechenland wurde militärisch organisiert. Ein Wissenschaftlerstab und 60 Soldaten streuten in der Region Thessaloniki mit Bazillen verseuchte Brotköder auf mehrere Quadratmeilen Land. Die Bevölkerung ließ sie gewähren, nach dem Zeitschriftenbericht aßen Löffler und seine Leute Bazillenbrot, um Kritiker zu beruhigen – sie erkrankten nicht. Nach einer guten Woche waren alle Mäuse tot. Die Zeitschrift meldete Sieg. *„So verließ Professor Löffler als Sieger in der ersten Schlacht den Boden Tessaliens. Der Vertilgungskrieg wird nach seinen Angaben fortgesetzt. Von etwaigen üblen Folgen dieser Massenvergiftung für die Hausthiere hat bisher nichts verlautet, und so ist die Hoffnung begründet, dass die Landwirthschaft von der neuesten Errungenschaft der Bakteriologie den größten Nutzen ziehen werde."*

Drei Jahre später berichtete die Gartenlaube wieder über einen Mäusetyphus-Einsatz, diesmal in Nordfriesland. Nach der Bekämpfungsaktion sollte den Mäusen die Beute, Bohnen, wieder abgejagd werden. In den Vorratskammern der Mäuse wurden jeweils bis zu 17 Litern Bohnen gefunden. *„Die ausgegrabene Frucht bildete im ersten Teil der Sammelzeit eine Ware von vorzüglicher Güte, denn mit peinlicher Sorgfalt geordnet liegen die Bohnen schichtweise in der Kammer neben- und übereinander, und es sind nicht die schlechtesten, Auswahl war ja genügend vorhanden."* Der Chronist war voller Hochachtung für die Tiere. *„Die Mäuse schwelgen keineswegs bloß im Genuß des Augenblicks. In kluger Voraussicht legen sie in der Erde Vorratskammern für den Winter an. Sie gehen manchmal mit einer Schlauheit zu Werke, die der Mensch bewundern muß."*

In der landwirtschaftlichen Fachpresse wurde diskutiert, ob man der Mäuseplagen durch gezielte Verseuchung mit Pocken, Räude oder Milzbrand Herr werden könne. Allerdings kamen Zweifel am Erfolg solcher Maßnahmen auf, denn die Mäuse starben nicht aus und die Räude wurde durch Milben verursacht, aus denen man keinen Impfstoff gewinnen konnte. Ableitners Fazit: *„. . . Jene Krankheitsstoffe . . . sind so unbestimmter und zweifelhafter Natur in ihrer Wirkungsweise zur Massentödtung, dass es angezeigter erscheint, jene Mittel zu wählen, die eben zur sicheren*

Vertilgung bekannt sind ..." An Löfflers Mäusetyphus-Bazillus hielt man fest. Die Fachpresse transportierte die Köderanleitung: Brot in Wasser aufweichen, Bakterienkultur hinzufügen und die Köderhäppchen in die Mauselöcher legen. Die Bakterien würden durch den Darmkanal in die Blutbahn, die Milz und andere Organe dringen und die Mäuse würden einer typhusartigen Krankheit erliegen. Entsprechende Gifte für Mäuse und Ratten wurden in Phiolen, Blechbüchsen und Tuben in den Verkauf gebracht. Sie hatten unterschiedliche Hersteller und Namen, etwa Finis Murium B, Issatschenkobazillus, Liverpoolvirus, Müllers flüssige Typhuskultur, Raticid, Ratin, Rattenpestbazillen oder Schwenzers Rattentyphusbazillen. Theodor Saling liefert eine vollständige Liste. Untersuchungen ergaben, dass viele Präparate wirkungslos waren oder Bakterien anderer Art enthielten. Weitere Untersuchungen kamen zu dem Schluss, dass immer mehr Tiere immun wurden. Auch die Kritik an der bedenkenlosen Verwendung von Bakterienpräparaten wurde lauter. Haustiere erkrankten und auch Menschen. *„Tatsache ist, ... dass durch Rattentyphuskulturen Erkrankungen und Todesfälle von Menschen veranlasst worden sind."* Der Berliner Polizeipräsident verbot per Verordnung am 28.5.1926 ausdrücklich *„das Auslegen von Mäusetyphus- und Ratinbazillenkulturen zur Vernichtung von Mäusen und Ratten in Schlächtereien und in Betrieben, in welchen Fleisch und Wurstwaren hergestellt und aufbewahrt werden."* Bakterienpräparate durften nicht mehr als ungefährlich für Menschen, Haustiere und Wild bezeichnet werden. Kinder und Kranke durften diese Mittel nicht mehr auslegen, sie durften nicht in Räumen verwendet werden, in denen Lebensmittel hergestellt, verpackt oder gelagert wurden. Im Erlass des Reichgesundheitsamtes in Berlin aus dem Jahr 1918 wurde geraten, bei der Köderzubereitung nicht zu essen, zu rauchen oder mit den Fingern den Mund zu berühren. Hände und Gesicht sollten anschließend mit Wasser und Seife gewaschen, benutzte Gefäße mit Sodalösung ausgewaschen und ausgekocht werden, heißt es im Rattenbuch. Bakterienhaltige Mäusegifte waren von 1929 an getrennt von menschlichen Nahrungsmitteln und von Tierfutter aufzubewahren. Sie durften Unbefugten nicht zugänglich sein. Grund für diese Empfehlungen Heelsbergens waren Masseninfektionen von Menschen mit dem Mäusetyphusbazillus.

Aber es gab kein Verbot, nur weitere Mahnungen für den Umgang mit vergleichbaren Präparaten. Im August 1931 empfahl ein von Raphael Koller zitierter Erlass des Landwirtschaftsministers, Köder in wertlosen, leicht verbrennbaren Gefäßen mit verbrennbaren Geräten zuzubereiten. Auch sollten die Köder nicht mehr in der Küche oder in Räumen präpariert werden, in denen Speisen hergerichtet oder aufbewahrt wurden. Erst 1936 wurde die Nagetierbekämpfung mit Bakterienpräparaten verboten. Gründe waren die Gefährdung von Menschen, Haustieren und Wild, außerdem die in anbetracht der Risiken geringen Erfolge. Allerdings war in den 50er Jahren des vergangenen Jahrhunderts unter dem Namen „Mäusevirus" in der Schweiz noch ein entsprechendes Präparat im Handel. Der Brockhaus wies noch 1955 ausdrücklich auf das gesetzliche Verbot des Mäusetyphuserregers hin, er nannte im gleichen Atemzug neben Fallen Giftköder mit den Giften Zinkphosphid, Thallium und Pyrimidinverbindungen als übliche Mittel zur Bekämpfung von Mäusen. Eine gleichlautende Warnung steht noch in der Ausgabe von 1971. Auch die empfohlenen Gifte waren identisch, es war lediglich eine Substanz hinzugekommen, die bis heute beim Gifttod von Ratten und Mäusen eine zentrale Rolle spielt: Cumarin.

Hauptsache tödlich

Giftproduzenten konkurrierten auf einem umkämpften Markt. Für Produkte, die längst im Handel waren, sicherten sie sich Warenzeichen, die nahelegen, dass Gifte in unmittelbarer Nähe zu Lebensmittel ausgelegt wurden. Ob das Saccharin, das in der Zeitungsanzeige aus dem Jahr 1892 als tödliches Gift für Mäuse angeboten wurde, die versprochene Wirkung hatte, ist zweifelhaft. Der künstliche Zucker, der 1878 in den USA entdeckt und für Deutschland vom Miterfinder Constantin Fahlberg in Magdeburg in zunehmend gewaltigeren Mengen produziert wurde, ist zwar ein Produkt aus dem giftigen Lösungsmittel Toluol, das für Kleber, Lacke und Druckfarben verwendet wird. Toluol beeinträchtigt Nerven, Nieren und möglicherweise auch die Leber. Es ist fortpflanzungsgefährdend und fruchtschädigend und hat diverse andere Nebenwirkungen. Es ist wassergefährdend und kann zusammen mit Luft ein explosives Gemisch bilden. Aus Toluol wurde 1861 zum ersten Mal – unreines – TNT hergestellt. Über chemische Rückstände im Zuckerersatz klagen Ernährungsexperten, aber Toluol ist nicht Saccharin und tödlich ist Saccharin auch in größeren Mengen nicht – weder für Menschen noch für Mäuse. Seine gesundheitsfördernde Wirkung ist allerdings auch zweifelhaft (Abb. 104).

Der Grundstoff eines anderen Süßstoffes, Cyclamat, ist Cyclohexylamin. Aus dieser Substanz werden

104 | Zuckerersatz als Mäusegift. Inserat 1882.

auch Schädlingsbekämpfungsmittel hergestellt. Die Wochenzeitschrift „Die Zeit" fragte bereits 1968: Ist Cyclamat gefährlich? Die Substanz stand unter dem nicht erhärteten Verdacht, krebserregend zu sein. In den USA ist Cyclamat seit 1970 verboten. In Deutschland darf es für Getränke, Marmeladen und z. B. Obstkonserven als Süßstoff benutzt werden. Mäusegifthersteller waren erfinderisch wie die Süßstoffherstel-

Hauptsache tödlich | 135

ler, wenn es um ihr Image ging. Ob der Binger Mäuseturm, den sich ein Mäusegiftproduzent als Warenzeichen sicherte, tatsächlich als Symbol für erfolgreiche Mäusebekämpfung wirksam war, ist unwahrscheinlich. Im Turm im Rhein wurden keine Mäuse vernichtet. Der Sage nach fraßen dort tausende Mäuse einen gierigen Erzbischof auf.

Der Bluttod

Mäuse und Ratten sollten getötet und nach Möglichkeit ausgerottet werden, wo immer sie waren, mit welchen Mitteln auch immer. Letztlich blieb der Mensch erfolglos, auch als er ein neues Gift einsetzte: Cumarin. Die blutgerinnungshemmende Wirkung von Cumarin wurde 1942 entdeckt. Zunächst wurde das Mittel zur Vermeidung von Trombosen benutzt. Die Deutschen Präparate hießen Cumid (Hersteller: Merk) und Dicuman (Hersteller: Böhringer). Das für Menschen ohne therapeutische Dosierung gesundheitsschädliche Blutgerinnungsmittel Cumarin (Stufe Xn) wurde schnell tödlicher Bestandteil von Fraßködern. Cumarin hat eine ähnliche Struktur wie Vitamin K und hängt sich an Enzyme. Dadurch wird die Blutgerinnung blockiert, weil das dafür notwendige Calcium nicht mehr gebunden werden kann. Vitamin K bindet das für die Blutgerinnung nötige Calcium. Wird dieser Prozess durch Cumarin unterbunden, sterben Mäuse durch Verbluten. Wenn die im Blut zirkulierenden Gerinnungsfaktoren verbraucht sind, tritt eine Schädigung der Leber ein. Das ist frühestens nach sechs Stunden der Fall. Vorteil: Die Tiere verenden nicht am „Tatort", deshalb bringen Mäuse und Ratten den Tod von Tieren aus ihrem Verbund nicht mit der tödlichen

Futterquelle in Verbindung. Der Köder bleibt also attraktiv und damit wirksam. Manchen Cumarin-Präparaten werden Sulfonamide beigemischt. Sie verstärken die tödliche Wirkung, weil sie die körpereigene Vitamin-K-Synthese hemmen. Der Cumarin-Tod ist grausam. Die Begleiterscheinungen: Temperaturanstieg, unkoordinierte Muskelkontraktion, Atemnot, flatternder Puls, Blutungen, Bewusstseinstrübung, Koma, Lungenödeme, Tod durch Ersticken nach ein bis drei Tagen.

Cumarin ist seit vielen Jahren Basis für Mäusegift. Große und kleine Hersteller konkurrierten um den Markt. Harmlos an den Präparaten waren allenfalls ihre Namen. Immer waren zumindest auch die Tiere gefährdet, die durch Cumarin-Präparate verendete Mäuse fraßen. Gegen mehrere Cumarin-Präparate sind Mäuse inzwischen resistent, der Experte Peter Uhlig geht sogar davon aus, dass bereits die Mehrheit der Mäusestämme gegen die ersten beiden Cumarin-Generationen resistent ist. Neue Varianten wurden nötig, zum Beispiel Warfarin. Es wird wie Cumarin in der Humanmedizin zur Verhinderung von Thrombosen eingesetzt. Auch das Cumarin-Derivat Warfarin ist Bestandteil von Fraßködern und funktioniert als Gerinnungshemmer. Mäuse verenden einige Tage nach Aufnahme auch an kleinsten Wunden. Natürlich ist es für alle Tiere gefährlich, die an Warfarin verendete Mäuse fressen. Auch Bromadiolen ist ein Antigerinnungsmittel der zweiten Generation. Als Bestandteil von Fraßködern ist es in mehreren Präparaten im Handel. Aufgenommen wird es auch durch die Haut oder über die Atmung. Es besteht die Gefahr von Sekundärvergiftungen. Das trifft ebenfalls für Difenacoum zu. Dieses Gift ist nicht wasserlöslich. Zu den

105 | Neues Gift mit nettem Namen. Anzeige 1952.

einmaliger Aufnahme. Den Mäusen mit Giftpräparaten ans Leben zu gehen, ist inzwischen eine der gebräuchlichsten Methoden. 1977 waren Antikoagulantien Basis für 51 verschiedene Präparate. Lediglich fünf Präparate basierten auf Akutgiften. Im Bundesgesundheitsblatt ist die aktuelle Liste der zulässigen Giftprodukte, ihrer Hersteller und der erlaubten Bekämpfungsmethoden veröffentlicht. Wegen der

Antigerinnungsmitteln der zweiten Generation gehört auch Brodifacoum. Die Aufnahme erfolgt oral oder durch die Haut. Das Gift darf nur in Innenräumen verwendet werden, denn es besteht große Gefahr für Vögel und Säugetiere durch Sekundärvergiftungen. Brodifacoum darf nur als „letztes Mittel" verwendet werden, wenn eine Resistenz der Nager gegen alle anderen Wirkstoffe der Cumarinderivate nachgewiesen ist (Abb. 105. 106).

Zu den weiteren Giftpräparaten dieses Typs gehören Flocoumafen und Difethialon. Beide sind Gerinnungshemmer. Schon bei einmaliger Aufnahme ist Flocoumafen hochwirksam. Das Gift wird über Köderboxen verabreicht. Es besteht die Gefahr von Sekundärvergiftungen, das Mittel ist umweltgefährdend. Das gilt auch für Difethialon. Auch dieser Gerinnungshemmer aus der Cumarin-Familie wirkt nach

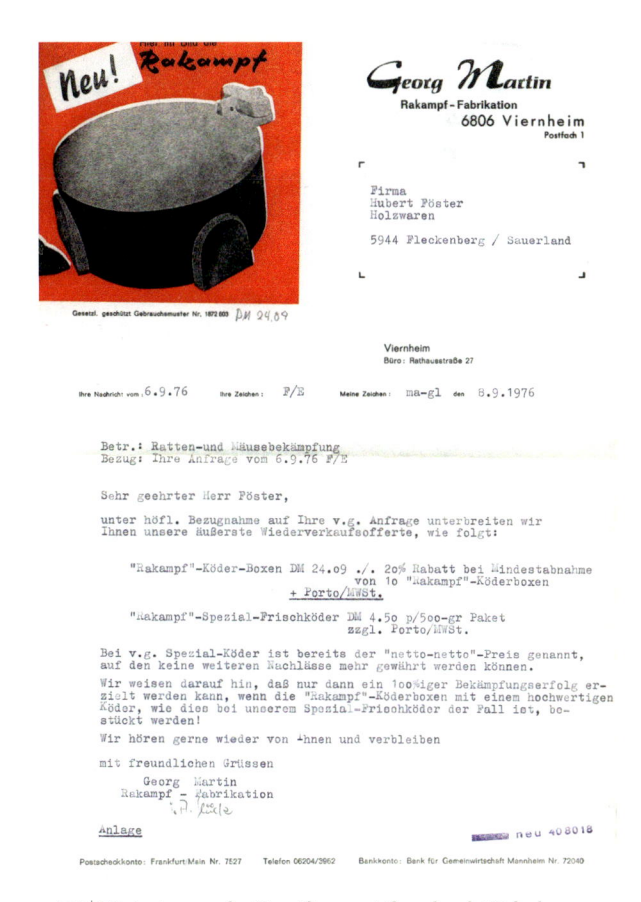

106 | Minimierung des Vergiftungsrisikos durch Köderboxen.

Der Bluttod | 137

Kollateralschäden, die Mäusegifte in der Tierwelt anrichteten, wurden sie mit zunehmendem Bewusstsein über ihr Gefährdungspotential in Köderboxen verfüttert. Heute gibt es im Handel und im Internet ein riesiges Köderboxen-Angebot. Eine der ersten Boxen dieses Typs stellte die Firma Martin in Viernheim in den 60er Jahren des vergangenen Jahrhunderts unter dem Namen Rakampf her. Ähnliche Boxen gehören heute zur Grundausstattung von Schädlingsbekämpfern.

Hauptsache tot

Bevor den Mäusen Gift portioniert in Köderboxen serviert wurde, wurde jahrhundertelang großzügig mit Giften umgegangen. Es kursierten in der Fachliteratur diverse Rezepte. Besonders populär war Arsen zum Töten von Mäusen, mal gemischt mit Küchenzucker, Weizenmehl, frischer Butter und Bier, mal mit Roggenmehl und dem Wasser von Nachtschattengewächsen. Es gab allerdings bereits 1801 Warnungen: *„Arsenik, wovon sie zwar sehr schnell sterben, darf man nicht ausstreuen, auch darf man solchen nicht einmal in den Häusern, Ställen, Scheunen und Fruchtböden ausstellen, weil leicht andere Thiere von diesem starken Gift fressen und vieles Unglück anstellen können."* Die Regel waren andere Ratschläge. Mehrere Tage giftfrei mit Mehl und Honig anködern, empfahl Fachmann Carl John. *„Alsdann erst mische man, nachdem man sie einige Tage hat darauf hungern lassen, Arsenik in gehöriger Menge darunter, und setze es an dieselben Örter. Sie fallen nun desto begieriger darüber her, und fressen alles auf."* Arsen mit Eisenspähnen, Arsen mit Glassplittern, Arsen in Schweineschmalz, Arsen in Sauerteig, das waren die empfohlenen tödlichen Mischungen.

Auch Rezepte für Giftkörner waren in Umlauf, natürlich auf Arsen-Basis. *„Man löset Arsenik in Wasser auf, vermischt es mit Weizenkörnern bis zur Sättigung . . . kocht es allenfalls etwas auf, gießt das Wasser ab, trocknet den Weizen, füllt ihn in eine Flasche und streut vor oder neben jedes Mauseloch einige Körner."* Der „Krünitz" empfahl, reichlich Gift zu nehmen. *„Auf 36 Pfund Weizenkörner nimmt man für einen Gulden Arsenik."* Das Legen von Giftweizen wurde als einfaches Mittel gegen Mäuse bei Hausfrauen populär. Kinder sollten damit nicht in Berührung kommen und Geflügel könne von den Körnern sterben, hieß es 1893 in einem Ratgeber für die Hausfrau. Im 19. Jahrhundert galt im Kampf gegen die Maus die von Verardi positionierte Regel: *„Das erfolgreichste Gift bei diesen Thieren, wie überhaupt bei den meisten anderen, ist aber, ohne Widerrede, der Arsenik."* Der weiße Arsenik war auch für den Experten Ableitner deshalb besonders als Mäusegift geeignet, *„weil er wohlfeil ist, eine sichere und lang anhaltende Wirkung hat, leicht sich formen lässt und in Geruch und Geschmack sich indifferent verhält."* Er sollte nicht pur verwendet werden, sondern vermischt mit Mehl, Kohle, Ruß und verdünntem Weingeist. 30 Gramm auf ein Pfund „Pillenmasse" galt als tödliche Dosis. Ebenfalls empfohlen wurden mit Arseniklösung angereicherte Körner, die vor und in Mauselöcher gestreut werden sollten, obwohl man die Gefahr sah, dass Hühner, Wachteln und mäusefressende Tiere an dem so ausgelegten Gift sterben konnten. Man experimentierte und fand heraus, dass bereits $1/10$ Gramm arseniksaures Natron ausreichte, um eine Feldmaus zu töten und hoffte darauf, dass diese Menge nicht reichte, um Füchse, Eulen, Wiesel und Katzen umzubringen, die vergiftete Mäuse fraßen. 1927 stand fest, dass Arsenköder durch Verschleppung noch lange nach der Auslegung tödlich waren. ½ bis 1 Gramm Arsen brachte Schweine um, $1/10$–$2/10$ Gramm Hunde, und bereits Spuren waren für Hühner tödlich. Theodor Saling hatte das Sterben durch Arsenik beobachtet: *„Der Tod durch Arsenik ist meist ein qualvoller und langsamer nach Erbrechen, heftigem Würgen, blutigen Durchfällen, Lähmung der ganzen Körpermuskulatur und des Herzens."*

Trotzdem blieb mit Arsenik vergifteter Weizen, der durch Legeflinten in die Mauselöcher gebracht werden sollte, das Anti-Mäuse-Mittel der Wahl, knapp gefolgt von Krähenaugen, Kranichsaugen oder Brechnüssen. Der Unterschied der letzten drei Substanzen liegt nur im Namen. Es handelt sich um den Samen eines Baumes, der Strychnin enthält. Bereits 1801 wurde von J. Werner gewarnt: *„Da man aber aus Erfahrung weiß, dass auch Menschen hierdurch vergiftet worden sind; so sollte dieses Mittel nur auf Vorschrift eines Arztes aus den Apotheken verabfolgt werden."*

Die gängigen Rezepte für die Mäusegiftherstellung mit Strychnin lassen darauf schließen, dass Strychnin leicht zu bekommen war. 1821 heißt es bei Carl John: *„Man nehme ein Stück gekochtes Rindfleisch, und hacke dieses ganz fein. Darunter mische man Mehl, Zucker und für 1 Gr. pulverisierte Kranichsaugen, die man in jeder Apotheke haben kann. . . . Man sey aber hierbei vorsichtig; denn alle diejenigen Thiere, die blind geboren werden, krepieren, sobald sie etwas von den Kranichsaugen fressen."* In einem zweiten Rezept wird empfohlen, durch Aufkochen von Brechnüssen in Wasser mit Strychnin vergiftete Weizenkörner herzustellen: *„Es lassen sich hierdurch nicht allein die Holzmäuse, sondern auch andere Mäuse, Feld- und Wassermäuse, sowie auch Feldratten vertilgen."* Trotz der bekannten Gesundheitsgefahren ging man großzügig mit Strychnin um. Eine Mischung aus $2/3$ Mehl und $1/3$ pulverisierter Brechnuss sollte beispielsweise auf Blättern vor Mauselöchern ausgelegt werden. Wahlweise wurden in einem Strychninsud eingelegte Haselnüsse, Bucheckern Mandeln oder Eicheln empfohlen. Eine nicht nur für Mäuse tödliche Dosis. Bald musste niemand mehr individuelle Giftmischungen herstellen, Saccharin-Strychnin-Hafer wurde als Fertigprodukt im Handel vertrieben. Er wurde über Legeflinten in die Mauselöcher gebracht *„wodurch nicht nur die Arbeit sehr beschleunigt und verbilligt, sondern auch die Annahme des Giftes durch die Mäuse wesentlich gesichert wird"*, wie Karl Eckstein schreibt. Strychnin löst bei vollem Bewusstsein Starrkrämpfe aus, der Tod tritt durch Lähmung des Atmungszentrums, also durch Ersticken, ein. 1927 wird von Saling empfohlen: *„Wegen der unsicheren Aufnahme, der hochgradigen Gefahr für Menschen und Nutztiere, sowie des äußerst qualvollen Strychnintodes sollte vom Strychnin als Rattenbekämpfungsmittel völlig Abstand genommen werden."*

Bereits vor Jahrhunderten wurden besonders die Feld- und Wühlmäuse als Bedrohung empfunden. Das ist auch heute noch so. Sie treten periodisch in Massen auf und gelten als Nahrungskonkurrenten, die die landwirtschaftliche Produktion erheblich schädigen. Die aktuellen Klagen lauten: Verschmutzung von Heu bis zur Ungenießbarkeit, das Futter wird durch Verschmutzung mit Clostridien, krankmachenden Bakterien, untauglich für die Silolagerung. Durch Clostridien entsteht nicht nur ein ekelerregender Buttersäuregeruch, sie verursachen darüber hinaus Gesundheitsprobleme beim Milchvieh. Die Empfehlung lautet: Einsatz des Mauki-Vergasungsgeräts, es kostet ca. 1.300,– € und wird für einen Tagesatz von 36,– € verliehen. Die günstigsten Bekämpfungszeiträume sind der Spätherbst und das zeitige Frühjahr. Das tödliche Mittel: Motorabgase, Kohlenmonoxid. Der Experte Karl-Heinz-Gerhold empfiehlt allerdings neben dem Ausräuchern auch den Einsatz von Fallen und Köderpräparaten. Außerdem baut er auf die natürlichen Feinde der Mäuse, auf Fuchs, Dachs, Iltis, Wiesel, Marder und Raubvögel. Weil Wühlmäuse auch Wurzelgemüse wie Möhren, Pastinaken, Wurzelpetersilie und Knollengemüse wie Sellerie und Rote Bete fressen und vor den Wurzeln von Apfelbäumen nicht zurückschrecken, rät die Bayrische Gartenakademie neben dem Einsatz von Fallen zu chemischen Produkten, zu Wühlmausködern und zur Begasung als Bekämpfungsmethoden. Duftstoffe, die die Tiere vertreiben sollen, werden nicht empfohlen, weil sie nur kurzzeitig wirken. Das Bedrohungsszenario wird mit der Vermehrungsrate der Tiere untermauert.

Gas

Die Mäuseplage auf dem Land löste bereits vor Jahrhunderten eine Flut von Fachpublikationen aus, die das Wissen der damaligen Zeit über die Bekämpfung und die Bekämpfungsmethoden bündelten. Gesucht wurde nach neuen Waffen für diesen ungleichen Kampf zwischen Mensch und Nagern. Ende des 18. Jahrhunderts wurde der Einsatz von Schwefelrauchmaschinen zur Vergiftung der Feldmäuse empfohlen (Abb. 107). Motoren und ihre Abgase gab es noch nicht. Mitgeliefert wurde die Betriebs- und Konstruktionsanleitung. Die Mäusevergiftung war die Aufgabe von Kindern, schrieb Nomedius Knoll. Das Gerät musste bewegt und befeuert werden. Ein Rohr musste in die Mauselöcher gehalten werden, das die Abgase von glühenden Kohlen und Schwefel, die mit Hilfe eines Blasebalgs angefacht wurden, aus dem Feuerkessel in die Mauselöcher leiten sollte. Fünf Kinder gehörten zum Todeskommando. Das Gerät und die Methode wurden von mehreren Autoren empfohlen. Ziel war es, die Mäuse durch das Kohlenmonoxid-Schwefeldampfgemisch zu ersticken. Um 15–20 Tagwerk mäusefrei zu machen, ein Tagwerk entspricht ca. 3 000 m^2, benötigte man Schwefel für rund 30 Kreuzer. Ein Autor nennt das 1802 *„Wahrlich eine geringe Ausgabe"*. Die günstige Kostenrechnung und die neue Bekämpfungsmethode rief sofort Kritiker auf den Plan. Die Kritik richtete sich gegen eine Publikation der Regierung des französischen Rhein-Departements, in dem empfohlen wurde, die Mäuse vorrangig durch den Einsatz von Schwefelrauchmaschinen zu töten. Der Autor J. C. N. schrieb: *„Ich habe zwar diese Schrift noch nicht zu lesen erhalten können, nach dem angegebenen Hauptmittel aber, – die Mäuse nämlich mit Schwefel aus Blasebälgen zu tödten – zu urtheilen, wird sie schwerlich auf den Beyfall der Oekonomen rechnen dürfen, indem man, wenn man alle Mäuse mit Schwefel tödten wollte, vielleicht eben eine so starke Auslage für Schwefel machen müßte, als der ganze Mäuseschaden ausmacht"*. Der Experte Gatterer empfahl dagegen die Schwefeldampfmaschine. Er lieferte Informationen über den Erfinder und bedauerte den zurückhaltenden Einsatz mit den Worten: *„So wirksam allerdings auch dieses, von einem Franzosen, Namens Gasselin, ums Jahr 1769 angegebene und mit dem größten Beyfall auch in Deutschland aufgenommene Mittel ist, so findet dasselbe doch im großen weiten Felde ebenfalls keine allgemeine Anwendung. – Um die damalige Zeit wurden mit diesem Blasebalge auch in er Rheinpfalz Versuche angestellt, doch ohne allgemein eingeführt worden zu seyn"*. Um die Wirksamkeit des Apparats zu untermauern, wurde ein Bericht aus dem Jahr 1769 zitiert, in dem es hieß: *„Dieser Dunst von Schwefel ist so gewaltsam, daß die Mäuse alle sterben. Herr Gasselin hat nach dieser Operation viele Löcher geöffnet, aber er hat niemals lebendige Mäuse gefunden"*. Die Maschine sei einfach, leicht zu bauen und zuverlässig im Gebrauch. *„Mit einer einzigen solchen Maschine kann ein Mensch, der 600 Morgen Landes hat, es leicht von diesen Thieren reinigen."* Gatterer regte sich darüber auf, dass die Schwefelrauchmaschine im Magazin aller neuen Erfindungen als neu ausgegeben wurde, ohne den eigentlichen Erfinder und das Erfindungsjahr zu nennen. Rund 20 Jahre später hatte sich die Maschine durchgesetzt. Sie wurde in der Fachliteratur empfohlen, genaue Konstruktionsbeschreibungen wurden mitgeliefert und der Vermerk Carl Johns: *„Ein jeder Blecharbeiter wird sie nach dieser Bezeichnung verfertigen können"*.

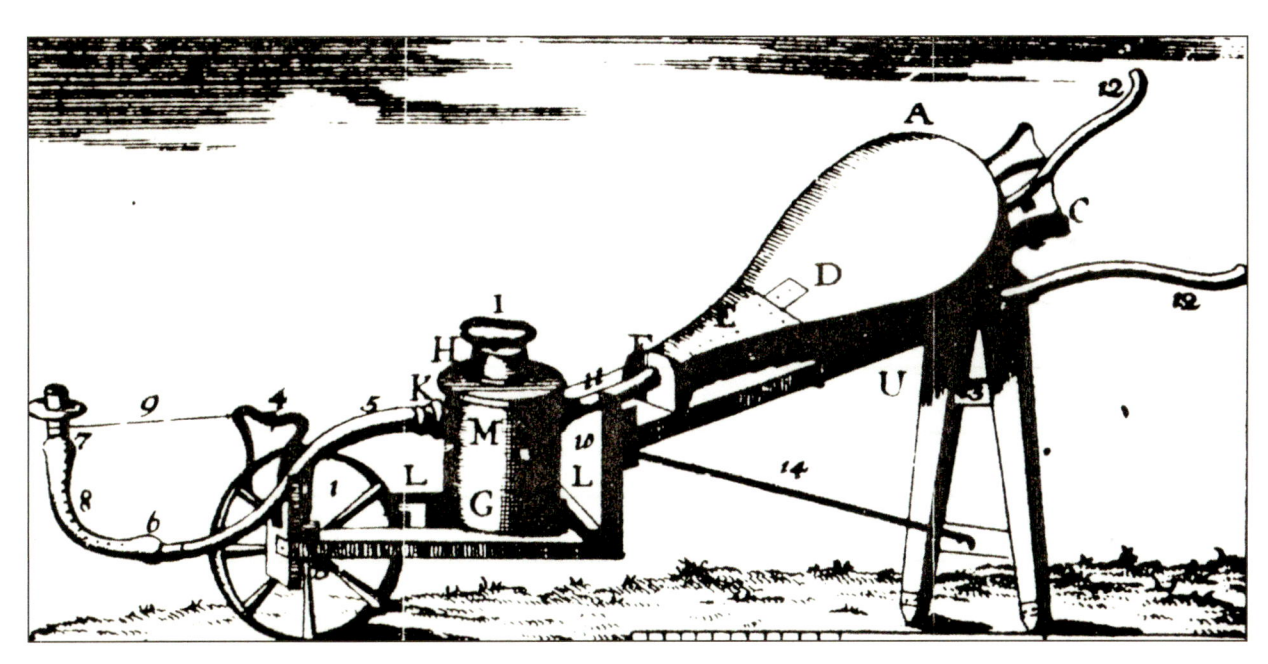

107 | Vergasungsmaschine aus dem Jahr 1795.

Die Vergasungsmaschinen wurden weiterentwickelt. Das Prinzip – beweglicher Apparat mit Räucherofen, Blasebalg und einem Rohr, durch das Gas in die Wühlmausgänge geleitet wurde – hat man beibehalten, aber die Geräte wurden leichter. Sie wogen nur noch ca. 50 Pfund und mussten nicht mehr von mehreren Personen bewegt werden. Die Weiterentwicklung, die Ableitner beschreibt, bekam den Namen „Wühlervertilger", der Erfinder hieß Zinker. Neu war an dem Apparat nichts. Nur die Brennstoffzusammensetzung wurde verändert. Man verzichtete auf Schwefel und setzte ausschließlich auf Rauch. Verbrannt wurden „*grüne Nadelholzzweige mit Sägespänen, Holzabfällen, Spreu, Heublumen, halbvermodertes, zerbröckeltes Holz, Laub, Moose etc.*" Immer mehr Rauch erzeugende Geräte zur Mäusevernichtung kamen auf den Markt. Sie wurden nicht mehr vom Schmied an der Ecke gebastelt sondern von Spezialisten seriell angefertigt. Dazu gehörte der Jülisch'sche Dampfofen, den das preußische Landesökonomie-Collegium mehrfach empfahl, ebenso das Modell von Th. Bayer aus Coleneczcwo in Posen, das allerdings wieder mit Schwefeldampf töten sollte. Regierungsamtlich in Preußen für gut befunden wurde auch ein weiterer Schwefeldampfapparat, der „Mäusepüster", den ein Kaufmann aus Lüneburg vertrieb. Ein noch leichteres, tragbares Gerät brachte die Firma Adolph Pieper aus Moers in den Handel. Dieser Räucherofen, ein Allesbrenner, bei dem eine Schwefelzumischung empfohlen wurde, kostete lediglich 25 Mark. Den Apparat anheizen, die Mauselöcher zutreten, Schlauch in ein Loch und fertig. Nach ein bis zwei Minuten waren die Mäuse tot. Im Werbetext hieß es: „*Mit einer im Frühjahr oder vor Eintritt der Vermehrung gefangenen oder sonst getöteten Maus beseitigt man möglicherweise 10000 Mäuse, die sie und ihre Jungen im Lauf des Sommers erzeugt haben würden*".

Andere Geräte waren wesentlich teurer. Der Räucherapparat der Firma Schwaff aus Halberstadt kostete 150 Mark, er wurde in der Regel von mehreren Landwirten gemeinsam angeschafft und genutzt. Als kostengünstigstes Gerät zur Erzeugung von Kohlenmonoxid wurde ein kleiner Steinkohleofen empfohlen, dessen Abgase mit einem Gummischlauch in die Mauselöcher geleitet werden sollte. Anzuschaffen aus der Gemeindekasse und gegen eine Umlagebeteiligung nutzbar.

Experimentiert wurde auch mit brennbarem Material, dass den Einsatz teurer Apparate überflüssig machte. Keine leichte Aufgabe. Das Material musste in zugestopften Mauselöchern brennen und möglichst viel Rauch erzeugen. Der Karlsruher Professor Nessler entwickelte schließlich Zündschnüre, die diese Vorgaben erfüllten. Sie bestanden aus einer Mischung von Schwefel, Teer, Salpeter, Baumwollstaub und Stärkekleister. Hergestellt wurde diese Rauchschnur von einem Karlsruher Fabrikanten mit Namen Moog. Aus Wien kamen Räucherpatronen auf Salpeter-, Kohle- und Schwefelbasis auf den Markt, dort wurde auch der Gütlich'sche Räucherofen hergestellt. Räuchergeräte für den Kleingärtner wurden in der Wochenpresse propagiert.

Auch nach den Erfahrungen des 1. Weltkriegs mit dem Giftgas-Einsatz gegen Menschen blieb der Gastod für Mäuse akzeptiert. Die Firma Frei in Ravensburg stellte den Matadorgasapparat her, in dem Gaspatronen verbrannt wurden, die Deutsche Gesellschaft für Schädlingsbekämpfung in Frankfurt, die Degesch, produzierte den Gasapparat HORA speziell zur Mäusevernichtung. Verbrannt wurden auch hier Gaspatronen. Um den lukrativen Markt kämpften etliche chemische Unternehmen, die die tödliche Ladung und die notwendigen Geräte zu ihrer Verbrennung anboten. Unter dem Namen HORA wurden Geräte aus Mainz und Berlin gehandelt. In vielen Sammlungen von Museen mit landwirtschaftlichem Schwerpunkt sind Mäusevergiftungsapparate zu sehen. Sie waren weit verbreitete Massenprodukte (Abb. 108).

Der HORA-Gasapparat war, wie das eingesetzte Gas, ein Produkt der Deutschen Gesellschaft für Schädlingsbekämpfung in Frankfurt. Die Degesch wurde berüchtigt als Hersteller von Zyklon B, dem Gas auf Blausäurebasis, mit dem im Konzentrationslager Auschwitz viele tausend Menschen vergast wurden. Blausäure ist ein Nervengift, das das Atemzentrum in Sekunden lähmt. Blausäure wirkt auch durch die Haut. Raphael Koller schrieb 1932, den Opfern blieben zehn Atemzüge. In einer Veröffentlichung aus dem Jahr 1927 heißt es über das Gas, das damals als Mittel gegen Ratten und Mäuse eingesetzt wurde: *„Wohnräume werden 6 Stunden lang zu 1 % ihres Volumens mit Zyklongas beschickt, Schiffsräume dagegen 8 Stunden lang mit ½ Volumenprozent. Die Entwesung mit Zyklon B soll unbedenklich sein, wenn dem Wiederbetreten der Räume eine 20-stündige Entlüftung und eine chemische Prüfung vorausgeht. Gasmasken und Sauerstoffapparat sind natürlich unerlässlich."*

Die Degesch produzierte nach dem Ende des Nationalsozialistischen Regimes weiter, ein ehemaliger Mausefallenproduzent aus dem Westerwald lieferte die Kartuschen für das Zyklon. Blausäure wurde

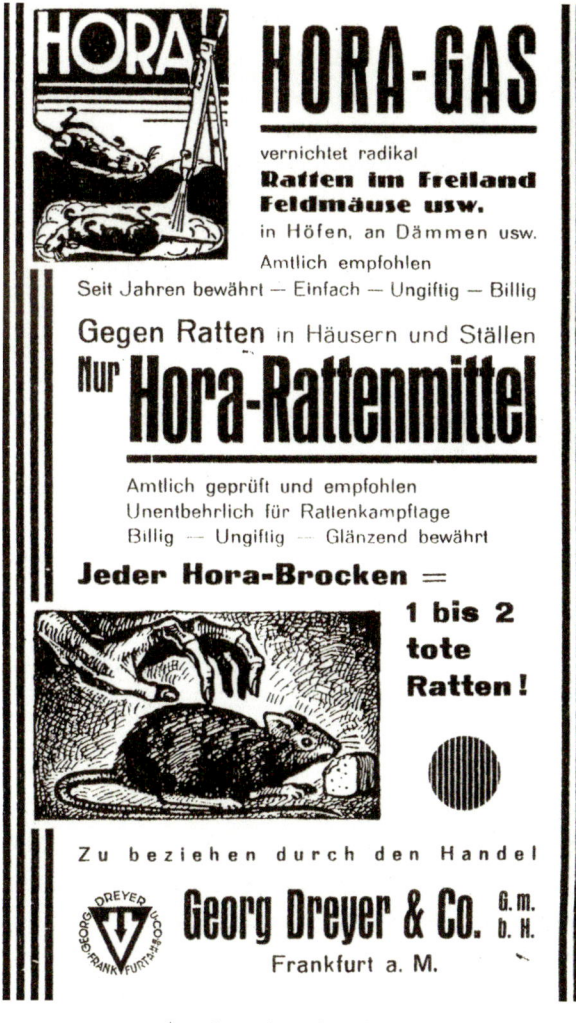

108 | Werbung für Gift und Gas 1932.

noch lange als Basis von Begasungsmitteln eingesetzt, mit denen Mäuse bekämpft wurden – bis in die 80er Jahre des vergangenen Jahrhunderts meist als Zyanwasserstoff mit der bekannten Wirkung: Tod durch

Ersticken. Mäuse sterben in wenigen Sekunden. Es wird inzwischen allerdings vor dem leidvollen Todeskampf gewarnt. Klaus Grabentier plädiert im Namen des Tierschutzes für einen zurückhaltenden Einsatz: *„Es treten aber deutliche Angst- und Spannungszustände und auch offensichtlich Schmerzen auf, da das Gehirn durch den Sauerstoffmangel anfänglich stimuliert ist. Nur wenn keine geeigneteren Mittel eingesetzt werden können, ist Zyanwasserstoff zu akzeptieren."*

Was der Giftschrank bietet

Parallel zu diesem tödlichen Giftgas wurden und werden gegen Mäuse nach wie vor diverse Gifte eingesetzt. Zinkphosphid ist eines der üblichen chemischen Kampfmittel. Giftweizenpräparate auf Zinkphosphidbasis werden wie schon vor Jahrzehnten mittels Legeflinte in die Mäusegänge verteilt. Die aktuellen Präparate heißen Prontox, Celaflor, Segatan oder Ratron. Sie sind gesundheitsschädlich und umweltgefährlich. Legeflinten werden immer noch hergestellt und gehandelt, etwa durch die Firma Lehner in Westerstetten. Das neue Modell ist besonders leicht, durch Druck fallen die Giftkörner aus dem Rohr. Eine Stellschraube regelt bei älteren Geräten die Dosis. Fünf Körner pro Mauseloch, ein Kilo pro Hektar. Dieser Fraßköder bildet beim Kontakt mit der Magensäure der Tiere giftigen Phosphorwasserstoff. Zinkphosphid hat auch toxische Wirkung auf Menschen, Vögel, Wild und Fische, daher muss es kindersicher und mit Warnschildern ausgelegt werden. In der Nähe von Oberflächengewässern darf es nicht eingesetzt werden. In Deutschland muss durch Abdeckungen, beispielsweise durch Köderboxen, sichergestellt werden, dass Zinkphosphid-Präparate nicht von anderen Tieren gefressen werden.

Der Einsatz von Phosphor war im letzten Drittel des 19. Jahrhunderts üblich. *„Der Phosphor wurde unter allen Giften in der neueren Zeit am meisten als Vergiftungsmittel angewendet. Die geringe Dosis, rasche Wirkung und Wohlfeilheit zeichnet ihn vor den meisten dieser Präparate aus"*, heißt es bei Ableitner im Jahr 1890. Zwei Methoden der Vergiftung wurden empfohlen: Der Einsatz von Phosphorpasta und das Ausstreuen von Phosphorpillen. Die Giftpillen waren preiswert. 3 000 Stück kosteten in Schlesien 10 Silbergroschen, 1 000 Stück in Klagenfurt 75 Kreuzer. In Kauf genommen wurde, dass Tiere, die Mäuse fraßen, mitvergiftet wurden. Auch der Tod von Menschen durch Phosphorpillen war bekannt. Fachbücher und Hausfrauenratgeber rieten dennoch nicht vom Gebrauch phosphorhaltiger Mäusegifte ab, es wurde lediglich zur Vorsicht im Umgang mit Phosphor gemahnt. Diverse Vergiftungsfälle und die Feuergefährlichkeit führten 1929 zu Warnungen vor bedenkenlosem Phosphoreinsatz und zu einer Begrenzung des Phosphoranteils in den Giftpräparaten auf maximal drei Prozent. Inzwischen war die Gefährlichkeit für Menschen allgemein bekannt. Phosphorpräparate wirkten als Magen- und Darmgift. Sie führten zu Blutungen, Entzündungen und der Verfettung von Organen, und sie konnten zum Herzstillstand führen. Empfehlung: Nur Fachleute sollten Phosphorpräparate herstellen.

Marktführer unter den Mäuse- und Rattengiften auf Phosphorbasis war Ende der 1920er / Anfang der 1930er Jahre des vergangenen Jahrhunderts das Produkt „Rumetan", dessen wirksame Substanz Phosphorzink (Zinkphosphid) war. Ein Fachbuch nennt als amtliche empfohlene Präparate Rumetan, hergestellt von der Riedel-de Haen AG in Seelze/Hannover, die Giftkonserve Rattekal, Delicia Phosphorweizen und Delicia Phosphorlatwerge, alle hergestellt von der Chemischen Fabrik Delitia (Ernst Freyberg) in Delitzsch. Die europaweite Zulassung für Zinkphosphid läuft 2011 aus, der Wirkstoff Chlorphacinon ist bereits seit 2008 verboten.

Die Hersteller für Giftkörner konnten mit amtlichen Empfehlungen über viele Jahrzehnte werben. Einer der tödlichen Wirkstoffe war Thalliumsulfat. Dieses Gift wurde seit den 1920er Jahren bis Mitte der 1970er Jahre bedenkenlos eingesetzt. Es war zentraler Bestandteil der Zelio-Giftkörner und der Zelio-Paste. Thalliumsulfat, das auch durch die Haut resorbiert wird, ist heute nicht mehr generell für die Bekämpfung von Mäusen zugelassen, es kann aber mit spezieller Genehmigung immer noch in geschlossenen Räumen eingesetzt werden (Abb. 109).

Fritz Steininger berichtet, dass bereits 1933 bekannt war, dass eine Möwe am dritten Tag starb, nachdem sie mit drei Mäusen gefüttert worden war, die mit Zelio-Weizen vergiftet worden waren. Ähnlich ging es anderen Möwen und einem Turmfalken. Er starb an vier Mäusen, die Zeliokörner gefressen hatten. 1932 wird ein Selbstmordversuch mit Zeliokörnern beschrieben. Die Symptome: Schmerzen in den Beinen, vollständige, nicht zu bekämpfende Schlaflosigkeit, völliger Haarausfall, Eiterblasen am ganzen Körper. Ein anderer Fall bestätigt die Symptome. Bei einem Mord mit diesem Gift waren die Symptome Erbrechen, Durchfall, Erblinden, Haarausfall, eitrige Entzündungen, Tod nach völliger Verblödung. Die Sektion ergab Hirnschwellung sowie Leber-, Nieren- und Herzdegeneration. Zeliokörner galten sehr schnell als populäres Mord- und Selbstmordgift. Sie blieben im Handel.

Der Einsatz mehrerer anderer, lange verwendeter Gifte ist nicht mehr zulässig, z. B. der von Hexogenen. Dieses Gift wurde oft mit Brotteig verknetet und den Mäusen als tödlicher Fraßköder verabreicht. Hexogene fallen inzwischen unter das Sprengstoffgesetz. Verboten wurde auch das Mäusegift Endrin, nachdem sein Einsatz im Frühjahr 1982 im Bodenseegebiet ein großes Vogelsterben verursacht hatte. Gleichzeitig wurden Anwendungsbeschränkungen für Mäusegifte auf Thalliumsulfat- und Zinkphosphidbasis erlassen. Erlaubnispflichtig ist die Mäusebekämpfung mit Aluminiumphosphid- und Calciumphosphidpräparaten. Sie werden in die Mäusegänge gelegt und bilden mit der Erdfeuchtigkeit Phosphorwasserstoff. Das Atemgift verbreitet sich in den Gängen und tötet die Tiere. Calciumphosphid wird auch bei Getreidetransporten

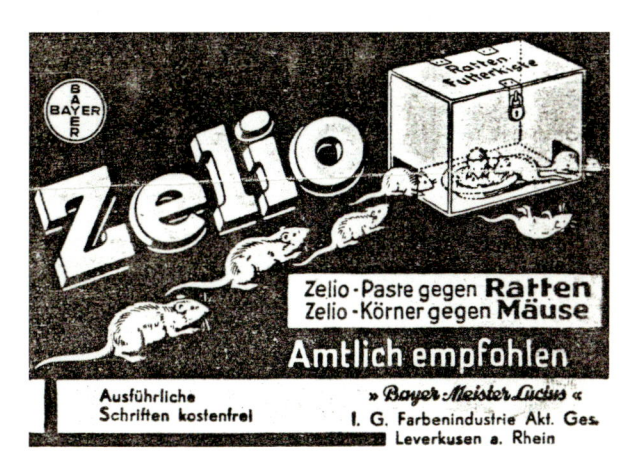

109 | Mäusegift, geeignet für Mord und Selbstmord, Inserat 1952.

auf Schiffen in Tablettenform eingesetzt. Es ist leicht entzündlich. Experten raten daher, Mäuse mit Kohlenmonoxid aus Kleinmotoren zu vergasen. Die Abgase bewirken den Tod der Tiere nach zwei bis drei Minuten. Diese Methode knüpft nahtlos an das rund 250 Jahre alte Ausräucherverfahren an (Abb. 110).

110 | Seit mehr als 200 Jahren üblich: Gaseinsatz gegen Mäuse. Werbeblatt 1986.

Natürlich gibt es Kritik an der Begasung. Sie kommt meist von Tierschützern, etwa dem österreichischen Verein gegen Tierfabriken. Sein Vorsitzender Harald Balluch sagt: *„Es ist eine Schande, dass sich unsere moderne Gesellschaft vollkommen unkritisch derartig grausamer Methoden bedient, um sogenannte Konkurrenten um Platz und Nahrung loszuwerden."* Der Tod durch Schwefeldioxid und Kohlendioxid sei langsam und schmerzhaft.

Aus Großbritannien ist über ein namhaftes Schädlingsbekämpfungsunternehmen eine High-Tec-Falle auf den deutschen Markt gekommen. Mit Hilfe einer Batterie und eines Senders informiert sie die Fallenkontrolleure per Mail oder SMS über einen Fang. Einen tödlichen Fang, er bedeutet den individuellen Tod für Mäuse der Generation WEB 2.0. Die Maus wird in einer Gaskammer, die sich hermetisch um sie schließt, mit Kohlendioxid erstickt. Die deutsche Variante ist eine Lebendfangfalle ohne Batterie, die für die Versendung einer Nachricht erforderliche Energie wird beim Fangvorgang erzeugt. Allerdings ist der Begriff „Lebendfang" für professionelle Mausejäger nur von relativem Wert. Nach dem Fang werden die Mäuse getötet. Meist durch Kohlendioxid.

Man kann natürlich auch versuchen, die Mäuse mit Duftstoffen zu vertreiben, etwa durch den Einsatz eines Präparats mit dem Namen „Mäuse weg". Es enthält ein Granulat aus Lavasteinchen, beträufelt mit einem Thymian-Knoblauch-Öl-Gemisch. Oder man nimmt Calciumcarbid. Calciumcarbid ist nicht giftig. Es entwickelt durch die natürliche Bodenfeuchtigkeit in Nagetiergängen Ethin. Ethin enthält in Spuren die Gase Ammoniak, Phosphorwasserstoff und Schwefelwasserstoff. Der unangenehme Geruch soll die Mäuse vertreiben. Die Wirksamkeit dieser Methode ist begrenzt. Wenn es funktioniert, dann wirkt die Mäusevertreibung nur für eine kurze Zeit. Außerdem ist Ethin als leicht entzündliches Gas eine potentielle Gefahr. Und gerät Calciumcarbid in Wasser, entsteht Calciumhydroxid, das für Wasserlebewesen gefährlich ist. Wirklich harmlos sind Duftstoffe auch nicht immer.

Unangenehme Gerüche als Vertreibungsmittel von Mäusen sind nichts Neues. Bereits Mitte des 19. Jahrhunderts wurden Pflanzen wie die Königskerze oder die Hundszunge empfohlen. Auch Steinöl, Teer, Fischtran und Wagenschmiere. Hirschhornöl sollte wirken, weil Mäuse den Geruch angeblich nicht ertragen konnten. Diese harmlosen Methoden blieben im Kampf des Menschen gegen die Maus wirkungslose Episoden.

Den Mäusefängern war jedes Mittel recht. Es musste funktionieren und möglichst wenig Aufwand machen. *„Das Fangen der Mäuse mit Fallen oder sonstigen Vorrichtungen ist zwar recht wirksam, erfordert aber ziemlich viel Zeitaufwand"*, heißt es 1926 in der Pflanzenbaulehre. Gift war weniger aufwändig. Eingesetzt wurde, was Erfolg versprach. Beispielsweise kursierten Meerzwiebel-Rezepte wie das von Ableitner: *„Die Zwiebel ist eines der besten Vertilgungsmittel für Mäuse und Ratten. . . . Man bereitet das Gift in der Art, dass man einige Scheiben dieser Zwiebel nimmt, sie sehr fein hackt und anhaltend mit Fett (Butter oder Schmalz) schmort, dann die Rückstände vom Fett absondert und dieses allein an den von Mäusen und Ratten besuchten Ort aussetzt, wo sie aufgesucht und mit großem Appetit gefressen werden."* Ein anderes Rezept empfiehlt, aus Meerzwiebeln und Mehl einen Brei zu machen, ihn im Backofen zu trocknen und zu einem Pulver zu verarbeiten, das man vor Mauselöcher streuen sollte. Chemisch wurde aus der Meerzwiebel Scillitin gewonnen, ein Alkaloid. Hier riet Expertin Henriette Davidis zur Vorsicht: *„Das Scillitin ist äußerst giftig, so dass 6 cgr eine starke Katze töten."* Meerzwiebelextrakt, das Scillain, galt als Geheimmittel gegen Mäuse. Für Menschen sei es nur in großen Dosen schädlich, man würde es auch sofort am scharfen Geschmack erkennen. Bei Raphael Koller heißt es über Scillain-Vergiftungen bei Menschen: *„Die Vergiftungserscheinungen bestehen in Kratzen im Hals, Übelkeit, Erbrechen, Kolik, profuser Durchfall, Blutharnen und können unter Koma und Konvulsionen zum Tode führen."* Das Scillagift ist digitalisähnlich, es verursacht Herzlähmung und Darm- und Nierenentzündungen. In den 20er Jahren des letzten Jahrhunderts war das Meerzwiebelgift Bestandteil der meisten der angeblich giftfreien Ratten- und Mäusebekämpfungsmittel. Saling nennt folgende handelsübliche Präparate: *„Antimusol III, Bafum-Rattengift, Delitia-Mäusegraupen, Delitia Rattenkuchen und Delitia Rattenextrakt, Ratinin, Rattenkrieg-Pasta, Rattenteig-Köder, Rattentoxin, Ratthan, Rattitot, Rattoxin und die Styx-Meerzwiebelkonserve."* 30 Jahre vorher war ein anderes Präparat auf Meerzwiebelbasis in die öffentliche Diskussion geraten, weil es nicht wirkte. Das Mittel hieß Glyricin, wurde in großem Stil durch einen Apotheker in Sulm an der Weichsel hergestellt und bestand aus Meerzwiebel, Fett und Mehl. Der Hersteller verkaufte in drei Jahren 60 000 Giftbüchsen. Die Diskussion um die Wirksamkeit des Präparats dürfte ihm egal gewesen sein (Abb. 111).

Experimentiert wurde mit allem, was giftig war. Beispielsweise mit Xanthinderivaten. Aus ihnen wurde

3-Monomethylxanthin gewonnen. Das weiße, kristalline Pulver war Hauptbestandteil eines Mäusefraßgifts, das unter dem Namen Sokialweizen vertrieben wurde und nicht nur Mäuse, sondern auch Haustiere tötete. Mitte des 18. Jahrhunderts wollte man die Mäuse mit Nüssen und Körnern ausrotten, die in einem Schierlingssud gekocht worden waren. Vorteil des Schierlingskrauts: Es kostete nichts, weil es überall wuchs. Die üblichen Risiken waren 1801 bekannt: *„Bey diesem Mittel, welches, wenn es gehörig angewendet wird, die besten Dienste thut, hat man die Vorsicht zu gebrauchen, daß alle in Schierling gekochte Fruchtkörner ganz genau und sorgfältig verborgen gelegt werden müssen, damit sie nicht von einem anderen Vieh, als Tauben, Vögeln u.s.w. gefressen, und dadurch geschadet werden könne."* Man griff auch zu Nieswurz, einem Hahnenfußgewächs, mischte es mit Mehl und Läusekraut, gab Milch und Honig dazu, formte aus dem Brei erbsengroße Kugeln, die man trocknete und in die Mauselöcher legte. Das Läusekraut gab es in Apotheken unter dem Namen Stapisagria, im Volksmund Ratten- oder Mäusepfeffer. Wer sich die Arbeit mit dem Brei nicht selbst machen wollte, dem wurde in einem anonymen Werk von 1802 geraten, sie durch seine Kinder erledigen zu lassen, *„aber mit Vorsicht, daß sie nicht von diesem Teig naschen."* Nieswurz wurde übrigens bereits vor 2000 Jahren von Plinius d. Ä. als eine der Pflanzen genannt, aus denen im alten Rom Mäusegifte hergestellt wurden. Mäusegifte sind also keine Erfindung der Neuzeit. Zu den als Mäusegift genutzen Pflanzen gehören auch Sabadillsamen (veratrum sabadilli) und Kokkelskörner (menispermum cocculus).

Mäuse sollten mit Quecksilber vergiftet werden, mit Bleioxyd, Mennige und mit Baryt. Hier ergaben Experimente mit gefangenen Mäusen, dass aus einem getrockneten Gemisch aus 5 g Baryt, 1 g Zucker und 20 g Brot 100 wirksame Pillen gemacht werden konnten. Man versuchte, ihnen mit Kalk und verschiedenen Beimischungen ans Leben zu gehen, in der Hoffnung, das würde die Magenwände zerfressen. Man versuchte, Obstkeimlinge vor Mäusefraß zu retten, indem man Kirsch-, Birnen- und Apfelkerne in ein Gemisch aus gelöschtem Kalk und Petroleum einlegte. Chlorkalk, vermischt mit Essig und Wasser, sollte auf Kornböden die Getreideernte vor Mäusen schützen. Ableitner hoffte, mit einem Gemisch aus Gips, Mehl, Zucker und Anisöl die Mäuse zum Fressen zu bewegen. *„Es bildet sich dann durch die Magensäfte im Magen ein unverdaulicher Gipskuchen, durch welchen der Tod erfolgt."* Noch 1927 gingen Fachleute davon aus, dass sowohl das Ätzkalk- als auch das Gipsrezept funktionierten.

Egal, ob den Mäusen mit Fraßgiften, Atemgiften oder anderen chemischen Substanzen zu Leibe gerückt wurde, es ist, als wäre nichts geschehen. Die Mäuse vermehren sich fröhlich weiter. Mal werden sie in der zehnten Etage eines Hochhauses gesichtet, mal wird ein örtliches Gesundheitsamt wegen einer Mäuseinvasion mit hunderten Anrufen bombardiert, mal gibt es im Bundestag Mäusealarm. Mäuse sind überall. Nur der Gifteinsatz gegen sie gilt inzwischen als unfein und ist, schreibt Grapentier *„aus tierschutzrechtlichen Gründen in der Nagetierbekämpfung abzulehnen. Er lässt sich aber häufig nicht vermeiden."* Und er wird nicht vermieden. Nur selten, meist wenn es bei Bekämpfungsaktionen zu große Kollateralschäden gab, wurde protestiert. Meist vergeblich. Noch seltener wurden Gifte nach Protesten verboten. Traditionelle

Nr. 4684. W. 242.
A. Wasmuth & Co.,
Altona. Anmeldung vom
6. 10. 94/13. 11. 88. Eintragung am 2. 4. 95.
Geschäftsbetrieb:
Fabrikation und Vertrieb
von Rattengift.
Waarenverzeichniß:
Rattengift.

"Sculeïn" Rattentod
Wirksamstes Mittel zur radikalen Vertilgung von Ratten und Mäusen.
durchaus unschädlich für Menschen u. Hausthiere
à Dose für Mäuse 50 Pf. für Ratten 1 u. 3 M.
A. Wasmuth & Co. Apotheker, Ottensen.

111 | Heute kaum vorstellbar: Gifteinsatz neben dem Kochtopf. Warenzeichen aus dem Jahr 1895.

Mausefallen wären eine Alternative, doch wer sich in den einschlägigen Geschäften umsieht, wird dort mehr Giftpräparate als Fallen finden. Die Bundestagsverwaltung, der die Mäuse im Parlament peinlich waren, verzichtete allerdings auf einen Chemieeinsatz. Ob aus Tierschutzgründen oder um das im hohen Haus vorhandene Humankapital vor Gift zu schützen, sei dahingestellt. Ein Kammerjäger bekam den Auftrag, mit Lebendfallen auf Mäusejagd zu gehen. Die Fallen mögen zwar nicht tödlich sein, doch vermutlich wird sich erst durch eine kleine Anfrage klären lassen, was der Kammerjäger mit den gefangenen Mäusen gemacht hat – ausgesetzt hat er sie sicher nicht.

Fast fallenfreier Mäusefang

„Ein Ökonom wurde seit einiger Zeit sehr von Ratzen und Feldmäusen, die auf seinen Boden eingedrungen waren, geplagt. Er hatte daher den Einfall, eine Wanduhr, welche alle Viertelstunden schlug, auf den Boden, auf dem die Frucht lag, zu hängen und so das Glück, seine unangenehmen Gäste in einigen Tagen loszuwerden."

(Krünitz, Johann Georg, Ökonomisch-technologische Enzyklopädie, Band 86, Buchhandlung Joachim Pauli, Berlin 1802, S. 96)

Wer heute Mäuse loswerden will, greift zu Fallen oder zu Gift. Vor 200 Jahren war das Spektrum der Bekämpfungsvarianten vielfältiger. Die Literatur des 18. und 19. Jahrhunderts nennt unkonventionelle Methoden, Mäuse zu fangen oder zu vertreiben. Empfohlen wird im „Krünitz" beispielsweise Musik, etwa das häufige Spielen eines Flügels. *„Die Ratzen und Mäuse werden durch dieses ihnen vielleicht sehr ungewohnte Geräusch bewogen, die Zimmer zu verlassen, bis wohin der Schall sich verbreitet."* Der Einsatz eines Flügels gegen Mäuse kam natürlich nur für die Wenigen infrage, die sich einen Flügel leisten konnten. Glasscherben im Wasserbad waren für Jedermann verfügbar und wurden auch in Professorenhaushalten eingesetzt. Im „Krünitz" steht: *„Der selige Professor Wrisberg in Göttingen sah sich von den Mäusen sehr beunruhigt und konnte es Anfangs gar nicht verhindern,*

112 | Im Einsatz gegen die Maus: die Wanduhr.

dass diese Gäste durch ihre Gefräßigkeit ihm öfters Verluste in seiner Bibliothek zufügten. Endlich entdeckte er ein Mittel, seine Schriften vor ihnen zu bewahren. Er setze an mehreren Plätzen des Zimmers kleine Scherben mit Wasser aus, und fand, dass nun das Papier nicht mehr von Mäusen berührt wurde, woraus er schloss, dass vielleicht der Durst sie treibe, an dem Papier zu nagen."

Wasser

Es folgte Ratschlag auf Ratschlag. Wasser spielte dabei eine bedeutende Rolle, denn Wasser galt seit dem 18. Jahrhundert als probates Mittel gegen Mäuse – nicht, um ihren Durst zu stillen und sie dadurch vom Papierfressen abzuhalten, sondern um sie zu ersäufen. So wurde empfohlen, Wasser in Fässern auf die Felder zu schaffen und mit kleinen Gefäßen in die Mauselöcher zu schütten. In anderen Gegenden waren Fässer als Hilfsmittel unnötig. *„In den Marschländern ... würde das schleunigste und wirksamste Mittel zur Vertilgung der Mäuse eine totale Überschwemmung der Äcker sein"*, räsümiert der „Krünitz". Der Experte Ableitner wusste: *„Könnte man der Mäuseplage durch künstliche Überschwemmungen oder Bewässerung von Feldern und Wiesen zu Leibe gehen, so wäre dies das beste, einfachste und wenigst kostspielige Mittel zur Vertilgung dieser schädlichen Tiere."* Er wusste aber auch, dass die Voraussetzungen meist andere waren. Wenn man die Mäuse großflächig ersäufen wollte, blieb in der Regel nur der Einsatz von Menschen. Gemeindeweise wurden, auf Anweisung der Bürgermeister, Landwirte und Helfer mit Gießkannen auf die Felder beordert. Das Wasser wurde zeitgleich in die Mauselöcher gekippt, damit die Mäuse ertranken. Flüchtende Tiere wurden totgeschlagen. Ergebnis der Operation: *„Auf diese Weise gehen die jungen Feldmäuse alle drauf, und die Alten werden wenigstens gezwungen, das Feld zu räumen"*. Das behauptet Verardi. Die gleiche Prozedur wurde auch mit Jauche durchgeführt, wahlweise mit einem Wasser-Ofenrußgemisch. Kein Wunder, dass Regen und Kälte von Karl Eckstein geradezu herbeigesehnt wurden: *„Groß ist das Sterben unter diesen Nagern, wenn Regen und Frostwetter jäh abwechselt. Es entstanden dann unter den nach den trockenen Stellen sich zusammenziehenden Mäusen Krankheiten mancherlei Art, die unter ihnen so rasch aufräumten, als die Mäuse die Leichen der ihren nicht verschonen, sondern sie oft bis auf nur wenige Hautreste verzehren und, falls ein Krankheitserreger vorhanden ist, sich durch diesen infizieren."*

Vorbeugung

Schon vor mehr als 4000 Jahren wusste man allerdings: Vorbeugen ist besser als heilen. Ägyptologen beschreiben fünf Meter hohe Kornspeicher der damaligen Zeit, die, wegen der Mäuse, erst auf halber Höhe eine Öffnung zum Befüllen hatten. Eine Öffnung am Boden war verschlossen und wurde nur zur Kornentnahme geöffnet. Mäusesicheres Bauen war über Jahrhunderte üblich, um Vorräte zu schützen, beispielsweise durch aufwändige Tonrinnensysteme, die um Scheunen und Speicher verlegt werden sollten, damit die Mäuse nicht hinein kamen. Speicherhäuser sollten durch Pfosten und Bretter- oder Steinkränze, auf denen sie standen, Mäuse fernhalten. Bekannt sind Tiroler

113 | Speicherhaus in Asturien.

betonieren, alle Ratten- und Mauselöcher mit einem Gemisch von Beton, Sand und Glasscherben auszufüllen. Hölzerne Fundamente, Dielen, Thüren und Wandleisten können auch durch Eisenbeschlag geschützt werden. Kellerfenster und Bodenluken, auch Ventilatoröffnungen werden durch galvanisiertes, engmaschiges Drahtnetz gesperrt. Auch die über dem Erdboden etwas erhöht angebrachte Anlage von festen Fußböden auf freistehenden, mindestens 30 cm hohen Postamenten hat sich für Tennen und Speicher bewährt." Schutz vor Mäusen sollten Käsekästen, frei

Pfostenhäuser und Speicherhäuser, wie sie in Asturien und Galizien noch häufig zu finden sind (Abb. 113). Diese Vorratsdepots waren nur über Leitern oder freistehende Treppen zu erreichen, die keine Verbindung zum Gebäude hatten. Später galt die Empfehlung von Theodor Saling, auf Beton- und Zementfundamenten zu bauen und die Grundmauern mit Blech oder Drahtgewebe vor zudringlichen Nagern zu schützen: *„Die Fußböden von Stallungen und Vorratsräumen sind zu*

114 | Gitterkasten für Lebensmittel statt Mausefalle. Werbeplakat.

hängende Brotgestelle und Speckstangen bieten, an denen Würste aufgehängt wurden. Als mäusesicher galt die bäuerliche Speisekammer, wenn die Tiere durch Bleche an den Seiten am hochklettern gehindert wurden. Auch Räucherschränke aus Maschendraht erfüllten ihren Zweck (Abb. 114). Bevor ein mäusegeplagter Haushalt zu kostspieligen Investitionen bei Bauten oder Schutzvorrichtungen schritt, versuchte man es preisgünstiger. Man grub Töpfe in den Kellerboden, deren Öffnung kleiner sein musste als der Bauch und die auf der Innenseite gut glasiert waren. Solche Töpfe wurden mitsamt Mäuseskeletten gefunden (Abb. 115).

Töpfe

Fortgeschrittene Mäusefänger befestigten mit Draht einen Deckel auf dem Topf, der unter dem Gewicht der Maus umschlug, die Maus in den Topf beförderte und anschließend wieder in die Ausgangsposition zurück klappte. Ein auf dem Wasser schwimmendes Holzbrettchen mit einem Stück gebratenem Speck sollte den gleichen Zweck erfüllen. Alternativ wurde geraten, den Topf mit einem in Öl getränktem Papier zu verschließen, in das Kreuzschnitte gemacht werden sollten, die ebenfalls die Funktion einer Falltür hatten. Auch diese Töpfe sind in verschiedenen Sammlungen erhalten. Manche wurden allerdings nicht eingegraben, sondern mit einer Art Leiter versehen. Die Erfolgsbilanz wurde in der Anonymen Schrift von 1802 als Empfehlung mitgeliefert: „Man hat mit dieser Veranstaltung an mehreren Orten Versuche gemacht, und in jedem so eingegrabenen und vorbereiteten Topf nach 24 Stunden im Durchschnitte wenigstens 12–15 Mäuse gefangen. Gewiß ein ergiebiger Fang." Wenn die Töpfe innen glasiert und zu einem Drittel mit Wasser gefüllt waren, seien dort in einer Nacht vier bis sechs Mäuse gefangen worden, berichtet der Autor Gatterer. „*Man müsse sie aber darin länger als 3 Tage belassen.*" Erst dann könne der Topf ausgegossen und frisches Wasser nachgefüllt werden. Der Experte des frühen 19. Jahrhundets lobt diese Art, Mäuse zu fangen, hat aber die üblichen Bedenken – die Kosten – und einen Rat: *"Alle diese Topffallen leisten zwar den erwarteten und versprochenen Nutzen; aber man bedenke einmal den äußerst beträchtlichen Aufwand an neuen Töpfen dazu im Großen, weil sie ja nach dieser Vorschrift Wasser halten sollen. Indessen ist das Wasser dazu ganz unnütz, indem sich auch in mit Rissen versehenen, also in den Haushaltungen unbrauchbar gewordenen, eingegrabenen Töpfen die Mäuse ebenso gut, als in neuen, fangen."*

115 | Topffalle, gefunden mit mehreren Mäuseskeletten von Kurt Sartorius.

Die Methode funktionierte im Garten und auf dem Acker. Großbauchiger Topf, stark riechender Köder, eingraben und warten, bis die Mäuse hineinfallen. Nur in der Wasserfrage war man uneins, denn der Fachmann J. C. N. weiß: *„Da die Mäuse bekanntlich dem Wasser nachgehen, weil diese großen Durst bekommen, so kann man auch dergleichen Häfen zur Hälfte mit Wasser anfüllen."* Stolz verkündet er das Ergebnis eines Selbstversuchs: *„Ich selbst habe auf diese Art mehrere Hundert Mäuse in den Gärten gefangen."* Im 13. Jahrhundert glaubte man zu wissen: *„Wann auch nit wasser in dem vasse wer und vil muse doryn vilen, sagt man, das eine die ander esse vor hunger. und die letzte, dy dorynn vorliebe lebende, wann man die fry losse gan, dy fresse alle andere muse."* Was auch immer man zu wissen glaubte, richtig ist, dass Töpfe als Fallen funktionierten.

Nun ist ein Topf bzw. ein Fass, ob mit oder ohne Wasserfüllung, eine unkomplizierte Angelegenheit. Es gab aber auch aufwändige Topf-Konstruktionen. Eine wird im frühen 19. Jahrhundert ausführlich beschrieben. Ein kesselförmiger Topf, groß wie ein halber Eimer, der an allen vier Seiten Röhren hatte, die senkrecht nach oben zeigten, sollte von einem Töpfer gebaut werden. Diese Konstruktion sollte im Lehm eingegraben werden, nur die Röhreneingänge mussten freiliegen. Als Köder lag gebratener Speck im Topf, der die Mäuse in die Röhren locken sollte, durch die sie in den Topf fielen. Damit die Mäuse die Röhreneingänge leichter fanden, wurde empfohlen, Linien zu den Löchern zu ziehen, *„da nun bekanntlich die Mäuse in Linien am liebsten fortlaufen."* Eine derartige Konstruktion, die der Autor als „Maschine" bezeichnet, hat sich leider nicht erhalten. Sie dürfte auch selten gewesen sein. Verbreitet war dagegen die kostengünstige Methode, mit einem Pfahl Löcher in den Acker zu machen, die vier bis fünf Zentimeter tief und 12–15 Zentimeter breit waren. Das reichte zum Mäusefang. *„Werden nun mehrere, ja viele solche Löcher mittels des Stocks und einer Axt oder eines Hammers in einem zugänglichen Felde geschlagen, und dieselben aufmerksam überwacht, so verfallen viele Mäuse in Gefangenschaft, in welcher sie zu Grunde gehen."* Auch zu den Erdlöchern sollten mit einem Stock kleine Furchen als Laufhilfen für die Mäuse gezogen werden. Alternativ zu Erdlöchern wurden Gräben empfohlen, die um Strohhaufen gezogen werden sollten, die man dann ansteckte. Auf ihrer Flucht sollten die Mäuse in die Gräben fallen, an deren glatten Wänden sie nicht hinaufklettern konnten. Karl Eckstein will beobachtet haben, was passierte, wenn man in den Gräben an einigen Stellen noch tiefere Löcher grub: *„Abgehetzt und verängstigt sitzt die erste Maus hier in einer Ecke, nachdem sie sich vergeblich abgemüht, durch Springen den Rand des Gefängnisses zu erreichen. Da stürzt eine Leidensgefährtin herein. Gemeinsames Unglück macht sie anfangs friedliebend, allein der Hunger thut weh, und bald entspinnt sich ein Kampf auf Tod und Leben, nach welchem in kannibalischer Weise die Besiegte aufgefressen wird."*

Natürliche Mäusefeinde

Andere Vorschläge setzten ausschließlich auf die Selbstregulierung des Mäuseproblems durch die Natur, auf natürliche Mäusefeinde. *„Wollen wir diese Ordnung der Natur nicht stören, so müssen wir diese Feinde der Feldmäuse nicht zu sehr vermindern, müs-*

sen nicht so fleißig die Krähen und Elstern wegschießen; sonst muß es der Mensch über sich nehmen, alle die Mäuse, welche von jenen Thieren gefressen worden wären, selbst zu vertilgen, und daß der Mensch bei aller Klugheit nicht so gut beykommen könne, ist bekannt." Die Jagd auf Mäusefeinde war ein Problem des 19. Jahrhunderts. Deshalb wurde ein Jagdverbot für solche Tiere gefordert. *„Einen wichtigen Beytrag zur Vertreibung oder doch Verminderung der Feldmäuse könnte eine allgemeine Verordnung machen, worin allen Jägern befohlen würde, bis auf weitere Erlaubnis keine Katzen auf dem Felde, desgleichen keine Füchse, Geyer, Raben, Nachteulen u.s.w. zu schießen, als welche Thiere unsere besten Gehülfen bey der Vertilgung der Mäuse sind."* Fachleuten war schon im 13. Jahrhundert klar: *„Muße (Mäuse) vehet (fängt) man also mit mancherleye weiße. Eyne weyße mit katzcen, mit ulen unde mit weßeln (Wieseln)."* Und im 17. Jahrhundert hieß es bei Forer: *„Der Maus sind auffseßig die Katzen / Füchß / schwarße Schlangen / Wiselein . . . Habichen / Nachteulen / Kautzen / und etlich andere geflügel helt den Meusen nach / frißt dieselbigen."*

Die Forderung, Füchse zu schonen, bedurfte der Unterstützung. Die gab es. *„Die Füchse gehören nicht minder zu den ergiebigen Mitteln, die Feldmäuse zu vertilgen. Wie zahlreich sieht man nicht oft diese schlauen Thiere auf Feldern und Wiesen lauern? Denn, wenn sie keine anderen Leckerbissen zu erhaschen wissen, so treibt sie der Hunger, das sie auf die Felder und Wiesen ziehen, und ihren Hunger durch Mäusefressen befriedigen."* Es gab Fachleute, die stimmten Loblieder auf den Fuchs als Mäusefresser an: *„Die jungen Füchse, welche zwar ehemals von den unwissenden Jägern als blos schädliche Raubthiere, sogar gegen Ersatz eines gewissen Schußgeldes, allenthalben verfolgt wurden, von denen man aber jetzt weiß, daß ihr Nutzen durch die fleißigste Vertilgung der Feld- und Waldmäuse weit größer sey, als ihr Schaden durch das Wegfangen einzelner junger Hasen."* Das war keine wirklich neue Erkenntnis, denn Füchse galten schon im Altertum als bewährte Mäusefänger.

Die Mäusebekämpfer des 19. Jahrhunderts waren in Anbetracht der Aufgabe experimentierfreudig. Sie griffen auf die Tipps der vergangenen Jahrhunderte zurück. Ein Experte empfahl die Ringelnatter als Mäusefängerin und zitierte aus dem Schweizer Generalanzeiger, was für Erfahrungen in der Schweiz mit dieser Schlange beim Mäusefang gemacht worden waren: *„Es wurde zu diesem Zwecke eine zahme Natter auf die Wiese gesetzt, wo sie sich sofort in ein Mäuseloch verkroch, und alsbald aus drei Löchern 7 Mäuse zu Vorschein kamen, welche sogleich getötet wurden. Innerhalb zwei Stunden wurde dieses Experiment zehnmal gemacht, wobei 50 Mäuse getötet wurden und 50 entkamen, die sich aber alle von der Wiese entfernten. Innerhalb 8 Wochen ist die Wiese frei von Mäusen geworden, und es setzte sich wieder ein fetter, üppiger Graswuchs an."*

Über viele Jahrzehnte waren auf den Feldern keine erhöhten Sitzstangen für mäusefressende Vögel wie Eulen, Raben, Bussarde usw. vorhanden. Jetzt sieht man sie wieder. Sie wurden bereits vor 200 Jahren gefordert. Damals hieß es: *„Wir müssen aber auch diese Thiere in ihrem Fangen unterstützen, welches dadurch geschieht, daß man auf den besaamten und anderen Feldern von hölzernen Stäben Bügel oder sogenannte Sprenkeln aufstellt. Auf dergleichen*

Natürliche Mäusefeinde | 155

Bügeln oder auch nur Gabeln, welche aber nicht hoch über der Erde sein dürfen, setzen sich diese Thiere sehr gerne, lauern den Mäusen auf und bringen sie um." Drei bis vier Fuß sollten die Gestelle hoch sein und die Form eines T oder eines auf dem Kopf stehen L haben. Während ein Experte riet: „Man stecke deshalb starke Ruthen oder Bügel auf den Acker, damit sich die Raben oder andere Raubvögel drauf setzen können, um die Mäuse auf dem Acker zu bemerken und zu fangen.", sagte ein anderer, aufwändige Konstruktionen seien als Fanghilfe für Raubvögel nicht zwingend nötig, denn: „So ist es doch im Großen theils zu mühsam, theils selbst unnütz, da die schlauen Raubvögel die Mäuse auch ohne dieses Hilfsmittel zu belauschen wissen. Anstatt der mühsam aufzustellenden Bogen braucht man, wenn man doch ein ähnliches Mittel anwenden will, nur Reisig hin und wieder auf das Feld zu legen."

Auch Raubtiere wie Marder, Iltis oder Wiesel wurden damals als Mäusejäger geschätzt. Bei Iltis und Wiesel gab es Einschränkungen: „Denselben von Höfen und Geflügel-Stallungen durch Fallen abzuhalten, muß demohngeachtet dem Landmanne unbenommen seyn." Doch für den Experten Gatterer überwog der Nutzen: „Vom großen Wiesel weiß man, durch die genauesten Beobachtungen, daß ein solches Thierchen 8000 schädliche Mäuse tödtet, ehe es ein nützliches Auerhennen-Ey verzehrt."

Igel wurden gezielt als Mäusefänger eingesetzt. Sie hatten einen entsprechenden Ruf. „Sie fressen außer den Obst- und Wurzelgewächsen auch Ratten und Mäuse, und sind im Mäusefangen fleißiger als manche Katze. Es ist also immer schade, wenn man einen Igel muthwillig tödtet, und man sollte diese nützlichen Thiere in der Zukunft besser schonen, da sie ja Niemandem Schaden bringen, wohl aber durch das Mäusefangen viel nutzen können." Der Rat, wie man träge Katzen munter machen konnte lautete: Die Hauskatzen ans Mäusefressen gewöhnen und sie auf den Feldern aussetzen. 1948 wurde prognostiziert, dass nur wenige Mäuse in der freien Natur einen natürlichen Tod sterben würden, denn die Zahl ihrer vielen Feinde sei zu groß. Genannt wurden Raubtiere wie Fuchs, Marder, Dachs, Iltis, Wiesel und Katzen, dann Insektenfresser wie Igel und Maulwürfe, schließlich Raubvögel wie der Turmfalke. Der Mäusebussard beispielsweise habe einen Tagesbedarf an Trockennahrung von 4,5 % seines Körpergewichts. 74 % seines Mageninhalts bestand bei einer Untersuchung aus Feldmäusen, das entsprach einer Tagesaufnahme von 100 g Feldmaus, also vier bis fünf Exemplaren. „In 50 Tagen", heißt es in der Studie Ingo Krumbiegels weiter, „verbraucht ein Rauhfußbussard 413 Feldmäuse, ein Mäusebussard 263."

Die mehrfach erwähnte Katze ist das Tier, das noch heute als optimaler Mäusefänger gilt, auch wenn das manchmal nicht beabsichtigt ist. „Eine weiße Maus wurde im letzten Jahr vom Tierheim an eine Familie in Peiting abgegeben. Viermal fuhr unser Inspektor Toni Wünscher in den Folgewochen nach Peiting, um die Haltung der Maus zu überprüfen; nie traf er jemanden an. Erst bei der fünften Kontrolle hatte er ‚Erfolg'. Doch leider musste er erfahren, dass der Hauskater die Maus inzwischen gefressen hatte. Aufwand: 500 Fahrkilometer."

Katzen wurden bereits im antiken Rom als Mäusefänger erkannt. Plinius beschreibt, dass Katzen beim Fang strategisch vorgingen, nämlich geräuschlos agierten, sich anschlichen und geduldig warteten, bis sie eine Chance hatten, die Maus zu erwischen. Beschrieben werden auch Mosaikabbildungen von Katzen bei der Mäusejagd, in einem Fall trug die Katze ein rotes Halsband mit Glöckchen. Sie hieß Vincentius. Die Maus, die sie erschlug, hatte den Namen Luxurius, frei übersetzt *„Fresssack"*. In Fabeln tauchen Katzen als Mäusefänger in byzantinischer Zeit auf. Im Mittelalter wurden sie auf Fresken aus dem frühen 13. Jahrhundert in der Johanniskapelle in Prügg im Ennstal / Österreich abgebildet. Dort kämpfen bewaffnete Katzen gegen Mäuse um eine Stadt. Ein anders Bild zeigt eine Katze mit einer Maus in den Klauen.

Im Mittelalter, als der Aberglaube Bestandteil des Glaubens war, galten Katzen als Hexentiere. Auch sie wurden verbrannt. Es ist natürlich Aberglaube, dass die Entstehung der Katze der Maus zu verdanken ist. Noah soll gesehen haben, wie eine Maus die Arche benagte und einen Handschuh nach ihr geworfen haben. Aus diesem Handschuh wurde im Volksglauben die Katze, die seither Mäuse frisst. Aberglaube ist es auch, dass eine am Walpurgistag auf dem Dachboden eingesperrte Katze, die entkommen kann, dafür sorgt, dass alle Mäuse verschwinden – was auch durch die Asche einer verbrannten Katze erreicht werden sollte oder, wie schon im alten Ägypten, durch Katzenfett, das dort hingeschmiert wurde, wo man keine Mäuse haben wollte.

1707 ist die lebendige Katze als Mausefänger unumstritten. *„Die Katz ist ein abgesagter Feind der Mäuse / dahero sie dessenthalben im Haus sehr nützlich."* Hauskatzen als Mäusefresser in Stuben und Speichern waren üblich. Nicht nur in, sondern auch außerhalb von Häusern sollten Katzen Mäuse jagen. Im Zweifel müsse man zahme Katzen auf die Felder bringen. Die Tiere kamen von allein wieder nach Hause. Chronisten schrieben auf, was sie wussten oder zu wissen meinten: *„Zu den ersten und vorzüglichsten Vertilgungsmitteln der Feldmäuse gehören unstreitig die Katzen, besonders die so genannten Feld- und Waldkatzen, die Gott selbst zu diesem Endzweck geschaffen hat, da er ihnen den so wohlthätigen Instinkt (Naturtrieb) zum Mäusefangen verliehen hat. Man sieht es ja allenthalben, wie begierig diese Thiere in Häusern, Scheunen, Gärten und auf Feldern und Wiesen auf die Mäuse lauern; und es ist bekannt, daß sie so lange keine Maus fressen, als sie noch eine umzubringen wissen."* Die Erkenntnis aus diesen Beobachtungen lautete: *„Katzen guter Art mausen nicht nur um des Hungers willen, sondern töten die Mäuse gleichsam zum Zeitvertreib."* Der Einsatz von Wildkatzen gegen Mäuse war umstritten. Sie würden nicht nur Feldmäuse fressen, sondern auch Hühner und dadurch *„einen weit größeren Schaden"* anrichten. Hausbesitzern, die Katzen hielten, wurde geraten, die Tiere knapp zu halten und *„nur mäßig zu füttern."* Die Begründung: *„Liebkosungen und reichliche Nahrung machen eine Katze faul und gleichgültig für die Mäusejagd."* Die Empfehlung lautete: *„Eine Katze, welche gut fangen soll, muß von Jugend an mit Mäusen und Ratten zu thun haben, um ihre Kräfte und Raubsucht an ihnen zu üben."* Weibchen seien besser dazu geeignet, als Männchen, Angora-Katzen seien unbrauchbar. Doch selbst faule Tiere, die sich nicht vom Fleck rühren, wenn die Mäuse um sie herumspringen, seien wertvoll im Kampf gegen die Maus, *„weil nämlich schon der Katzengeruch allein in der Regel hinreicht, die Mäuse einigermaßen in Respect* *zu erhalten oder wohl gar ganz zu verscheuchen."* Das sah man noch Mitte des 20. Jahrhunderts so. Katzen hielten aus Instinkt die Wohnung und deren Umgebung von Ratten und Mäusen frei, oft genüge schon ihr Geruch, um diese Tiere zu vertreiben, heißt es in Kollers Fachbuch. Der Urtrieb zum Töten von Ratten und Mäusen sei auch der Grund zur Domestikation der Katzen im alten Ägypten gewesen. Der Tötungstrieb ist eine plausiblere Erklärung als die Legenden des 19. Jahrhunderts, die den Mäusen nachsagen, sie hätten Urkunden zernagt, die die Katzen den Hunden gestohlen hätten – weshalb Hunde die Katzen und Katzen die Mäuse verfolgen.

Katzen sind als Mäusefänger beliebt, auch wenn es schon immer Katzenhasser gab, die zu Fallen oder Gift griffen. Ende des 19. Jahrhunderts waren Katzen populärer als Mausefallen, obwohl der Mausefallenproduzent Bender mit einer weinenden Katze warb. Anfang des 20. Jahrhunderts lautete die Parole von Jägern und Vogelfreunden: *„Die Katze muss überflüssig werden."* Man brauche die Katze nicht, man müsse und könne sie durch tadellose Fallen verdrängen und ersetzen. So stand das im Katalog eines Fallenherstellers. Konsequent bekamen Mausefallen die Namen Mietze oder Mehlmieze und die Katze als Logo. Nicht jeder, der von Mäusen geplagt wird, hat die Skrupel, die ein moslemischer Geistlicher hatte, der aus Rücksicht auf die Nachbarn keine Katze hielt, weil er fürchtete, das Tier würde die Mäuse zu den Nachbarn treiben. Der Mann lag allerdings nicht so falsch. Heute weiß man, Katzen beseitigen den Mäusebestand nicht, sie erreichen nur, dass man die Mäuse nicht mehr sieht.

Katzen wurden mitunter als „Mäusehunde" bezeichnet. Aber auch richtige Hunde wurden zum Mäusefang eingesetzt. Als besonders geeignet galten kleine englische Jagdhunde. Hunde konnten Mäuse riechen und ihre Nester finden. Auch Pudel seien dafür besonders geeignet, hieß es an anderer Stelle. Zum Mäusefangen abgerichtete Hunde konnte man mieten, sie waren höchstens drei Jahre einsetzbar, dann verloren sie ihren Geruchssinn. Die Hunderassen, die zum Mäusefang abgerichtet wurden, wechselten. In der Beliebtheitsskala kamen nach dem 1. Weltkrieg Foxterrier und Pinscher auf die vorderen Plätze. Neu waren Hunde als Mäusefänger nicht, schon in früheren Jahrhunderten wurden sie während Pestepedemien als Ratten- und Mäusefänger erwähnt.

Abschreckung

Zum Kanon des ökologischen Kampfes gegen Mäuse gehörte die Abschreckung, zum Beispiel bei der Neuanlage von Obstplantagen. Der „Krünitz" empfahl: *„Grabet den Platz, den ihr mit Obstkernen besäen wollt, anderthalb Schuh tief aus, und legt diese Grube mit Zweigen vom Wacholderstrauch nach allen möglichen Richtungen aus oder steckt sie in den Boden, dass die Spitzen der Zweige bis an die Fläche der Erde, womit sie wieder aufgefüllt wird, reichen, und so viele, dass die Mäuse, welche das Stechen der spitzen Blätter scheuen, dadurch vom Besuch eines solchen Landes hinlänglich abgehalten werden können."* Die Wirksamkeit dieser Methode ist immerhin vorstellbar. Bei anderen Methoden bleibt nur der Glaube an ihren Erfolg – oder der Aberglaube. In diese Kategorie gehören rituelle Beschwörungsformeln, die beispielsweise bei der Getreideernte benutzt wurden. Bevor der erste Kornwagen in die Scheune fuhr, fragte der Knecht den

Wagenlenker: Was transportierst Du? Die Antwort lautete: Eine Katze für die Mäuse. Nach diesem Ritual kamen angeblich keine Mäuse in die Scheune. Eine andere Frage war: Weißt du, wann der Christtag, der Ostertag und der Pfingsttag gewesen ist? Der Knecht antwortete mit nein. Der Bauer sagte: So weiß auch die Maus meinen Stadel nicht. Eine dritte Variante ging so: Die Kinder fragten den Vater, was er da bringt. Der antwortete: Brot für mich, meine Kinder und die Armen. Worauf die Kinder antworteten: Dann wünschen wir für die Mäuse und Ratten den Tod. Vor der Scheune angebrachte Strohbänder, die in der Fastnachtszeit gemacht wurden, sollten Mäuse ebenso abschrecken wie ein Eichenzweig am letzten Erntewagen, Teile der Erntekrone vom Maibaum und geweihte Palmenzweige, die man in Getreidehaufen steckte. Das Handwörterbuch des Aberglaubens nennt als besonders wirksame Mittel gegen Mäuse Knoblauch, geweihte Palmenzweige, am Johannistag gepflücktes Bilsenkraut, grüne Minze und einen Sud aus Schellkraut, Wermut, Leinsamen und Baumfarnen, mit dem das Getreide anstatt mit Weihwasser besprengt wurde. Gegen Mäuse helfen sollte auch ein Kreuz aus drei Haselnussgerten, das um zwölf Uhr am Johannistag gemacht und auf dem Acker vergraben wurde, ebenso in den Acker gesteckte geweihte Eier. Die Mäuse vom Nisten und Fressen abhalten sollen Faulbaumzweige oder die von Sauerkirschen und Erlen sowie Königskerzen, die in Scheunen oder Speisekammern gelegt werden. 15 bis 20 Königskerzen zwischen jeder Schicht Getreide auf dem Kornboden sollte den Boden mäusefrei halten. Auch wilde Kamille und Heidekraut sollten abschrecken, ebenfalls Hundszungenkraut wegen der mäusevertreibenden Wirkung seines Geruchs. Die Wirkung von Heidekraut wurde von Carl John so beschrieben: *„Der Geruch des Haidekrauts (erica vulgaris) ist den Mäusen im höchsten Grade zuwider. Sie fangen, sobald sie davon gefressen haben, an zu laufen, und laufen immer fort umher, bis sie sich todt gelaufen haben."* Über den Geruch sollte auch Hanf Mäuse abschrecken. Rein mit den Duftzweigen, zu denen auch Stengel, Äste und Blätter der Bachmünze gehören, in Häuser, Ställe, Kornkammern und Felder – und weg sind die Mäuse, Hexen und Unholde gleich mit.

Experimente

Menschen mit weniger Vertrauen in natürliche Wirkstoffe und in Gottes Güte setzen auf andere Methoden. Es war ein Entwicklungsprozess. Wie schon im Altertum wurden Feldmäuse ausgeräuchert, indem Reisig oder Stroh auf die Felder gebracht und angezündet wurde. Pferdehufspähne, die in Kohlefeuern verbrannt wurden, sollten Mäuse durch den Geruch vertreiben, Steinöl hatte die gleiche Funktion, und auch in Terpentin getränkte Tücher, die in Mauselöcher gestopft wurden, sollten Mäuse verschrecken und zum Abwandern bewegen. *„Dieser Geruch vertreibt sie sicher und gewiß; indeß man muß dieß so oft wiederholen, als man welche verspürt, und diesen Geruch immer zu erhalten suchen."* Auch ein Schwefelöl-Gemisch oder eine Mixtur aus Fischtran und Teer wurden als Stinkbombe gegen Mäuse empfohlen. Der brutale Rat des Experten lautete: Man fange Mäuse in Lebendfallen, stecke sie dann mit dem Kopf in ein Gemisch aus Teer und Fischtran und lasse die Tiere wieder frei. *„Diese laufen hierauf aus Angst durch alle ihre Gänge durch* und so lange fort, bis sie krepieren, und gerade dadurch, dass sie den Gestank an allen Orten verbreiten, wird man sie in wenigen Tagen los." Statt die Mäuse in Fischtran zu tunken, gab es auch die Empfehlung, die Bohnen- und Erbsensaat zwei Tage lang in Fischtran einzuweichen, um die Mäuse davon abzuhalten, das Saatgut zu fressen. Saatgut durch Bäder in Aschelaugen zu schützen, war üblich, insbesondere durch eine Lauge aus Eichenholzasche. Experimente mit Anisöl, das englische Kammerjäger als Lockmittel empfahlen, ergaben, dass Anisöl Mäuse nicht anlockte, sondern abschreckte. Der Testbericht ist eindeutig: „Man füllte nämlich mehrere Teller mit Mehl an, drückte die Oberfläche derselben glatt, belegte sie mit gebratenem Speck und bestrich den Rand einiger dieser Teller mit Anisöl; ließ dagegen den Rand der übrigen geruchlos. Diese stellte man nun in verschiedene Winkel des Zimmers, und es zeigte sich, dass die nach Anisöl riechenden Teller von den Mäusen unangetastet blieben, dagegen die übrigen in mehreren Nächten nach einander zahlreich besucht wurden." Wegen des penetranten Verwesungsgeruchs sei es auch wirksam, lebende oder tote Krebse in Mauselöcher zu stecken, doch seien Krebse zu selten, um sie in großem Maßstab einzusetzen. Trotzdem wurden auch pulverisierte Krebse zum Ausräuchern von Mauselöchern empfohlen.

Der Übergang von der ökologisch-biologischen zur chemischen Mäusebekämpfung ist fließend. Nun mögen in Speck und Butter gebratene Waschschwamm-Stücke, die an Mäuse verfüttert werden, damit sie in den Mägen der Tiere aufquellen und die Mäuse töten, kein chemisches Produkt sein und auf biologische Art töten: „Sobald sie nun saufen, so schwillt von dem Wasser der Schwamm auf, der Magen wird dadurch außerordentlich ausgedehnt, und das Thier muß entweder vor Hunger sterben; oder es patzt am Ende der Magen." Es ist sicherlich ein biologischer Tod, der durch Eisenspäne hervorgerufen wird, die in einen Köder aus Teig und Honig gemischt werden. Beim Einsatz von bitteren Mandeln in Ködern oder von Akaziensamen ist den Experten klar, dass sie die Mäuse mit Gift bekämpfen.

Glaube und Aberglaube

Aber auch Gift kostete Geld. Preiswerter war es, Pferde, Schafe oder Schweineherden über die Felder zu treiben, um die Mäuse zu töten und ihre Gänge zu zerstören. Zumindest in Zeiten, als es Tierherden noch in nennenswerter Zahl gab und der Zeitaufwand keine Rolle spielte. Noch beliebter waren seit dem Altertum andere Maßnahmen zum Nulltarif, nämlich Glaube und Aberglaube, auch wenn im Zeitalter der Aufklärung davor gewarnt wurde: „Unter den Landleuten ist es schon eine alte Sage: wenn der neue Mond auf einen Sonntag fiele, so müßten die Mäuse sterben... ein solcher Aberglaube ist dem Landmanne höchst schädlich; denn er stärkt ihn nicht allein in seinem Irrtum, sondern er hindert ihn auch, die gehörigen Mittel gegen die Mäuseplage anzuwenden, weil er sich auf die Hoffnung verläßt: die Mäuse würden auf den Sonntagsmond von selbst wegkommen." Auch der Weihnachtsabend war einer der Tage, an denen man Mäuse durch Zaubersprüche loswerden konnte. Empfohlen wurde, in der Christnacht um Mitternacht eine tote Maus durchs Haus zu tragen. Bei Lärm versprach diese Maßnahme besten Erfolg. Nicht nur Zaubersprüche sollten wirken, man griff auch zum Totenfetisch. Menschenrippen, Menschenknochen und im Hausflur vergrabenes Totenhaar sollten zusammen mit Beschwörungsformeln helfen, Mäuse zu vertreiben. Notfalls taten es auch Tierknochen oder Stücke von verfaulten Särgen, die unter die Dachpfannen geschoben wurden. Gegen Mäuse wirken sollte ein Talglicht, das neben einer Leiche aufgestellt wurde. Im alten Griechenland griff man zum Messer und kastrierte eine gefangene Maus, die wieder laufen gelassen wurde und in Anbetracht ihres Schicksals die anderen Mäuse vertreiben sollte. In unseren Regionen versuchte man Mäuse dadurch loszuwerden, dass man sie als abschreckendes Beispiel einer Katze umhängte oder gleich einen mit mehreren Mäusen behängten Ast am Scheunentor festmachte. Eine an die Scheune genagelte Eule oder die dort festgemachten Eier von Schneehühnern sollten die gleiche Wirkung haben, ebenso lebendige Frösche, die an den Beinen aufgehängt werden sollten. Man war sicher, kastrierte weiße Hähne würden die Mäuse aus dem Haus krähen oder, Hahn voran, aus dem Haus führen.

Lärm sollte helfen, Mäuse zu vertreiben. Gerasselt wurde mit Schellen und Schlüsseln, Erfolg versprach man sich auch vom Glockenläuten am Karsamstag oder Palmsonntag. Eingesetzt wurden auch Trommeln und andere Lärmgegenstände. Man hängte lebendigen Mäusen oder Katzen Schellen um den Hals, klopfte dreimal an Türen und sagte dabei Bannformeln auf. Doppelt hält besser, sagt der Volksmund. Erfolg versprach man sich von Schlägen mit dem Dreschflegel auf den Boden oder gegen Wände, vorausgesetzt, das geschah am Karfreitag vor Sonnenaufgang. Das sollte dann reichen, die Mäuse vom eigenen Grund und Boden zum Nachbarn zu treiben. Die Sache mit den Glöckchen war übrigens seit dem 13. Jahrhundert bekannt. Damals hieß es: *"Wenn man zcweyen ader dreyen mußen ader ratten schellen an hengt, dy vor yagen dy andern."*

Die Zeit um Ostern war eine gute Zeit, um Mäuse loszuwerden. Der Ratschlag von Adolf Wuttke lautete: *"Mäuse vertreibt man aus Haus und Scheune, wenn die Hausfrau beim Frühläuten am Ostertage (manchmal auch am Palmsonntage) alle Schüsseln des Hauses zusammenbindet, und entweder sofort oder beim Mittagläuten in den Keller geht und so lange mit dem Bunde rasselt, als das Läuten dauert; dann verlassen alle Mäuse das Haus."* Wer an die Maus als Gewittertier glaubte, glaubte auch an den Erfolg dieser Maßnahme. Aberglaube war es auch am Karfreitag an Fastnacht geschnittene Pflöcke in den Boden zu schlagen, um alle Mäuse loszuwerden, die den Ton hören konnten. Das sollten auch Hammerschläge gegen die Hauspfosten am Petri-Tag, dem 22. Februar, bewirken. In Westfalen schlug man am Petritag mit dem Kreuzhammer gegen die Haustüren und sprach: *"ruit, ruit alle mius. riut, riut junge mius. allet unglück ut düesem hius."* Heute gibt es elektronische Mausefallen, die Mäuse durch bestimmte Tonfrequenzen vertreiben sollen. Ihre Wirksamkeit entspricht nach Expertenmeinung der des Aberglaubens aus dem 19. Jahrhundert. Pfeifen war üblich, am besten funktionierte das am Karfreitag und Gründonnerstag. Die Sage vom Rattenfänger von Hameln und andere ähnliche Überlieferungen werden als Belege dafür herangezogen, dass diese Methode funktionierte und sich sogar im Sprichwort *"Das ist den Mäusen gepfiffen"* wiederfindet. Nun ist es allerdings in der Rattenfängersage so, dass die Mäuse dem Pfeifen folgten und nicht dadurch vertrieben wurden. Und die Bedeutung des Sprichwortes lautet: Das ist umsonst, das ist vergeblich, das bringt nichts. Was der Wirklichkeit von Versuchen sehr nahe kommt, Mäuse mit hochfrequenter, pfeifender Elektronik zu verdrängen.

Nichtstun war auch eine Methode, Mäuse loszuwerden. Man hielt es für ratsam, die Tiere nicht zu verfluchen und nicht einmal ihren Namen zu nennen, aus Angst, sie würden sich sonst stark vermehren. Und man ließ aus demselben Grund zwischen dem 25. Dezember und dem 6. Januar, in den Zwölfnächten, und an Fastnacht die Arbeit zumindest am Spinnrad ruhen. Häufiger als das Aussitzen des Problems waren andere Bräuche.

Man war überzeugt, Mäuse mit dem Christbrand, einem angebrannten Holzklotz, oder mit Kohlen aus dem Herd- oder Kaminfeuer vom Weihnachtsabend vertreiben zu können. Diese Kohlen kamen zur Abschreckung in das Kornlager. Es wurde empfohlen, einem Ziegenbock am Tag des heiligen Nicasius, dem 14. Dezember, den Bart abzuschneiden und mit diesen Haaren das Haus auszuräuchern. Besonders wirksam sollte das sein, wenn man dazu mit geweihter Kreide über die Türen schrieb: *„Heut feiern wir des heiligen Nicasius Tag, auf daß man keine Maus im Hause sehen mag."* Eine Alternative war es, einem weißen Bock am Tag des heiligen Jacob ein Horn abzuschlagen und es auf glühenden Kohlen in der Scheune zu verbrennen um die Mäuse dort zu vertreiben. Im Volksglauben war der Bock, der vor den Wagen des Germanengottes Thor gespannt war, ein Opfer- und Teufelstier. Gleiches sollte Gleiches vertreiben. Es war auch üblich, Reste des Osterfeuers auf Wiesen und Feldern zu verteilen, um Mäuse- und andere Schäden abzuwenden. Das geschah in Verbindung mit einer Beschwörungsformel bzw. einem Gebet: *„Gott wolle diese vor Mißwachs und Hagel behüten. Solche Aecker, Krautgärten und Wiesen gedeihen besser als andere, kein Ungeziefer, keine Maus, kein Käfer frißt die Körner aus, die Pflanzen ab, keine Schlossen schlagen die Saat nieder, keine Hexe schadet, und die Aeren stehen dicht und voll."*

Das Besprengen mit Wasser galt als weiteres Mäuseabwehrmittel. Vom Pfarrer geweihtes Wasser, das am Gertrudentag auf die Felder geträufelt wurde, sollte Mäuse vertreiben. Korngaben wurden besprengt, Schnitter tranken ihr Trinkwasser nicht aus, sondern gossen den Rest in die Ecken der Scheune, aber nur in drei Ecken, die vierte Ecke sollten die Mäuse nutzen, um zu verschwinden. Wasser wurde um das Haus und im Haus verspritzt, in Böhmen das Wasser, in dem sich Frauen gewaschen hatten, die vor sechs Wochen ein Kind bekommen hatten. Geeignet war auch das Wasser, mit dem die Leichen einer Wöchnerin oder eines kleinen Kindes gewaschen worden war. Schon im alten Rom war es üblich, Wasser zu benutzen, in dem Wiesel oder Katzen gekocht worden waren. All das sollte Mäuse wirksam vertreiben. Es gab auch den Brauch, zu diesem Zweck alte Schuhe in ein fließendes Gewässer zu werfen. Unberufen, ohne hinzusehen. Erfolgreich war das Ganze an einem hohen Feiertag wie Karfreitag oder Ostersonntag vor Sonnenaufgang, wenn man auf dem Hin- und Rückweg nicht sprach. Alternativ sollte ein Pfeifer die Mäuse ins Wasser locken. Interessant ist die mühevolle Aufbereitung des Wassers, das auf Getreide gesprengt wurde, damit die Mäuse es nicht fraßen. Eines der Rezepte lautete: Man nehme neun

Blätter Tüpfelfarn, drei Schellkrautpflanzen mit Wurzeln, drei Wermutpflanzen, eine Handvoll Leinsamen, fülle alles in einen neuen Topf, der fest verschlossen und mit Lehm abgedichtet wird, damit nichts überläuft. Das Ganze aufkochen. Dann Speisekammer und Scheune an einem Samstag oder Donnerstag bei Neumond mit dem Sud bespritzen, bevor das neue Getreide eingelagert wird. Zur Sicherheit auch das eingebrachte Getreide noch einmal besprengen.

Natürlich half auch Fegen gegen Mäuse, aber es musste am Karfreitag sein, mit einem neuen Besen, der am Gründonnerstag gekauft worden war. Wer nicht fegen wollte, konnte bei Neumond das Stroh im Haus wenden, alternativ den Haus- und Hofhund täglich aus einer Suppenschüssel fressen lassen. Geraten wurde, am Fastnachtsdienstag Krautsuppe zu trinken und die Schüssel verkehrt herum auf den Tisch zu stellen, dann würden die Mäuse die gebundenen Garben in Ruhe lassen. Ein geeignetes Mittel sei das Essen von Zwiebeln und Knoblauch. Nur eins, bitte, sollte man nicht: fluchen. *„Wer Ratten und Mäusen flucht, der kriegt sie doppelt und dreifach auf den Hals"*, heißt es bei Hans Fink. Wer die Mäuse am Heiligen Abend mit den Resten des Abendessens und am Christtag mit denen des Mittagessens füttert – natürlich in der Scheune, wird die Tierchen los, vorausgesetzt man begleitet das Ganze mit dem Spruch: Mäuse, fresset diese Überbleibsel und lasset das Getreide in Ruhe. Ähnlich wirken sollten Reste eines Erbsengerichtes, die in Kreuzform in den vier Ecken der Stube verteilt wurden. Vor Knochen, die an Fastnacht vor Sonnenaufgang in die Scheune geworfen wurden, flohen die Mäuse angeblich. Die erste Garbe oder eine Handvoll Getreide als Mäusefutter nach dem Einbringen der Ernte bzw. dem Dreschen waren Opfer, die die Mäuse gnädig stimmen sollten. Pessimisten haben einen Käse in die Strohgarbe eingebunden, in der Erwartung, dann fräßen die Mäuse das Korn nicht. In manchen Gegenden war es untersagt, das erste Bund mit den Händen anzufassen. Tat man es, war man sicher, die Mäuse würden in die Scheune gelockt. Oft ließ man auf den Feldern ein paar Büschel Halme stehen, als Geschenk und Opfergabe für die Mäuse und um dämonische Wesen gnädig zu stimmen.

Wenn nichts mehr half, beim Versuch, die Mäuse loszuwerden oder sie abzuschrecken, wurde geopfert, wurden Bannformeln und Gebete gesprochen und es gab sogar kirchliche Exorzismen. Mäuse verschwanden, wenn man am 8. Juni, dem Medarditag, *„Medardus"* über alle Türen schrieb oder wenn man, nicht an den Tag gebunden, mit einem Löffel, von dem ein Verstorbener gegessen hatte, dreimal um den Acker ging und dabei sagte: *„Wia dersege Mensch mit dem Löffel nia mehr eßn und trinken kann, so möge mit der Hilfe Gottes a die Vögel und Mäus von den Acker nia eßn noch trinken kinnan."* Ein Bannspruch beim Einlagern der Ernte lautete: *„Da leg ich den Menschen das Brot und den Mäusen und Ratten den Tod. Im Namen Gottes des Vaters, des Sohnes und des heiligen Geistes. Amen."* Diese Formeln stammen aus Kärnten. Ein Bannspruch vom Bodensee gegen Mäuse ist in die Literatur eingegangen. Scheffel lässt seinen Ekkehard sagen: *„Aius, sanctus, cardia cardiani. Maus und Mäusin, Talp und Talpin, Hamster und Frau Hamsterin, lasset das Feld, wie es bestellt; fahrt in die Welt! Fahret hinunter, hinüber ins Moor, Fieber und Gicht laß euch nimmer hervor! Afrias, aestrias palamiasit!"*

Im Mittelalter waren kirchliche Segen gegen

Mäuse und andere schädliche Tiere üblich. Es gab Patrone, deren Namen an Haustüren geschrieben wurden, mitunter ergänzt um einen Bannspruch. Medardus, der Name eines Bischofs aus dem 6. Jahrhundert, wurde bereits erwähnt. Der 6. Juli ist der Tag des Propheten Jesaja, auch er sollte helfen, man schrieb seinen Namen und den Spruch: *„Ihr Ratzen und Mäuse, schert euch aus dieser Scheune heraus, heute ist der Tag des heiligen Isaias."* Auch Nicasias, der im 5. Jahrhundert Erzbischof von Reims war, wurde bereits als kirchlicher Helfer gegen Mäuse erwähnt. Am 14. Dezember schrieb man als Bannformel seinen Namen an die Tür, manchmal ergänzt um den Spruch: *„Hüt is Nicasiasdag."* Oder : *„Heute feieren wir des heiligen Nicasias Tag, auf daß man keine Maus im Hause sehen mag."* In Böhmen schrieb man laut Grohmann am Nicolaustag den Namen des Heiligen an die Türen, dazu drei Kreuze und die Worte: *„Dnes je sv. Nikasia den Jdete vsechny mysi ven."* Als Schutzpatrone gegen Mäuse galten und gelten die Heiligen Ulrich, Magnus, Paulus, Hubert, Walpurgis, Bernhard, Columban, Medardus und Kakwkylla, außerdem natürlich die bekannteste der Schutzheiligen gegen Mäuse, die heilige Gertrud.

Diese Schutzfunktion bekam Gertrud schon sehr früh. Die Bildsprache und entsprechende Texte sind eindeutig. Das besondere Kennzeichen der heiligen Gertrud von Nivelles sind Mäuse, die an ihrem Äbtissinnenstab bzw. an dem Faden der Spindel hochlaufen (Abb. 116). Die Unterzeile eines der Bilder aus dem frühen 15. Jahrhundert lautet: *„wer sie eret mit einem pater noster und ave maria, der ist sicher vor den müszen."* Gertrud sollte vor Mäusen schützen, aber die Mäuse waren auch ein Symbol. In Bauernkalendern

116 | Die heilige Gertrud, Schutzheilige gegen Mäuse.

wurden am Gertrudentag, ihrem Todestag, das war der 17. März 659, zusammen mit Gertrud Spindel und Maus abgebildet, weil man der Meinung war, dass an diesem Tag die Maus den Faden abbeißt, also das winterliche Spinnen zu Ende ist und die Feldarbeit beginnt. Gertrud sollte für Fruchtbarkeit, für gutes Wachstum und reiche Ernte sorgen. Drucke mit solchen Bildern gibt es seit ca. 1400. Die christliche Heilige hatte unter anderem mit der Zuständigkeit für das Gedeihen der Natur die Attribute und Eigenschaften der heidnische Göttin Frigga übernommen. Aber Gertrud und die Mäuse stehen symbolisch noch für einen anderen

Sachverhalt. Der Legende nach weigerte sich die Tochter von Pipin von Brabant, einen fränkischen Adeligen zu heiraten. Sie ließ sich nicht verführen, sie widerstand der „Teufelsmaus". Gertrud wird deshalb mit Lilie gezeigt, die das Symbol der Jungfräulichkeit ist. Die Mäuse und Ratten, mit denen Gertrud zu sehen ist, sind in diesem Kontext Symbole der „teuflischen Versuchungen", denen sie nicht erlegen ist und die sie „uns durch ihre Fürbitte überwinden hilft". Mäuse sind Symbole für Sexualität und Lust.

Gertrud wurde – und wird – seit mehr als 1000 Jahren vor allem in Belgien und dem Rheinland verehrt. Dort, aber auch in allen anderen Teilen Deutschlands, existiert der Zusammenhang mit Mäusen. Abbildungen der Heiligen gemeinsam mit Mäusen finden sich im östlichen Europa, aber vor allem in Belgien, den Niederlanden, Deutschland und Österreich (Abb. 117).

Mäuse gelten nicht nur als Symbole für Sexualität, sondern im Volksglauben auch als Seelentiere. Gertrud ist die „Wirtin der Seelen", die „Schicksalsspinnerin", und die am Faden nagende Maus galt als Todessymbol, denn im Volksaberglauben verbrachten Verstorbene die erste Nacht nach ihrem Ableben in Mäusegestalt. Das ist die dritte Funktion der Heiligen. Auch hier wird die Analogie zur heidnischen Göttin Frigga deutlich, die ebenfalls die Seelen der Verstorbenen aufnahm und zur Wiedergeburt auf die Erde sandte. Das entspricht der Aufgabe von Gertrud, die auch Schutzherrin der Herbergen war und den Seelen auf dem Weg zu Gott in der ersten Nacht Unterkunft gab.

Analogien gibt es in der griechischen Götterwelt, wo es über eine Kategorie von Göttern hieß: *„Unter dem Erdboden wohnend, gewähren sie den Bewohnern des Landes, das sie verehrt, ein Doppeltes: den Lebenden segnen sie den Anbau des Ackers, die Zucht der Feldfrüchte, und nehmen die Seelen der Todten auf in die Tiefe."* In österreichischen Bauernkalendern ist die Maus mit der Spindel vom 15. bis in das 19. Jahrhundert das Zeichen für den 17. März, das Ende der Winterzeit und für den Beginn der Feldarbeit. Auch Redensarten über Gertrud und den Frühlingsanfang finden sich überall im deutschen Sprachraum.

117 | Heilige Gertrud in der Kirche von St. Goar.

Mausefalle und Sexualität

„Das Bild der von der Katze bedrohten Maus in der Falle steht symbolisch für das Gefangensein in der Liebe, das zentrale Motiv vergleichbarer Abbildungen ist die Gefährdung der Jungfräulichkeit."

(Herzog Anton Ulrich-Musseum (Hrsg.), Die Sprache der Bilder, Ausstellungskatalog, Braunschweig 1978, S.118)

118 | Das Lächeln beim Anblick der Falle ist verräterisch.

119 | Symbol für die Gefahren der Lust: Die Maus in der Falle und die lauernde Katze. Stich von J. Jones, 1786.

Die Symbolik

Diese Feststellung ist eine erste Erklärung für die kleinen spitzen Schreie, die viele Frauen beim Anblick von Mäusen ausstoßen und sie erklärt das eindeutige Lächeln des Mädchens auf dem Bild von Jones und das der Damen auf der Parkbank (Abb. 118. 119) beim Anblick einer Mausefalle. Es geht in diesen und in ähnlichen Abbildungen um Erotik, Sexualität und Lust. Dafür steht das Bild der Maus. Die Mausefalle ist das

Symbol für Jungfräulichkeit. Das ist nur scheinbar eine einfache Erklärung. Die These ist belegbar, zum Beispiel optisch. Auf alten Stichen steht der Cupido mit seinem Bogen, da lauert die Katze, und in der offenen Schwerkraftfalle sitzt die Maus (Abb. 120). Nichtstun bedeutet den Tod, herauskommen die Liebe oder der Tod: das Wagnis Leben, das jeder eingehen muss, auch auf die Gefahr hin, dass nichts mehr so ist, wie es war, wenn man sich dem Leben mit seinen Unwägbarkeiten stellt, wenn man den geschützten Raum, der zur Falle werden kann, verlässt. Ein weiterer Stich hat eine ähnliche Symbolik. Bei ihm erspart der Text die Interpretation (Abb. 121). Es geht um Verführung, wie auf dem Bild Wilhelm von Mieris. Es geht um das Verführt-Werden und um die Gefahr, in die man sich begibt, wenn man sich der Liebe und der Lust hingibt, dem Köder, den Verlockungen der Sexualität – zu verstehen als Wollust, wie ein weiterer Stich zeigt, von dem ein vierter „abgekupfert" ist.

Der Text auf dem Stich von Aubry ist eindeutig. Wort und Bild der Kupferstiche des 18. Jahrhunderts sind deutliche Warnungen vor Lust auf Liebe und Sexualität. Die Maus und die Falle sind das Symbol dieser Warnungen. Dieser Zusammenhang sitzt in den Köpfen, unbewusst, tief im Unterbewusstsein. Er ist auch noch präsent, in Sprüchen beispielsweise. „De Mus, de Mus" ist ein in der Schweiz gebräuchlicher Ausruf, um bei kleinen Kindern Schamgefühle zu wecken, wenn sie sich ausziehen, wenn sie vor Erwachsenen unerwartet Hose oder Rock fallen lassen. Sprache ist verräterisch. Ein nacktes Kind hat mit einer Maus so wenig zu tun wie mit Sexualität. Der Ausruf zeigt lediglich, woran Erwachsene in der konkreten Situation denken: an Sexualität. Und dabei assoziieren sie immer noch die Maus. Die Bilder der Vergangenheit leben in den Köpfen von heute.

Der Praxistest

Wenn die Begriffe Maus und Mausefalle heute noch mit Sexualität, Lust, Erotik, mit intimen Beziehungen zwischen Menschen verbunden werden, dann müssten Menschen auf diese Stichworte reagieren, zumindest in Bereichen, in denen eine Assoziation nahe liegt, zum Beispiel auf Kontaktanzeigen. Hier die Reaktionen auf die Anzeige: *„Suche Maus für Mausefalle"* in einer Tageszeitung. *„Gefangen werden in Deiner Mausefalle, vielleicht möchte ich das? Würde Dich gern bei einem Wein, Bier oder Kaffee einmal kennen lernen, um zu schauen, inwieweit ich mich auf die Mausefalle einlassen kann oder will! Bin 25 Jahre, arbeite vormittags als Diplompädagogin und spiele ansonsten in einer freien Theatergruppe (bin aber keine besonders gute Schauspielerin!) Wenn Du ein bisschen neugierig auf mich bist, schreib mal. Liebe Grüße."* Oder: *„Liebe Unbekannte, wenn Deine Mausefalle ein schö-*

120 | Katze, Falle, Maus und Cupido. Nichts ist ohne Risiko, auch nicht die Liebe. Stich 1615.

121 | Warnung vor Lust und Liebe. Typisch für das 17. Jahrhundert. Kupferstich von Peter Aubry II, Kunstsammlung der Veste Coburg.

nes weiches feuchtes Nest ist und keine Falle im eigentlichen Sinne, wenn Dein Körper warm und anschmiegsam ist und wenn Du phantasievoll, zärtlich und gleichzeitig geil bist, möchte ich Dich kennenlernen. Ich bin 31 Jahre, berufstätig, schlank, 1,82 m groß und schwarzhaarig. Wenn Du auch mich kennenlernen möchtest, ruf an, am besten nach 20 Uhr und verlier nicht den Mut, falls Du mich nicht erreichst.

Der Praxistest | 169

Gruß." Oder: „Durch Einsendung Ihrer Persönlichen Angaben, 20,– DM und Freiumschlag, erhalten Sie innerhalb von 4 Tagen 30 ausgesuchte Vorschläge mit Rufnummern von Traumpartnerinnen und können noch am gleichen Tag den Kontakt zu diesen Damen herstellen. Z. B.: Sandra, bildhübsch und anschmiegsam ... Gina, feurig, temperamentvoll, attraktiv ... Julia, die geborene Hausfrau und Mutter ... Heiße Katze sucht den heißen Kater ..."

Das sind eindeutige Reaktionen. Sie reichen über einen Anflug von Romantik, der Sexualität als Möglichkeit offen lässt, über eindeutig sexualitätsbezogene Geilheit – der Schreiber ist ein Mann, der für Männer ungewöhnlich offen gleich beim Versuch einer ersten Kontaktaufnahme seinen Sexualtrieb artikuliert – bis hin zum zeitgemäßen geschäftlichen Angebot. Die Symbolik, die Assoziationskette, ist stimmig. Eine zweite Zeitungsanzeige erhärtet die These, dass Mausefalle zumindest von Menschen, die durch Kontaktanzeigen auf Partnersuche sind, noch heute so verstanden wird, wie in den vergangenen Jahrhunderten: Die Maus ist nach wie vor das Symbol der „unschuldigen" jungfräulichen Frau, die bereit ist, hineinzugehen in eine Mausefalle um sich hinzugeben – der Sexualität, der Erotik, der Lust. Beispielhaft sei eine der zahlreichen Antworten zitiert: „Hallo, lieber Unbekannter. Hier bin ich, R., 27 Lenze jung, blond, superblaue Strahleaugen, optimistisch, doch noch den Mann des Lebens zu finden, der stark ist, nicht zu klein ist, lieb und zärtlich, voller Ideen und Leben, – lass uns eine wonnige-warme Zeit erleben – vielleicht für immer? Keine Angst, löse auch Probleme, falls vorhanden – und es sollte mich wundern ... Ein Leben, von Verstehen und Liebe geprägt – alles andere findet

sich schon – kann man gemeinsam meistern. Bin Löwin, Kämpfernatur, was bist Du? Sollten wir uns ergänzen? Bin Bauzeichnerin, liebe Kinder, Tiere, große Gärten, Farbe blau, Micky Mouse – und Menschen, die wissen, wovon sie reden. Und – über alles im Leben reden zu können. Immer die Gedanken mitteilen können, an den Menschen, den man liebt ... Sollten wir uns kennen lernen? Herzlichst Ihre ..."

Bei dieser Anzeige war der Text gegenüber der ersten leicht verändert. Er lautet: *„Suche Maus für Mausefalle, graue Maus oder Mäuschen nicht gefragt"*. Eine weitere Zuschrift greift das auf. Die Schreiberin identifiziert sich mit der Rolle der Maus und lässt sich, geködert durch ein vages Versprechen auf Lust und Sexualität, nicht durch das warnende Symbol der Falle abschrecken. Ein solches Verhalten entspricht – bei Männern und Frauen – der Lebenserfahrung. Nicht zu erwarten war, dass diese Schreiberin, wie die meisten anderen auch, die Symbolik in unzweideutige Terminologie umsetzt. Hier der Brief: *„Hallo, lieber Mäuserich, es meldet sich hiermit eine reife Maus, weder Mäuschen noch grau, aber bereit, an der Falle zu schnuppern und auch reinzuspringen, und die auch einem Mäuserich das geben kann, was ein Mäuserich halt noch nicht kann! Gib mal einen ersten Piep-Ton durchs Telefon. Zu zweit ist es in der Mausefalle schöner, als alleine. Maus."*

Das sind die Tatsachen. Vergleichbare Anzeigen tauchen immer wieder auf, etwa im Veranstaltungsmagazin Pepper. Dort suchte eine Frau einen Partner. Werbespruch: *„Ich bin bestimmt keine grauen Maus."* In einer anderen Anzeige im Pepper suchte eine *„Süße Maus"* einen Mann. In Internetforen ist die Kommunikation noch direkter. Dort wurde bei gofeminin

122 | Mausefalle heißt der Stich von C. Mellan aus der Pornosammlung August des Starken. Kupferstichkabinett Dresden.

gefragt: *„Wie kriegt man JEDEN Mann in die Mausefalle?"* Die deutliche Frage provozierte 25 Antworten. Es gibt keinen Unterschied zwischen den alten Stichen und ihrer Botschaft und den Briefen von heute mit ihren eindeutigen Aussagen. Nach wie vor ist die Maus das Symbol für Sexualität, Erotik, Lust. Nur die Falle hat ihre abschreckende Wirkung verloren, wenn sie die denn jemals hatte. Vor Jahrhunderten und noch heute waren und sind die Begriffe Maus und Mausefalle in der Umgangssprache eindeutig sexuell besetzt. Das zeigen nicht nur Wörterbücher und Lexika, das zeigen auch Abbildungen von Mausefallen als Karikaturen.

Das Bett als Falle

Die Assoziation ist eindeutig: Das Bett als Mausefalle, die wiederum Sinnbild für Sexualität ist, denn das Bett ist der Ort, an dem sich Sexualität in der Regel gewohnheitsmäßig abspielt (Abb. 122). Der Bezug Bett/Mausefalle/Sexualität in diesem Stich ist nicht singulär. Er ist Gegenstand vieler Karikaturen. Mitunter werden dabei die historischen Assoziationen benutzt und die Mausefalle bekommt eine vor Lust und Sexualität warnende Funktion. Das Bett als Mausefalle hat eine simple Botschaft. Sie heißt: Achtung,

Vorsicht vor unerbetener Annäherung. Das reale Mausefallenbett eines kanadischen Designerbüros ist die zeitgemäße Umsetzung des Spannungsbogens zwischen sexueller Lust und der Gefahr, die darin liegen kann, sie auszuleben. Es ist nichts anderes, als die Umsetzung der historischen Bilder in die Gegenwart.

Eindeutige Bilder

Karikaturen sind künstlerische Darstellungen. Die Unterschiede zwischen ihnen und der volkstümlichen Umsetzung der Thematik liegen nicht in der Symbolik, sondern in der Direktheit der volkstümlichen Varianten. Eine Österreichische Bäckerei stellt unter anderem eine Erotik-Torte her (Abb. 123). Das Motiv ist weit verbreitet. Es taucht auf kopierten DIN A4 Blättern in Büros und Jugendzentren auf, inzwischen wird es auch auf T-Shirts gedruckt und als Postkarte vertrieben. Gezeigt wird eine in der Falle gefangene Maus, die in ihrer hilflosen Lage von einem Mäuserich vergewaltigt wird. Unterzeile: *„Ich bin klein, mein Herz ist schmutzig, ich könnt schon wieder, ist das nicht putzig"*. Der Zeitgeist kennt kein Mitleid mit Opfern. Die Falle versagt als Symbol sexueller Abschreckung. Zur Erinnerung: Der Erfolg der Schlagbügelfallen lag nur zum Teil in den geringen Herstellungskosten und den dadurch niedrigen Verkaufspreisen. Er war vor allem darin begründet, dass diejenigen, die aufgrund der familiären Strukturen den Mäusen nachstellen mussten, nämlich die Frauen, sich vor den in der Falle gefangenen Mäusen ekelten und Maus samt Falle in den Müll warfen. Die Neuanschaffung einer Falle war die logische Konsequenz.

Worin liegt die Ursache für diesen Ekel? Ist es tatsächlich nur Ekel vor der toten Maus? Oder ist es Ekel vor der toten Maus in der Falle? Auch in der Konfrontation mit einer wirklichen Mausefalle und einer darin gefangenen oder getöteten Maus wirkt die Assoziation zu Sexualität, Lust und Erotik. Aber diesmal nicht positiv besetzt, sondern als Ekel und Abscheu vor Sexualität, vor der Opferrolle. Diese Gedankenassoziation muss nicht bewusst ablaufen. Negativ besetzte Bilder können geweckt werden, Bilder, die bereits beim Anblick einer lebenden Maus Angst auslösen, und die Befürchtung entstehen lassen, dass durch die Maus in der Falle das Schöne, das sie verkörpert – die Sexualität, die Lust, die Neugier – zerstört werden oder verloren gehen könnte. Die Konfrontation mit dem Symbol, die Angst vor der Angst, löst Angst vor der Wirklichkeit, der eigenen Lust, der eigenen Sexualität, den eigenen erotischen Wünschen aus. Die Falle ist das Symbol für die Gefangenheit in Konventionen, sie ist ein Bild für die verklemmte Sexualität, die verhinderte Lust, die abgetötete Erotik. Erklärt das bereits die klei-

123 | Erotiktorte. Die Falle versagt als Symbol der sexuellen Abschreckung.

nen spitzen Schreie? Wenn, dann nur unzulänglich. Die Aneignung der Begriffe, die in diesem Kontext eine Rolle spielen, hilft weiter. Sie sind so eindeutig wie die Bilder.

1961 kam dieser Schlager auf: *„Pigalle, Pigalle, das ist die große Mausefalle mitten in Paris. Pigalle, Pigalle, der Speck in dieser Mausefalle schmeckt so zuckersüß. Da sieht man Dänen, Deutsche, Schweizer und auch Schweden, die dann ein Leben lang von dieser Reise reden..."* Bill Ramsey war der Sänger, Text und Musik kamen von dem Berliner Hans Bradtke. Die Mausefalle war das Pariser Vergnügungsviertel Pigalle, der Speck die Damen, die dort ihrem Beruf nachgehen, der käuflichen Erotik, der käuflichen Liebe. Auch das kommt im Schlagertext vor, natürlich nicht offen, sondern, verklemmt wie die Menschen in den 1960er Jahren waren, nur angedeutet. Die Tatsachen mussten auch nicht ausgesprochen werden, denn der Begriff Mausefalle war eindeutig. Seit den 1920er Jahren bezeichnet er ein anrüchiges Nachtlokal, einen Ort mit mehr oder weniger öffentlich tolerierter Sexualität. So steht es in einem Lexikon der Umgangssprache aus dem Jahr 1984.

1951, zehn Jahre vor der Entstehung des dezent verschlüsselten Schlagertextes, wird der Sexualitätsbezug der Mausefalle, den es bereits seit Jahrhunderten gibt, im Sprachbrockhaus noch schamhaft gänzlich unkenntlich gemacht. Die einzige dort angeführte Interpretation des Begriffs Mausefalle lautet dort: „Sinnbild für überraschende Gefangennahme". Die Prüderie der Sprachkünstler der 1950er Jahre kann den nackten Kern aber kaum verbergen. Es ging nicht um den bösen Feind, sondern um Männer, die von Frauen eingefangen werden sollten. Seit nun fast 150 Jahren steht „Mausefalle" für ein Haus mit heiratsfähigen Töchtern, in das Junggesellen gelockt werden sollen. Seit dieser Zeit ist „Mausefalle" auch ein Synonym für eine Frau, die einen arglosen Mann zwecks Heirat oder Bargeld anmacht. Und, noch direkter und völlig unzweideutig: Mausefalle steht für Vagina, für das weibliche Geschlechtsorgan. Jemanden ran oder reinzulassen bedeutet zweifelsfrei den Verlust der Jungfräulichkeit. Es besteht also kein Unterschied zur Symbolik der alten Bilder. Sich öffnen oder sich verschließen, sich verklemmen oder zu Lust, Erotik und Sexualität bekennen. Drinbleiben in der Mausefalle oder rausgehen. Angst haben vor der freilaufenden Maus oder damit umgehen. Die Begriffe setzen die Bilder in Sprache um. Sie liefern allerdings auch noch keine zureichende Erklärung, aber sie zeigen das Problem. Der spitze Schrei ohne Worte artikuliert es symbolisch.

Wenn heute jemand sagt: „Er ist in die Falle gegangen", dann ist es eher abwegig, dabei an eine Maus zu denken. Mausefalle ist nicht nur in Lexika, sondern auch umgangssprachlich und in der Literatur eindeutig zugeordnet. In einer Erzählung von Carl Oskar Renner heißt es: *„Geben Sie acht, der Kolonialwarenladen könnte eine Mausefalle sein. In den folgenden Wochen hat mich tatsächlich das schmucke Töchterlein etliche Male mit Wein und anderen leckeren Sachen heimgesucht, und ich habe mich schwer zusammenreißen müssen, um dem Speck in der Mausefalle nicht zu nahe zu kommen. Es war nämlich dem Anschein nach ein köstlicher Speck, nur etwas zu stark durchwachsen und übermäßig geräuchert. Ich dagegen bin eher für die ganz normale Hausmannskost. Als dann auch während der Weihnachtsferien die*

Mausefalle nicht zuschnappen wollte, erkannte das fromme, sangesfrohe Mädchen, dass ich bei dem fünfzehnjährigen Altersunterschied für den ausgelegten Speck doch zu schade war, und wandte sich jüngeren Mäuserichen zu, von denen es unter den ringsum stationierten Amisoldaten überaus prächtige Exemplare gab."

Tappt ein Mann rein in diese Falle, zu Anfang des letzten Jahrhunderts hieß das: in die Ehe, dann gab es dafür im umgangssprachlichen Englisch den Begriff „the parson's mousetrap" – Pfarrers Mausefalle. Das war zur Zeit der vorletzten Jahrhundertwende und bereits damals war das Bild nicht neu. Auf einem dänischen Stich aus dem Jahr 1708, der zu einer entsprechenden Geschichte gehört, ist ein älteres Modell einer Schwerkraft-Kastenfalle abgebildet, in die eine fette Maus hineingeht. Es handelt sich um die Illustration zu einem Hochzeitsgedicht, bei dem der Mann in Gestalt einer riesigen Maus in die Brautfalle geht.

Die Mause- oder Mäuschenjagd war mit der Trauung beendet, in der Ehe durfte legal gemäuselt oder gemaust werden. Ach so, die Übersetzung: Mäusejagd oder Mäuschenjagd bedeuten: auf die Suche nach Liebesabenteuern gehen, aber das ist wieder Lexikondeutsch, wirklich umgangssprachlich würde das heute heißen: jemanden anbaggern oder aufreißen. Und mäuseln heißt nach dem Lexikon: eine Frau intim betasten. Weniger fein und deshalb noch nicht in das Lexikon aufgenommen ist das Verb abgreifen. Und mausen bedeutet Intimitäten austauschen bzw. koitieren, also Beischlaf, miteinander schlafen. Um die Liste fortzuschreiben: Mausen kann auch heißen, auf Männerfang gehen, und auch ein Frauenheld, der Mauser genannt wird, maust. Natürlich kommt die Damenwelt nicht zu kurz. Auch Frauen mausen. Sprich: Sie gehen auf Männerfang, Typen aufreißen, anbaggern. Auch das steht noch nicht im Lexikon, es ist gesprochene Sprache. Der Volksmund ist weniger vornehm als das bürgerliche Lexikon. Mausen steht für koitieren, bumsen, ficken, vögeln, flachlegen. Das Mauseloch kann Vagina oder After bedeuten, der Begriff Maus wird gleichgesetzt mit Möse und steht für Vulva, Frau, Prostituierte. Maus ist im obszönen Wortschatz der Deutschen der Begriff für Gebärmutter oder für den Penis. „Die Maus melken" bedeutet masturbieren.

Die alten Bilder von der Maus als Symbol für Sexualität, Erotik und Wollust haben die Jahrhunderte überlebt, sie haben ihren eindeutigen Sinngehalt beibehalten. Manchmal in direkter Offenheit, manchmal in den kuscheligen Formen der Umgangssprache. Mausi, Mausilein, Mauseschatz, Mauseschwänzchen, Mausespatz, Mausebär, Mausekätzchen, Mauseöhrchen, Mausepuppe, all das sind Koseworte für die Geliebte oder den Geliebten. Was darf so ein Mauserich mit seinem Mauseschwanz bei seiner Maus? Mausen. Und wenn dabei geflüstert wird „meine kleine Maus, mein Mäuschen", dann ist beiden Beteiligten klar, wo es langgeht. Wieder mal sitzt die Maus in der Falle – meist in der Bedeutung, dass die Frau den Mann, den sie wollte, bekommen hat, vorausgesetzt, sie wollte ein Mäuschen fangen, ob im übertragenen oder im wörtlichen Sinn, also entweder: einen Mann unverbindlich anmachen, oder sie wollte mit ihm ins Bett. Dann wird das Mauseschwänzchen zum Schwanz, zum Penis.

Goethe war ein Frauentyp. Er hat, auch wenn es seinen Biografen noch schwer fällt ihn so darzustellen, mit Sicherheit häufiger Entsprechendes geflüstert. In

Tagebüchern und Briefen verwendet er für Mädchen sehr häufig den Ausdruck Misel, die elsässische Koseform für Mus gleich Maus. Überhaupt die Schriftsteller. Auch wenn Shakespeare von Mäusejagd spricht, meint er Mädchenjagd. Metaphern gehen leichter über die Lippen als nackte Tatsachen. Zumal wenn die Bilder, die benutzt werden oder dabei in den Köpfen der Empfänger oder Empfängerinnen entstehen, eindeutig sind. Ein flüchtiger Kuss auf das Auge heißt im umgangssprachlichen Französisch souris = Maus. Die Botschaft, die hinter Handlung und Begriff steht, lautet: Nimm das mal, als kleines Vorspiel. Du weißt ja, was ich eigentlich möchte. Ähnliche Metaphern benutzt der Pariser für intime Liebkosungen, für rumfummeln und abgreifen. Er spricht von „faire la souris", von „die Maus spielen". Genauer wäre wohl „mit der Maus spielen", zumindest im deutschen Sprachraum, denn hier steht Maus als Metapher für das weibliche Geschlechtsteil. Im Kopf ist das Bild der Falle als Symbol für die Gefangenheit in Konvention als unbewusstes gesellschaftliches Korrektiv gegen die spontane Realisierung eigener Lust auf Erotik und Sexualität. Diese Konvention gebietet es, trotz der wachsenden Zahl der Ausnahmen, einen Mann zunächst in der „Falle" zu fangen, also Lust, Erotik und Sexualität auf den gesellschaftlich sanktionierten Bereich der Ehe zu reduzieren. Ignoriert eine Frau die Konvention, dann wird aus Maus gleich cunnus über den Begriff Mädchen ein liederliches Mädchen, eine Nutte. Die Bilder und ihre Interpretation sind in den Köpfen von Männern und Frauen verankert. Das ist ein weiterer Grund für die kleinen spitzen Schreie beim Anblick einer Maus, dem Bild lebendiger Sexualität oder ihres Gegenteils, der verhinderten Lust, der unterdrückten Lust, der unterdrückten Erotik. Heimliche Wünsche prallen auf die Wirklichkeit.

Je höher das Sprachniveau, desto mehr Metaphern, desto dichter der Schleier, der durch Worte über das wirkliche Leben gelegt wird. Aber Spuren lassen sich finden. Und die Begriffe, die hinter den Bildern stehen, gleichen sich in allen Sprachen. Zum Beispiel im Italienischen. Topo, die Maus, ist ein Begriff, den es nur im toskanischen Italienisch auch in der weiblichen Form gibt. Topa, „weibliche Maus", bezeichnet die Vagina, das weibliche Geschlechtsteil. In der deutschen Umgangssprache bedeutet Maus Vulva oder Möse. Spitze Maus steht für ein liebesgieriges junges Mädchen und süße Maus ist ein gängiges Kosewort für eine Frau. Der Bezug ist eindeutig und damit für den Witz geeignet. Beispielsweise für folgenden: *Ein Hotelgast in einem Pariser Hotel ruft völlig verstört den Portier an: ‚Sagen Sie mal, was soll denn das bedeuten – in meinem Bett ist eine Maus!' ‚Macht nichts, Monsieur', beruhigt ihn der Portier. ‚Sie können das morgen auf der Anmeldung noch nachtragen'.*"

Es gibt noch mehr eindeutige Begriffe, die deutlich machen, was hinter den Bildern und Symbolen steht. Das Adjektiv mausbar bedeutet leicht zugänglich, nicht abweisend, Flirt und Geschlechtsverkehr nicht abgeneigt. Ein Mäuschen kann ein leichtes Mädchen sein und kann auch Vagina bedeuten. Mäuschen ist Anrede von Prostituierten an den Kunden. Ein gestiefeltes Mäuschen ist eine Straßenprostituierte – die Damen trugen im Berlin der 1920er Jahre bei ihrer Arbeit vorzugsweise hohe Stiefel. Und ein letztes Beispiel: Ein leckeres Mäuschen bedeutet ein in geschlechtlicher Hinsicht appetitanregendes Mädchen. Mit dem wird dann ein Mäuschenbummel gemacht, ein Spaziergang.

Eindeutige Bilder | 175

Fehlt es an einem Partner oder einer Partnerin, steht erst die Mäuschenjagd an, die Suche nach einer Männer- oder Frauenbekanntschaft, wobei es nicht unbedingt ratsam ist, die auf dem Mäuschenmarkt zu machen. Mäuschenmarkt kann nämlich neben Discothek auch Straßenstrich bedeuten. Und auch das steht im Lexikon: Lässt einen das Mauserl – Kosewort für Mädchen – ans Mauserl – Umschreibung für Vagina –, ist es nicht ausgeschlossen, dass es eine Mauserei gibt. Mauserei bedeutet Geschlechtsverkehr. Im zweiten Weltkrieg hießen die Unterkünfte von Wehrmachtshelferinnen Mäuseturm. Sicher nicht von ungefähr.

Sexualität, Erotik, Lust sind verknüpft mit den Begriffen Maus und Mausefalle. Das zeigt sich auch beim Gebrauch von Sprichworten. *„Mit Speck fängt man Mäuse"* heißt nichts anderes als: Man muss schon etwas bieten, um jemanden anzulocken, im übertragenen und im wörtlichen Sinne. *„Alte Mäuse fressen auch gern frischen Speck"* oder *„alte Mäuse gehen auch in die Falle"* bedeutet, dass ältere Menschen nach jüngeren Partnern oder Partnerinnen Ausschau halten bzw. empfänglich für die Reize Jüngerer sind. *„Junge Mäuse geraten als erste in die Falle"* heißt, dass junge Mädchen besonders leicht zu verführen sind. Ähnlich die Bedeutung des Sprichwortes: *„Junge Mäuse sind der Katzen Spiel."* Will sagen: Unerfahrene fallen leicht herein.

Das Sprichwort von der Katze, die das Mausen nicht lässt, ist genauso Anspielung auf Sexualität wie das vom alten Kater, der zwar nicht mehr mausen kann, aber doch gern vor dem Loche liegt. Im Sprichwort geht es um menschliches Verhalten, nicht um Tiere. Und es ist gut beobachtet, wenn das Sprichwort sag: *„Es ist eine vornehme Katze, die sich zu mausen schämt"*. Und alle, die im Schlafzimmer immer noch das Licht aushaben, mögen sich mit dem Sprichwort trösten: *„Im Finstern ist gut mausen"*. Im Schwäbischen heißt es: *„Der hot seine beste Mäus schon gefange"*. Im wörtlichen und im übertragenen Sinn ist von jemandem die Rede, dessen beste Zeit vorbei ist, mit dem es bergab geht. Nun mag man ja streiten, ob Sexualität das Leben ausmacht, das Sprichwort jedenfalls ist eindeutig: Da läuft nichts mehr. Ende der Fahnenstange.

Nun könnte man alles als Unfug, neumodischen Kram und willkürliche Interpretation abtun, aber die alten Bilder, von denen die Rede war, belegen das Gegenteil. Auch die Begriffe in ihrer sexualitätsbezogenen Bedeutung sind zum Teil mehrere Jahrhunderte alt und immer noch gebräuchlich. Und was die Interpretation angeht, so bedarf sie keiner Fantasie, denn die Wirklichkeit war und ist immer eindeutig. So eindeutig, wie Erotik, Lust und Sexualität menschliches Leben wesentlich bestimmen und immer beeinflusst haben. Es gibt ein Spiel, das heißt Blinde Kuh. Mit verbundenen Augen muss ein Spieler seine Mitspieler fangen. Pubertierende Jugendliche beiderlei Geschlechts spielen das Spiel besonders gern. Früher spielte man nicht Blinde Kuh, sondern Blinde Maus. Die Spielregeln waren identisch. Auch unter dem ursprünglichen Namen war es ein beliebtes Abgreifspiel, wohl gemerkt, schon vor mehr als 200 Jahren. Wenn ein Pärchen verschwand, hieß es damals umgangssprachlich: Sie spielen im Stall Blinde Maus. Raum für Interpretationen bleibt da nicht. In Grimms Deutschem Wörterbuch heißt es: *„Der Junker wird mit seinem Kammerkätzchen nach Federsburg Mäuse zu suchen spazieren gegangen sein; sie werden's wohl* machen, dass es fein ist, dass wir es in drei viertel Jahren werden haufenweise erfahren". An gleicher Stelle findet sich auch ein Lutherzitat zum Ehebruch. Ehebruch, heißt es, müsse im Finstern geschehen, deshalb müsse heimlich gemaust werden.

Jedenfalls steht sprichwörtlich fest: *„Die Maus fühlt sich am wohlsten unter dem Dach, die Frau unter dem Lailach"*. Lailach heißt Bettuch. Die lateinische Ursprungsfassung dieses Sprichworts heißt: *„Ut mus sub tecto sic valet femina lecto"*. Oder, in abgewandelter Form: *„Mäuse wärmen unter einem Brett, die Weiber im Bett."* Und wie tröstet das Sprichwort Damen, die an einen recht kräftig gebauten Herrn geraten sind? *„Unter einem Fuder Heu kommt keine Maus zu Tode"*. Wenn Sprichworte geronnene Volksweisheiten sind, dann gilt: *„Eine lüsterne Maus sehnt sich nach dem Mehlkasten, auch wenn sie der Falle kaum entlaufen ist"*. Es muss wohl nicht mehr gesagt werden: Maus und Mausefalle sind Symbole. Symbole für Sexualität, Erotik, Lust. Seit Jahrhunderten ist das belegbar. Und sie sind es bis heute geblieben. Eine andere Interpretation lassen die Bilder von Klaus Böttger nicht zu. Sie sind allenfalls ein weiteres Indiz dafür, dass die Mausefalle ihre abschreckende Wirkung verloren hat – so sie die je hatte.

In ihrer Deutlichkeit verletzen Böttgers Bilder ein Tabu: Sie stellen die Mausefalle direkt und ohne jede Verklausulierung in ein Beziehungsfeld von Lust, Erotik und Sexualität. Böttger zeichnet z. B. ein Paar mit Mausefalle. Die Falle im Vordergrund, dahinter das Paar. Der Mann mit erigiertem Penis in der Hand, die Frau nackt vor ihm. Ebenso eindeutig in der Symbolik ist der Kopf mit dem Penis im Mund – Fellatio, mit der darüber gezeichneten Mausefalle. Etliche andere Frauenakte und Halbakte Böttgers benutzen die eindeutige Symbolik der Mausefalle. Im Vorwort eines Buches mit Böttger-Bildern heißt es: *„Die Vollendung des Liebesaktes ist eine Miniatur der Vernichtung, die der Tod selbst ist. Dies wird oft angedeutet in den Zeichnungen durch die Einfügung einer Mausefalle, eine Versuchung, die, während sie einen leckeren Bissen anbietet, den Tod herbeiführt."* Böttgers Bilder lassen keinen Interpretationsspielraum.

Die oft plumpen Umschreibungen des Volksmundes oder der Sprichwörter stellen das Tabu gerade her: Sie verschleiern den Kern, um den es geht, sie vermeiden und verdecken den genauen Begriff des Gegenstandes. Die Verschleierung durch die Sprache, die Scheu vor der Konfrontation mit der Falle oder gar mit der Maus in der Falle sind Ausdruck der Angst vor der eigenen Lust, den eigenen erotischen Wünschen, der eigenen Sexualität.

Den Zusammenhang zwischen Maus und Sexualität gab es bereits im Altertum. Das belegen beispielsweise Abbildungen auf Münzen. Mäuse erscheinen dort zusammen mit der Göttin der Liebe, Aphrodite, oder dem der Liebe auch nicht abgeneigten Gott Apoll. Mäuseleber wurde, so Plinius d. Ä., als Liebesmittel verwendet. Übrigens wurde noch in den 1930er Jahren dieses Jahrhunderts pulverisiertes Mäuseherz in Schlesien als Liebesmittel benutzt. Besonders weiße Mäuse galten im Altertum als geil. Dieser Begriff stand sprichwörtlich für einen geilen Menschen. Und spätestens die alten Römer benutzten den Begriff „Mäuschen, kleine Maus" als Ausdruck der Zärtlichkeit.

Auch das erklärt noch nicht die kleinen spitzen Schreie, die Frauen oft beim Anblick von Mäusen ausstoßen. Zweifler werden auch jetzt noch fragen, ob das überhaupt so ist. Die Frau, die Maus, die Falle, die Sexualität, die Erotik, die Bilder und Begriffe kennen wir genauso wie ihre Bedeutung. Es gibt erkennbar eine Scheu vor dem kleinen grauen Tier, ebenso wie vor der Falle. Der Spiegel dafür ist der Volksmund, in seiner zugespitzten Form als Witz. Zum Beispiel dieser: *„Die Frau war auf ihren ordentlichen Haushalt sehr stolz. Deshalb war sie außer sich, als sie eine Maus quer über den Flur laufen sah. Aufgeregt rief sie nach ihrer Tochter, bat diese, im Laden nebenan eine Mausefalle zu kaufen. Brav trabte die Kleine los. Da rief ihr die Mutter hinterher: Aber sag bloß nicht, wozu".*

Es gibt Karikaturen, schon vor der vorletzten Jahrhundertwende, auf denen Frauen aus Angst vor Mäusen auf Stühle steigen und trotzdem ihre Angst bestreiten (Abb. 124). Und es gibt Satiren, die die Angst von Frauen vor Mäusen zum Gegenstand haben. Diese von Ambrose Bierce zum Beispiel: *„Maus, Neutrum. Ein Tier, dessen Weg mit ohnmächtig zusammengebrochenen Frauen gepflastert ist. Genau so, wie in Rom Christen den Löwen zum Fraß vorgeworfen wurden, so wurden Jahrhunderte früher in Otumwee, der ältesten und berühmtesten Stadt der Welt, weibliche Häretikerinnen unter die Mäuse geworfen. Der Historiker Jakak Zotp, der einzige Otumwumper, dessen Schriften uns überliefert wurden, sagt, dass diese Märtyrerinnen mit wenig Würde und viel Geschrei in den Tod gingen. Er versucht sogar die Mäuse zu entschuldigen (und das ist die Boshaftigkeit, die in der Bigotterie liegt), indem er erklärt, wie die unglücklichen Frauen umkamen. Einige durch Erschöpfung, einige durch gebrochenes Genick, weil sie über ihre eigenen Füße gefallen waren und einige, weil ihnen Stärkungsmittel fehlten. Die Mäuse, versichert er, genossen das Amüsement an der Sache mit Haltung. Aber, wenn die römische Geschichte zu neun Zehnteln lügt, dann können wir kaum einen geringeren Anteil an dieser Überlieferung dieses Volkes erwarten, dass zu so unglaublichen Grausamkeiten an liebreizenden Frauen fähig ist; denn zu einem harten Herzen gehört eine falsche Zunge.*

Ein anderes Beispiel ist die Satire von Ernst Kahl über die Folgen der Angst der Frauen vor Mäusen mit zarter Anspielung auf die Sexualität: *„Meiner Großtante wurde beim Anblick einer dieser nacktschwänzigen Diebinnen vor Schreck so ohnmächtig, dass sie mit dem Kopf auf einen Stein fiel. Blut sickerte. Es gab eine Narbe, und keiner wollte sie mehr heiraten".* Kahl produziert auch Bilder, auf denen der Wunsch nach Sexualität zum Verhängnis wird.

Als Beleg mag auch Loriot dienen, der textet: *„Im geselligen Kreis bietet das Vorzeigen der neuen Hausgenossen stets eine willkommene Unterhaltung. Besonders Damen wissen das possierliche Treiben der Tierchen zu schätzen".* Die Karikatur dazu zeigt den Hausherrn, der seine Mäuse frei laufen lässt, und die Gäste, die allesamt auf eine Couch geflüchtet sind. Satire, Witz und Karikatur liefern vielleicht schwache Belege, sind aber doch Hinweise auf die kleinen spitzen Schreie von Frauen bei der Konfrontation mit einer Maus. Für das besondere Verhalten von Frauen im Umgang mit Mäusen spricht, dass die Werbung mit dieser Symbolik arbeitete, etwa in Texten wie diesem:
*„Die Herrin fällt in Ohnmacht gar,
doch Spitz, der Schelm, er lacht –
zum Mäusefangen sind fürwahr
die Lux-Fallen gemacht."*

Die couragirte Lehrerin.

Kinder: „Fräulein, da läuft eine Maus!" — Lehrerin: „Seid Ihr dumme Kinder — ich glaube gar, Ihr fürchtet Euch!"

124 | Die Angst vor der Maus spiegelt die Angst vor der Sexualität. Fliegende Blätter 1884.

Eindeutige Aussagen finden sich auch auf Plakaten und in der Schaufensterwerbung (Abb. 125). Verlässt man sich auf die Beobachtungsgabe des Tierforschers Brehm, kommen selbst Skeptikerinnen und Skeptiker nicht daran vorbei, ihm in der Frage der Reaktion von Frauen auf Mäuse zuzustimmen. Brehm sagt, dass Frauen einen zwar vollkommen ungerechtfertigten, aber dennoch gewaltigen Schrecken empfinden, wenn

125 | Werbeirrtum. Die Angst vor der Maus ist nicht mit Mausefallen zu bekämpfen. Schaufensterwerbung 1950er Jahre.

ihnen in der Küche oder im Keller eine Maus über den Weg läuft. Und dies Erschrecken äußert sich in der Regel in einem Schrei. Bei Frauen in dem berühmten kleinen spitzen. Bei den Recherchen zu diesem Buch schrieb die Mitarbeiterin eines Museums: *„Ich hoffe immer, dass ich möglichst keiner Maus begegne, weil ich in hysterische Schreie ausbrechen würde."*

Die Offenheit ist selten. Wer steht schon gerne zu seinen Schwächen, zur Angst vor Sexualität, Erotik und Lust. Also suchen wir weitere Belege für die Maus als Symbol für Sexualität und die Reaktionen von Frauen auf Mäuse, diesmal in der Literatur. In der komischen Oper Hans der Flötenspieler heißt es: *„Er lässt seine Mäuse nach verschiedenen Richtungen aus, die Frauen heben die Röcke in die Höhe und stoßen Angstschreie aus."* Da haben wir sie, die Angstschreie vor den Mäusen, die sich *„vermehren und nagen, fressen und bohren und plagen"* sollen. In der Regieanweisung heißt es weiter: *„Er steckt eine Maus in Pippermanns Wammstasche, und ebenso eine in jene von Potts, die beiden Schöffen winden sich in komischer Weise vor Entsetzen".*

Das ist ein Beleg dafür, dass auch Männer auf das Symbol merkwürdig reagieren können. Es ist nicht der einzige Beleg. Nachrichtenagenturen verbreiteten die Meldung, dass in Göttingen ein nackter Mann, der nur mit einer Decke bekleidet war, die Polizei rief. Er war vor einer Maus aus seiner Wohnung geflüchtet. Allein die Schreie beim Anblick von Mäusen sind Privileg der Frauen, auch bei Wilhelm Busch:

*„Stets findet Überraschung statt,
da, wo man's nicht erwartet hat.
Doch dass dieselbe überall
grad angenehm, ist nicht der Fall.
Gar oft erschreckt uns eine sehr
Und eine andre noch viel mehr."*

Nehmen wir als weiteres literarisches Beispiel Ernst Tollers Hinkemann, der im 1. Weltkrieg die Hoden verliert, dann später auf dem Jahrmarkt Ratten und Mäusen die Kehlen durchbeißt und dessen Frau bei diesem Anblick in laute Schreie ausbricht. Ein sehr drastisch dargestellter Zusammenhang zwischen Maus und Sexualität. Oder nehmen wir als weiteren literarischen Beleg für die spitzen Schreie von Frauen beim Anblick von Mäusen, auch hier mit eindeutig sexuellem Bezug, die Szene aus Isabell Allendes Geisterhaus, in der die alte Jungfer Ferula vorgestellt wird: *„Niemand hätte gedacht, dass irgend etwas sie je um ihre Selbstbeherrschung bringen könnte, bis zu dem Tag, an dem sie einen Juckreiz am Rücken verspürte, der so stark war, dass sie nicht umhin konnte, sich verstohlen zu kratzen, aber es half nichts. Zuletzt ging sie ins Bad und zog das Korsett aus, das sie auch an den Tagen härtester Arbeit trug. Als sich die Bänder lösten, fiel eine betäubte Maus heraus, die den ganzen Vormittag über eingeschnürt gewesen war und vergebens versucht hatte, zwischen den harten Korsettstangen und dem zusammengepressten Fleisch der Trägerin einen Ausgang zu finden. Ferula bekam den ersten Nervenzusammenbruch ihres Lebens. Auf ihr Geschrei hin liefen alle zusammen und fanden sie totenbleich und halbnackt in der Badewanne stehen, brüllend wie eine Wahnsinnige und mit bebendem Zeigefinger auf das kleine Nagetier deutend, das zappelnd auf die Beine zu kommen versuchte. Esteban sagte, das seien die Wechseljahre, man solle nichts*

Eindeutige Bilder

darauf geben". Der Schrei der Jungfrau vor der Maus. Beschrieben oder ausgedacht von einer Frau. Der Schrei der Angst vor Sexualität, Erotik und Lust beim Anblick des Symbols Maus. Schriftsteller schreiben ähnlich, auch wenn ihre Fantasie anders läuft. Christian Geissler in Das Brot mit der Feile: „Sie huschte davon, als sei er hinter ihr her. Er sah aus den Seidenkissen die Maus auf den Büchern. Dort stand auch die Sahnespeise. Er hatte in seinen ersten drei Künstlerhausnächten den Mausbock bekämpft wie einen Feind. Der hatte bei sich gedacht, hier sind keine Katzen, hier bleib ich, hier geht es mir gut. Und Ahlers hatte gedacht, die Maus muss hier weg, die kommt in die Falle, was sonst. Aber Balduin kannte Fallen, pass überall ganz genau auf, das galt auch für Mäuse, und er turnte an jedes Futter, bloß nicht an Schweinepestbauchspeck am Hammerhaken, na gut, na gut, dann lass ihn, so schön klein wie der war ich glaub ich noch nie, und sowieso link, immer alles gleich Kopf ab, bloß weil die schlau sind und Hunger haben. Ahlers sah ihm gern zu, den mach ich mir zahm, und dann schreit sie, wenn ich ihn mitbring, und dann heb ich sie hoch und dann kann sie nicht weg und unter dem Kleid kein Zeug an, o Nina".

Die Maus, der Schrei, die Sexualität. Der Zusammenhang ist eindeutig, auch in der Literatur ließe sich die Zahl der Belege beliebig erweitern. Ausnahmen sind sicher möglich, aber dass es die kleinen schrillen Schreie von Frauen beim Anblick von Mäusen gibt, dürfte hinreichend nachgewiesen sein. Dass sie mit Sexualität zu tun haben, ist ebenfalls hinreichend belegt. Nicht nur in der aktuellen Literatur, auch in Sagen klingt das Motiv bereits an. Etwa in den Tiroler Sagen. *„Auf dem Gipfel der hinteren Goinger Halt gedeihen keine anderen Lebewesen als eine Schar winziger, piepsender Mäuse. Das sind verwunschene, spröde, hochmütige Mädchen, welche die Liebe braver Burschen verschmäht und dadurch großes Herzeleid verursacht haben. Ein junger Kufsteiner liebte einst ein schönes, stolzes Mädchen mit der ganzen Glut seines unverdorbenen Herzens. Das Mädel spielte aber nur mit den Gefühlen des Jünglings, nahm ihn nicht ernst und wies seine Werbung ab. In seinem Liebesgram wollte der Unglückliche von der Welt nichts mehr wissen, er stieg mit seinem schwarzen Pudel auf zu den Felszinnen des Wilden Kaisers, klomm über die Steinerne Rinne zum Großen Ellmauer Tor und auf die Spitze der Hinteren Goinger Halt. Auf dem Gipfel angelangt verwünschte der Jüngling, bevor er sich in die schauerliche Tiefe stürzte, alle spröden und hochmütigen Mädchen, die seither als Mäuse auf der Goinger Halt umgehen müssen, bis sie ein Bergsteiger erlöst, der über die gefährliche Steinerne Rinne zur Haltspitze aufsteigt. Der Pudel aber bewacht droben auf der Goinger Haltspitze die Mäuslein, die von Jahr zu Jahr sich um jene hartherzigen Mägdlein vermehren, die drunten im Tal weiterhin treue Liebe mit leichtfertigem Spiel vergelten".*

Schon in den Sagen taucht also der Zusammenhang zwischen Frauen, Mäusen und Sexualität auf. Sicher ist es abwegig anzunehmen, dass die Schreie der Frauen beim Anblick von Mäusen daher rühren, dass sie fürchten, in Mäuse verwandelt zu werden, wenn sie den Herren der Schöpfung nicht zu Willen sind. Mit Sexualangst allerdings haben sie zu tun. Angstanfälle, darum handelt es sich, beruhen im Wesentlichen auf Versuchungssituationen für früher entweder abgewehrte oder gefürchtete Triebregungen. In der Psychologie wird davon ausgegangen, dass die befürchtete Gefahr gegenüber dem Angstinhalt nicht angemessen ist und dass sie der subjektiv erlebten Ohnmacht hinsichtlich der Triebsteuerung entspricht. Phobien vor Mäusen sind belegt. Freud spricht sie an, wenn er fragt: *„Wenn eine gesunde, gut entwickelte Frau in eine besinnungslose Angst verfällt, weil ... ein Mäuschen durchs Zimmer gehuscht ist, wie sollen wir da die Verbindung mit der Gefahr herstellen, die offenbar doch für die Phobischen (von Angstanfällen geplagten) besteht?"* Und er sagt weiter: *„Die von Frauen so gefürchtete Maus ist gleichzeitig ein Zärtlichkeitsname erster Ordnung; manches Mädchen, das sich mit Befriedigung von seinem Geliebten so nennen hört, schreit doch entsetzt auf, wenn es das niedliche Tierchen dieses Namens erblickt".* Und er analysiert die Ursachen für diese Ängste als Erwartungsangst in enger Abhängigkeit von Vorgängen im Sexualleben, von gewissen Verwendungen der Libido: bei Erregung ohne Befriedigung. *„Diese Form der Angst"*, sagt Freud, *„entsteht aus unverwendeter Libido und ersetzt das vermisste Liebesobjekt durch einen äußeren Gegenstand oder eine Situation".* In diesem Fall ist der Gegenstand die Maus, die Situation die, in der eine Maus auftaucht. Freud fährt fort: *„Es wird unausgesetzt unverwendbare Libido in eine scheinbare Realangst umgesetzt und so eine winzige äußere Gefahr zur Vertretung der Libidoansprüche eingesetzt. Die Verdrängung entspricht einem Fluchtversuch des Ichs vor der als Gefahr empfundenen Libido. Die Phobie kann man einer Verschanzung gegen die äußere Gefahr vergleichen, die nun die gefürchtete Libido vertritt".* Es ist die Verdrängung sexueller Bedürfnisse, die nicht eingestandene Lust, die Angst vor erotischen Situationen, die alte Angst vor dem sich einlassen und den damit verbundenen Risiken, die sich über das Symbol Maus im kleinen schrillen Schrei äußert. Die alten Bilder von der Maus und der Falle als Sinnbild für Sexualität, Erotik und Lust haben in den Köpfen überlebt. Der Schrei ist harmlos, das, was sich dahinter verbirgt, nicht.

Was hat nun der heilige Joseph, den wir als Mausefallenmacher bereits kennen gelernt haben, mit Sexualität zu tun? Kunsthistoriker haben dazu beigetragen, Antworten zu finden. Minott geht davon aus, dass Joseph keine Ahnung davon hat, dass das, was er tut – nämlich Mausefallen herstellen – zu Gottes Plan gehört, das Böse zu vernichten. Es sind Mausefallen für den Teufel, die durch den heiligen „Zimmermann" hergestellt werden. Was ist aber mit dem Bösen gemeint? Schapiro stellt den Bezug zur Sexualität her. Er verweist auf die volkstümliche Bedeutung der Maus, ihre ausgesprochen erotische und diabolische Bedeutung. Die Maus als Symbol für die Gebärmutter, die unkeusche Frau, die Prostituierte, den Teufel. Ihre volkstümliche Bedeutung für eine Schwangerschaft, als Liebesmittel, als Aphrodisiakum. Die Vorstellung von der Maus als böse und erotisch sei dem Volk und den Gebildeten gemeinsam gewesen. In der Renaissance sei die Maus als die Verkörperung des Geilen und Zerstörerischen beschrieben worden. Für Schapiro sind Josephs Mausefallen nichts Zufälliges, sondern bewusst eingesetzte Instrumente von latenter sexueller Bedeutung im Zusammenhang mit Keuschheit und der geheimnisvollen Befruchtung Marias. Die Mausefalle als Sinnbild für die Unschuld Marias, und Joseph als Mausefallenmacher bietet Gewähr für diese Reinheit. Die Mausefalle ist die religiöse Metapher für die

Erlösung, sie ist gleichzeitig eine umfassende Verdichtung von Symbolen des Teuflischen und Erotischen und ihrer Unterdrückung. Die Falle, sagt Schapiro, sei beides: ein weibliches Objekt und ein Weg, sexuelle Lust zu zerstören.

Die Mausefallenabbilder auf dem Mérode-Altar seien Vorläufer der diabolischen und sündig-erotischen Symbolik auf Boschschen Bildern. Schapiro verweist auf die auf alten Gemälden übliche Darstellung des heiligen Joseph als sehr altem Mann mit langem Bart. Seine Interpretation: Die Künstler hätten Joseph deshalb so dargestellt, um seine Unfähigkeit zu belegen, ein Kind zu zeugen. Notwendig sei das gewesen, weil in der Frühzeit des Christentums das Dogma von der ewigen Jungfräulichkeit Marias noch nicht hinreichend in den Herzen der Gläubigen verwurzelt gewesen sei, und von daher die Notwendigkeit bestanden habe, Häretiker zu bekämpfen, die auf die Evangeliumspassage von den Brüdern und Schwestern Jesu verwiesen.

Mit Erotik und Sexualität tut sich die Kirche schwer, auch heute noch. Und die Maus als Symbol für den Teufel, für die Verführung, für Lust war gängiges Bild in den Köpfen der Menschen des Mittelalters und der frühen Neuzeit. Womit also konnte die behauptete Jungfräulichkeit Marias besser dargestellt werden, als durch einen greisen Ehemann, der Geräte zum Fang des Lustteufels herstellte? Die Mausefalle als Symbol für Verklemmung und Lustfeindlichkeit. *„Die Mausefalle",* sagt Schapiro, *„hat eine theologische Bedeutung, die in der Gedankenwelt der Christen des Mittelalters präsent war. In Anbetracht der Erlösung der Menschheit durch das Opfer Christi benutzte der heilige Augustinus die Metapher der Mausefalle, um die Notwendigkeit der Menschwerdung zu erklären. Das Menschenfleisch Christi ist der Köder für den Teufel, der, indem er ihn ergreift, seinen eigenen Untergang herbeiführt."* Das ist die einfache physikalische Wirkungsbeschreibung der Mausefalle, umgesetzt in ein Theologisches Bild, praktisch und wirkungsvoll. Weit nachhaltiger sind die Auswirkungen der kirchlichen Nutzung der Metapher Maus und ihre Diskriminierung für Lust, Erotik und Sexualität. Sexualität haben und sie nicht leben können oder dürfen, das führt zu Verklemmungen und Angstzuständen. Und gelegentlich zu symbolischer Kritik.

Die Mausefalle mag ein harmloses Symbol sein. Das Weltbild, das ursächlich dahinter steht, ist es nicht. Und was den heiligen Joseph angeht, der angeblich keine Ahnung von dem hat, was er tut, auf ihn gibt es in Bezug auf seine Abbildung auf dem Mérode-Altar ein Spottgedicht, das Hamish Miles zitiert: *„Der demütige Joseph, wie ist er so vornehm. Armer Gentleman. Als stünde er über seinem Beruf und als reichte es nur für Komplimente an seine Frau; so schwächlich, als könnte er kaum unterscheiden zwischen Eiche und Dielenbrettern, zwischen Bohrer und Schraube. Und nie im Leben hat er eine Mausefalle gemacht".* Das Bild hat in diesem Falle seine beabsichtigte Wirkung verfehlt. Die sexuelle Abstinenz wird nicht geglaubt. Doch wie auch immer. So oder so hat der heilige Joseph mit Sexualität zu tun. Wie auch die heilige Gertrud, die ja als Schutzheilige gegen Mäuse bereits vorgestellt wurde.

Die Überlieferungen beschreiben die heilige Gertrud als Klostergründerin. Es sind Überlieferungen aus dem kirchlichen Bereich. Sie habe das Kloster Karlsberg gegründet, weil sie dorthin vor den Nachstellungen eines Freiers geflohen sei. Die Geschichte mit dem aufdringlichen Freier scheint verbürgt, es gibt mehrere Quellen. Kurz nach Gertruds Tod im Jahr 659 schrieb ein Mönch auf, dass Gertrud einen *„mit Gold geschmückten und in Seide gekleideten Jüngling"* voller Zorn zurückwies, weil der sie, wie damals üblich, ohne gefragt zu haben, heiraten wollte. Sie soll geschworen haben, dass sie niemanden zum Mann haben wolle, außer Christus. Ihre Mutter stutzte ihr die Haare, der Mönch schrieb: *„damit nicht Menschen, welche die Seelen beflecken, ihre Tochter mit Gewalt zu den wollüstigen Lockungen dieser Welt fortrissen"*, und steckte sie ins Kloster. Ob Gertruds Mutter sauer war, weil ihre Tochter nicht heiraten wollte, ob Gertrud den Gold- und Seidenjüngling nicht wollte oder überhaupt keinen Mann, aus heutiger Sicht ist das schwer zu beurteilen. Jedenfalls hatte sie es nicht mit Männern und ihre Mutter tat ein Übriges, Gertruds Outfit zu verschandeln. Ihr Motiv: Angst vor Wollust, vor Sexualität. Die ist etwas Schmutziges und macht die Seele unrein, sagt der Mönch und durch ihn die Kirche.

Gertrud wurde Schutzheilige gegen Mäuse. Sie war dazu geeignet, denn sie ist nicht verführt worden, sie war das Gegenbild zur bekannten Symbolik. Was Wunder, dass Frauen mit Geburtsproblemen den Gertrudengürtel oder den Gertrudenmantel anlegten, dass Gertrud schon im 13. Jahrhundert bei ignis sacer, der Mutterkornkrankheit, um Hilfe angerufen wurde. Und dass sie folgerichtig auch in Fällen von Syphilis helfen sollte. Die Schutzheilige gegen Mäuse wurde zur Schutzpatronin für diejenigen, die Probleme hatten, die mit Sexualität zusammenhingen.

Dass eine Frau, die – wenn die Überlieferung stimmt – mit Männern nichts zu schaffen hatte, auch dann zuständig sein sollte, wenn Männer gerne mal mit einer Frau geschlafen hätten, das klingt fast wie ein Treppenwitz. Aber unter den lockeren Vögeln und späthöfischen Dichtern des Mittelalters war der Spruch *Sand Gertrud dir gout herberg geb* so abgegriffen und geläufig, dass er genau dann verwendet wurde, wenn sich die Herren eine Herberge mit sexbereiten Frauen wünschten. Auszug aus einer Geschichte aus einer Mittelhochdeutschen Textsammlung, sie spielt in einem Gasthaus. Diese Personen treten auf: Der Wirt, die Wirtin und ein Gast mit Namen Wolfhard.

Erste Szene.
Wirtin zum Gast:
Gevatter, geht nicht woanders hin. Ich warte mal ab, wie es um den Wirt steht.
Wirt zu seiner Frau, zornig:
Es ist Schlafenszeit. Ich hab Euch schon die ganze Zeit suchen lassen.
Wirtin zum Wirt:
Ich bin schon fertig.
Wirtin zum Gast, leiser:
Ich hätte heut zur Nacht gern schützende Begleitung.
Wirtin zum Gast, laut:
Gevatter, würdet Ihr nun bitte aufstehen. Der Wirt hat mich schon aufgefordert, schlafen zu gehen.
Wirtin, denkt leise vor sich hin:
Gott möge mir eine schöne Nacht schenken.
Wirtin zum Gast, laut:
Steht auf der Stelle auf. Legt Euch ins Bett an der Wand.
Wirtin zum Gast, leise:
Und schweigt ganz still, bis sein Wille geschehen ist.

Eindeutige Bilder | 185

So wird er der allerbeste Mann, den je eine Frau gewann.

Zweite Szene.
Schlafen ging der gute Wolfhard mit seiner Lust. Er war ganz leise. Sie fing heimliches Gemurmel an: Sie hatte auch während all der Wochen Sankt Gertrud nicht gesprochen.

Dritte Szene.
Hört was der Wirt tat ...

Er verprügelte seine Frau und schnitt ihr die Zöpfe ab. Das ist zwar nicht richtig und und klärt das Beziehungsproblem nicht. Es gehört sich schließlich nicht, mit fremden Kerlen ins Bett zu gehen. Auch nicht, wenn die Dame des Hauses mit St. Gertrud auf den Lippen darüber klagt, dass schon seit Wochen nichts mehr gelaufen ist, zwischen ihr und ihrem Mann. Obwohl ... Aber die Heiligen sollten aus dem Spiel bleiben, bei soviel Menschlichkeit.

Liegt bei den Figuren des heiligen Joseph und der heiligen Gertrud der Zusammenhang der Symbole Maus und Mausefalle mit Sexualität, Erotik und Lust eindeutig auf der Hand, so ist er zum Beispiel in Träumen nicht weniger deutlich, er muss allerdings erst bewusst gemacht werden. Im Volksaberglauben wird – zumindest bis zum vorletzten Jahrhundert – der Begriff der Alpepiphanie beschrieben, die Erscheinung *„gespenstischer Wesen"* im Traum. Etwa die aus dem Munde des Schlafenden schlüpfende Seelenmaus. Die Maus wurde als Seele einer Frau angesehen, deren Körper so lange wie leblos dalag, bis die Maus wieder in den Mund der Schlafenden geschlüpft war. In Aus-

nahmefällen wurde die Maus auch als Bild einer Männerseele beschrieben. Wird nun der Alb, dieses gespenstische Wesen, gefangen, dann, so sagt der Volksaberglaube, muss es am nächsten Morgen in seiner wahren Gestalt erscheinen. Meist als nackte Frau, *„die gewöhnlich die Liebste des Geplagten ist"*. In sexualisierten Männerträumen erschien die Maus als schöne Frau, in die sich Männer verliebten und mit der sie Kinder zeugten, die sich aber nicht halten ließ. Für Abergläubische musste Hexerei an diesen nächtlichen Träumen schuld sein.

Nächtliche Sexualfantasien an Stelle gelebter Sexualität gehören nicht nur in die vergangenen Jahrhunderte, auch die aktuelle Traumforschung beschäftigt sich damit. Das Symbol Maus wird von ihr eindeutig sexuell und erotisch interpretiert. Oft als Angsttraum vor Potenzverlust, sagt das Lexikon der Traumsymbole. Die Maus steht für Gefühle, die durcheinander geraten sind, oder auch direkt für die Geschlechtsorgane oder für Sexualangst. Die Maus ist für Trauminterpreten ein unangenehmes Traumtier, lautlos und zerstörerisch, gierig. Vor allem in den Träumen junger Männer steht die Maus sinnbildlich für das weibliche Geschlechtsorgan, die Vagina. Mäuse in rot stehen für sexuelle Triebhaftigkeit.

Die Maus als Symbol für Sexualität, Lust, Erotik, das durch die Jahrhunderte in allen Bereichen des menschlichen Lebens auftaucht und selbst noch im Unterbewusstsein in aller Deutlichkeit vorhanden ist. Die Mausefalle als Symbol für Jungfräulichkeit, Ver-

126 | Warnung vor Lust auf Liebe im Jahr 1631.

Ein kurtz jedoch scharffes ABC.

A.
Rabt nun / wer Rahten kan /
Der Sincerirte Speck der lockte mich hienan /
Bleib ich / wo ich itzt bin / so muß ich kürtzlich sterben /

B.
Wagstus vnd lauffst herauß / so mustu doch verderben /

C.
Ey besser / wags / vnd lauff / Es ist wohl eh gelungen /
Daß eine Mauß der Katz ist in ein Aug gesprungen /
Ich / lieffe gern / die Kett ist mir fest angeschlungen.

✻✻✻✻✻✻✻✻✻

Gedruckt / gequetzt / vnd gar gnug gepreßt
in der grossen Mäusefallen.

Im Jahr /
EsMVß Des FVChsen Raht
GeVVIß heVr gehn Von stat.

hinderung, zumindest für Kanalisierung von Sexualität (Abb. 126). Das sind die Tatsachen, auch wenn sie vielen nicht bewusst sind. Sind sie es wirklich nicht? Oder werden sie nur verdrängt? Eine Ahnung davon vermittelt bereits ein 300 Jahre alter Text aus dem „Huy! Und Pfui! Der Welt, der Ratte samt der Maus gewidmet". Überschrieben: „Was man sündigt bei der Nacht wird beim Tag zur Straf gebracht". Er lautet:
„Sobald die stille Nacht uns reizet zu dem Schnarchen,
sobald rennt Ratz und Maus aus schüchtern Hölen her.
Die sind im Speis-Gewölb die mächtigsten Monarchen:
Da geht es über Kohl, Fleisch, Rüben Erbsen Schmeer.
Tut nun die Magd nicht recht, die Schling und Fallen hängt,
und mit der Speis den Dieb, die er wollt haschen, fängt?
Geh Maus und Ratz zum Speck, beschnarche dieses Köder!
Der schlaue Kerker fällt dir ob der Nase zu.
Es schnurren allgemach auf dich des Henkers Räder:
Das ist, dass dir dein Recht gleich früh der Kater tu.
Lern, Mensch, dass auch die Nacht kein Laster bergen mag:
Wer was im Finstern tut, der büßt es bei dem Tag."

Es bedarf keiner Interpretationskunst, in dem Gedicht eine Warnung vor dem offenen Umgang mit Sexualität, Erotik und der eigenen Lust zu sehen. In diesem Kontext steht auch ein Kettenanhänger aus Gold, der mit Diamanten und Rubinen besetzt und mit drei Perlen behängt ist. Das kostbare Schmuckstück liegt seit 1630 in der königlich-schwedischen Schatzkammer. Der Kettenanhänger hat die Form einer Kastenmausefalle. Die Falle als Schmuck für eine Frauenbrust hat eine eindeutige sexuelle Symbolik.

Das Foto mit der nackten Frau in der Falle stammt aus den 1920er Jahren (Abb. 127). Es verzichtet auf interpretierbare Symbolik. Es ist eine eindeutige Aussage in einer Zeit, in der Sexualität im Bereich des Privaten angesiedelt war und man alles tat, um diese Privatsphäre zu schützen oder zumindest verborgen zu halten. Erotische Fotos waren rar, privat oder wurden als Kunst deklariert. Heute, im Zeitalter des Internet, in der Privatheit multimedial öffentlich verbreitet wird, in der es keine Schamgrenzen mehr gibt, sind sexuelle Bedürfnisse, Wünsche und Fantasien jeder Art in allen Medien präsent. Immer wieder hat die Mausefalle dabei eine eindeutige Bedeutung.

In einem Werbevideo für eine Single der Sängerin Jennifer Lopez bewegt sich die Künstlerin durch einen Sexclub. Sie trifft dabei unter anderem auf einen Mann in Unterhosen, der sich in einer riesigen Mausefalle räkelt. Auf Unterhosen verzichtete der US-Schauspieler Perry Caravallo bei einem Stunt für einen Werbefilm. Er ließ über seinem Penis eine Mausefalle zuschnappen, die Szene tauchte im Internet auf. Der Mann klagte hinterher auf 10,5 Millionen Dollar Schmerzensgeld. Das ist kein singulärer Fall. In einem Internetforum wurde bereits im Jahr 2006 der Fall

127 | Mein Mäuschen lautet der Titel des Fotos von Manasse aus dem Jahr 1928.

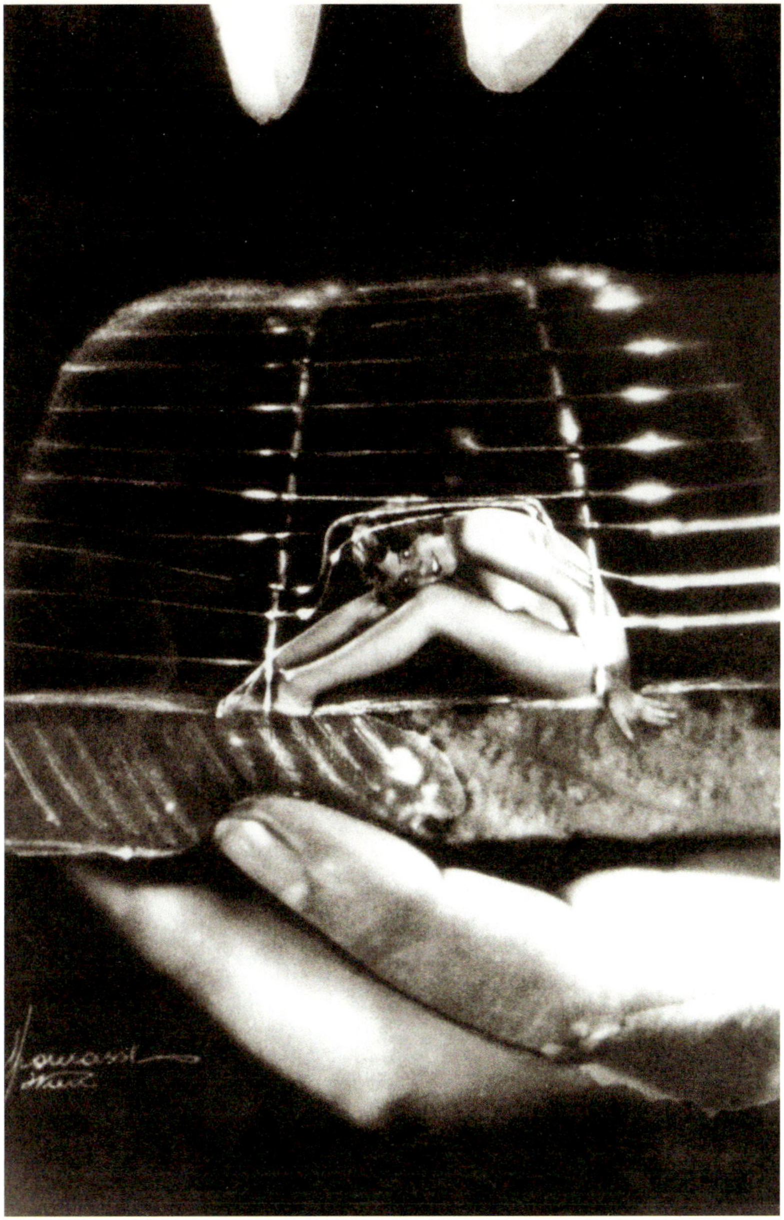

eines österreichischen Jungen diskutiert, der ein Video ins Internet gestellt hatte, auf dem eine Mausefalle auf seinen Genitalien zuschnappte. Ein anderes ähnliches Video wird im Internet so angekündigt: *„Views: 6. Finger und Hodensack in der Mäusefalle."* Jeder, der im Internet unter dem Schlagwort Mausefalle recherchiert, wird solche oder ähnliche Bilder und Texte finden. Auch von Frauen mit Mausefallen an Brustwarzen und Schamlippen. Kontaktanzeigen von Profi- oder Amateurprostituierten, die sich mit Bezug zu Mausefallen anpreisen, etwa mit dem Text: *„Hi, ich bin deine blonde Mausefalle, mit schönen blauen Augen, langen Beinen, großen Brüsten und allem, was ich brauch, um dich in meine Mausefalle zu locken. Lass dich schnappen und vernaschen, tut nicht weh, versprech ich dir!"*, gehören in die harmlose Kategorie der alten Bilder.

Die harte Szene ist brutaler. Mausefallen sind dort gängige Utensilien bei sadomasochistischem Sex. Mausefallen werden auf einschlägigen Internetseiten in Wort und Bild an Brüsten und Schamlippen als Folterinstrumente eingesetzt. Sie sind nicht nur Accessoires frei verfügbarer Hardcore-Pornos, sondern Gebrauchsgegenstände auf einem Sex-Markt, der die Skrupel der historischen Bilder schon längst nicht mehr kennt. Folgerichtig gehörte zur Präsentation einer Mausefallenausstellung im Moerser Schloss eine Erotik-Ecke. Dort stöhnte eine Sado-Maso-Erotikmaus: *„Knie nieder du Schwein, das ist es doch, was du magst."* Mit Liebe und Jungfräulichkeit haben diese Bilder und die Assoziationen, die sie hervorrufen, nichts mehr zu tun. Aber der Bezug von Falle und Maus zu Sexualität und Lust, in welcher Spielart auch immer, ist erhalten geblieben.

Nachwort und Dank

Wie kommt man dazu, sich mit Mausefallen zu beschäftigen? Ich habe es gemacht, weil über Mausefallen nichts im Lexikon stand. Ich hatte nicht vor, mich fast 30 Jahre lang mit dem Thema zu beschäftigen. Aber so geht das: Je mehr man weiß, desto mehr will man wissen. Mit jedem neuen Mosaikstein, den ich aufgesammelt habe, wurde das Thema spannender. Mausefallen in der Kunst, im Film, in der Werbung, in der Literatur, in der Mythologie. Und die Geschichte der „richtigen" Mausefallen, die nahezu wirkungslose Waffen sind in einer Jahrtausende währenden Schlacht zwischen Mensch und Maus. Allein seit Ende des 19. Jahrhunderts haben rund 100 Unternehmen im deutschen Sprachraum Mausefallen hergestellt. Sechs machen es noch. Mit vielen der (ehemaligen) Hersteller bzw. ihren Nachkommen wurde Kontakt aufgenommen, Firmenunterlagen wurden gesichtet und Interviews geführt. Für diese Arbeit wurden die Mausefallen erfasst, die in rund 250 Museen vorhanden sind, ebenfalls die Bestände von mehr als 40 privaten Sammlungen und das in Kupferstichkabinetten, Galerien und anderen Sammlungen vorhandene Bildmaterial, auf dem historische und aktuelle Fallen gezeigt werden. Bei allen, die mir mit Hinweisen oder Material geholfen haben und ihre Sammlungen zugänglich gemacht haben, bedanke ich mich. Auch das ist eine bleibende Erfahrung: Ich hätte nie gedacht, von so Vielen selbstlos Unterstützung zu bekommen. Zwei Menschen schulde ich besonderen Dank: Dr. Oskar Foltyn, dem verstorbenen Leiter des Deutschen Weinbaumuseums in Oppenheim, der mich Zeit seines Lebens bestärkt hat, ein Buch über die Kulturgeschichte der Mausefallen zu schreiben – und meiner Frau Sabine, die nicht nur ertragen hat, dass ich über viele Jahre zumindest zeitweise Mäusen und Fallen verfallen war. Sie hat mich beim Schreiben und Recherchieren auf vielfältige Art unterstützt. Ohne sie hätte ich das Buch nicht zu Ende geschrieben. Jetzt, wo das Buch fertig ist, weiß ich: Mausefallen sind mehr wert, als ein Schlagwort im Lexikon.

Wolfhard Klein, im Frühjahr 2011

Quellenverzeichnis

Dieses Buch war ursprünglich als wissenschaftliche Arbeit konzipiert. Die Quellen für Sachaussagen und Zitate waren in Fußnoten dokumentiert. Darauf wurde in der vorliegende Fassung im Interesse der besseren Lesbarkeit verzichtet.

Ableitner, K., *Anleitung zur Verhinderung der Mäuseplage* (1810).
Abraham, R. P., *Huy! Und Pfui! Der Welt*, verlegt durch Christoph Weigel (1707).
Adelung, Johann Christoph, *Grammatisch-kritisches Wörterbuch der Hochdeutschen Mundart*, Bd. 3 (1793).
Adressbuchverlag Georg Hartmann (Hrsg.), *Der große Hartmann* (^{3}41964).
Aeppli, Ernst, *Der Traum und seine Deutung* (1967).
Al Ghasali, *Elexier der Glückseligkeit* (1923) 129, zit. nach Weinrich, *Mäusesegen* (1938).
Allende, Isabel, *Das Geisterhaus* (1984).
Amira, Karl von, *Thierstrafen und Thierprocesse*, in: *Mittheilungen des Instituts für österreichische Geschichtsforschung*, Bd. 12 (1891).
Ancona, Paolo, *On the Existence of a Hebrew Miniature Art*, in: *Graphics* VI (19449–1950).
Anonym, *Zuruf nebst ohnmaßgablichen Vorschlägen zur ungesäumten und gemeinschaftlichen Vertilgung oder wenigstens Verminderung der schädlichen Feldmäuse* (1802).
Anonym, *Des in Person eines Mäusefallenmannes reisenden reichen und witzigen Italieners lesenswürdige Schicksale, welche wegen vieler darinnen befindlichen Sittenlehren zu allgemeinem Nutzen entworfen worden* (1766).
Arasse, Daniel, *Die Guillotine*, Rowohlts Enzyklopädie, Bd. 496 (1988).
Arnold, Jack, *Die unglaubliche Geschichte des Mr. C.*, Science-Fiction-Film (1957).
Artmann, Hans Carl, *Sämtliche Gedichte*. Hrsg. Klaus Reichert (2003).
Aubry, Peter II., *Sieh da! das näschig Wild*, Flugblatt, Mitte 17. Jahrhundert, Kupferstich, Straßburg, Kunstsammlungen der Veste Coburg.
Autorenkollektiv, Meyers Konversationslexikon (^{4}1885–1892).

Bächtold-Stäubli, Hanns, *Handwörterbuch des deutschen Aberglaubens* (1987).
Ders., *Handwörterbuch zur Deutschen Volkskunde, Abteilung I, Aberglaube* (1934/35).

Balluch, Harald, *Verein gegen Tierfabriken, Fachtagung Schädlingsbekämpfung und Tierschutz*, Wien 20.10.2006.
Bartels, Adolf, *Der Bauer in der deutschen Vergangenheit*, in: Georg Steinhausen (Hrsg.), *Monographien zur deutschen Kulturgeschichte* 6 (1900) (Flugblatt „Mäuseschlacht" Brokdorp 1675).
Barton, E. M., *Der wohlerfahrene Kammerjäger oder wie werden Ratten, Mäuse und Maulwürfe am sichersten durch innerlich tödliche Mittel, durch Fallen, Katzen und andere Thiere vertilgt* (1825).
BASF, Pressetext: *... dem Manne kann geholfen werden*, Ludwigshafen 16.8.1988.
Bassermann-Jordan, Friedrich von, *Geschichte des Weinbaus*, Bd. ll (1923).
Bateman, James, *Animal Trap and Trapping* (1971).
Bauer, Hanswilm, *Mausefallen aus der Eifel*, in: *Eifelkalender* (Hrsg.) Eifelverein (1941).
Bäumler, Walter, *Wachstum und Vermehrung der Erdmaus auf Forstkulturen*, in: *Anzeiger für Schädlingskunde*, 48.Jahrgang, Heft 9 (9/1975).
Bayer. Landesanstalt für Pflanzenbau und Pflanzenschutz, Amtlicher Pflanzenschutzdienst (Hrsg.), *Anleitung zum Selbstherstellen von Rattenfallen*, Merkblatt Nr. 5 (^{2}1956).
Bayrische Gartenakademie Veitshöchheim und Institut für Pflanzenschutz an der Landesanstalt für Landwirtschaft, Freising, *Hausgärten locken Wühlmäuse*, in: *Profil Online – Magazin für Pflanzenschutz, Pflanzenernährung, Schädlingsbekämpfung und Biotechnologie*, 16.11.2006.
Beall, Karen F., *Kaufrufe und Straßenhändler* (1975).
Beckmann, Bjarne, *Die Maus im Altertum. Vorbereitende Untersuchung zu einer Herausgabe der hochmittelalterlichen Mäusesagen* (1972).
Ders., *Von Mäusen und Menschen. Die hoch- und spätmittelalterlichen Mäusesagen* (1974).
Benzing, L., *Die Hausmaus, Biologie, Schäden, Bekämpfung*, in: *Deutsche Müller Zeitung*, Heft 5 (1978).
Berg, Gösta, *Medieval mouse traps, Studia ethnographica Upsaliensia* 26 (1967).

Bertall, *Kastenfalle*, 1845, in: HOFFMANN, E.T.A., *Nussknacker und Mausekönig* (1982) (1816).
Bertsch, Heinrich, *Weltanschauung, Volkssage und Volksbrauch* (1910).
Beyer, Horst und Anneliese, *Sprichwörterlexikon* (1985).
Bibel, die, *1. Buch Salomon*, 6, 1–21, Württembergische Bibelanstalt (1964).
Bibel, die, *3. Buch Moses*, 11, 29, Württembergische Bibelanstalt (1964).
Biedermann, Hans, *Knaurs Lexikon der Symbole* (1989).
Bielefeld, Horst, *Mäuse* (1984).
Bierbaum, Angelika, *Moment Mausical*, SWF/SDR/SR, 25.8.1986, 2. Programm Hörfunk.
Bierce, Ambrose, *The Englarged Devils Dictionary (1841–1914)* (1967).
Bieri, Walter, *Die Mäuseplage im Oberaargau 1942/43*, Jahrbuch Oberaargau (1964).
Binder, Helene, *Vom Mäuslein Tunichtgut*, in: Gartenlaube-Bilderbuch (o. J.).
Bischoff, Cordula, *Mannes Lust und Weibes Macht* (2005).
Bode, Wilhelm, *Gazette des Beaux-Arts* (1887).
Boehmert, Antje, *Töpfe auf Rädern, das rollende Kaufhaus des Josef Bayer*, ARD/SWR 2008.
Bollow, Hermann, *Die Wühl- und Schermaus, Lebensweise und Bekämpfung* (1964).
Boltz, Waltraud, *Mausefallen. Auktion 574*, Katalog vom 26.4.2008.
Bornemann, Ernest, *Sex im Volksmund. Der obszöne Wortschatz der Deutschen. Wörterbuch von A-Z* (1974).
Bosse, Abraham und Jean Leblond, *Les Cries de la ville de Paris*, 12 Stiche, ca. 1640–1650, *Der Rattenfänger*.
Böttger, Klaus, *Erotische Zeichnungen* (1982).
Bouchardon, Edme und Comty de Caylus, *La mort aux rats*, in: *Studien nach dem gemeinen Volk oder Pariser Kaufrufe, fünf Folgen aus je zwölf Tafeln*, 1737–1746.
Bradtke, Hans und Heinz Gietz, *Pigalle* (1961).
Brand, C., *Wiener Ausrufer. Zeichnungen nach dem gemeinen Volke besonders der Kaufrufe in Wien. Nach dem Leben gezeichnet. Verkäufer von Blasebälgen und Rattenfallen* (1776).
Brandstetter, Alois, *Die Mühle* (1984).
Brandt, Johann Friedrich von, *Erprobte Mittel, alle in der Stadt und auf dem Lande, im Hause, Garten und Felde schädlichen Insecten und andere Thiere mit geringen Kosten und leichter Mühe abzuhalten oder zu vertilgen* (1830).
Braun, Joseph, *Tracht und Attribute der Heiligen in der Deutschen Kunst* (1943).
Brauneck, Manfred, *Religiöse Volkskunst* (1978).
Brockhaus, *Der Sprach-Brockhaus* (1951).
Brockhaus, *Enzyklopädie in zwanzig Bänden*, 17. Auflage, Bd. 12 (1971).
Brockhaus, F. A. Brockhaus (1955).

Bromme, Moritz Theodor William, *Lebensgeschichte eines Modernen Fabrikarbeiters*, Nachdruck der Ausgabe von 1905 (1971).
Bronkhorst, Robin, *Paper over het historisch everzicht van het onstaan en de entwikkeling van de muizenval en klem*. Jahresabschlussarbeit an der TH Delft (1975).
Bronsen, F. H., *Die Anpassungsfähigkeit der Hausmaus*, in: Spektrum der Wissenschaft, 5/1985.
Buck, Susanne, *Die Geschichte der Mausefalle*, www.susannebuck.net/mausefalle.htm
Busch, Wilhelm, *Plisch und Plum* (1882), in: *Gesamtausgabe in vier Bänden*, Bd. 3, Friedrich Bohne (Hrsg.).
Ders., *Hernach. Überraschung*, in: *Neues Wilhelm Busch Album*, Bd. 3 (1950).
Byloff, Fritz, *Hexenglaube und Hexenverfolgung in den österreichischen Alpenländern* (1934).
Ders., *Volkskundliches aus Strafprozessen der österreichischen Alpenländer mit besonderer Berücksichtigung der Zauberei- und Hexenprozesse 1455 bis 1850* (1929).

Camman, Alfred, *Rattenfängersage und Ostsiedlung nach dem derzeitigen Stande der Forschung*, in: *Heimat und Volkstum* (1957).
Campin, Robert, *Merode – Altar, rechter Flügel*, Metropolitan Museum of Art, New York.
Cats, Jacob, *Alcibiadis Silenus, Iohannis Helleni*, Middelburg 1618.
Ders., *Spiegel van den ouden en niewen Tijdt*, 1655.
Christie, Agatha, *Die Mausefallen und andere Fallen* (1984).
Clair, René, *Die Mausefalle*, Film, Frankreich 1957.
Cornelissen, Jozef, *De Muizen en Ratten in de Folklore* (1923).
Crecelius, W., *Auszug aus Hessischen Hexenprozeßakten*, in: *Zeitschrift für Deutsche Mytologie und Sittenkunde* (1855).
Crisp, Tony, *Träume sind mehr als Träume* (1972).
Crowcroft, Peter and John N. R. Jeffers, *Variability in the behaviour of wild house mice towards live traps*, in: *Proceedings of the zoological society of London*, Volume 137 (1961).

D'AnconaPaolo, *On the Existence of a Hebrew Miniature Art*, in: *Graphics* VI (1949–1950).
Dahl, Roald, *Hexen hexen* (1986).
Dähling, Frank, *Von Mäusen und Menschen*, Verein für Heimatpflege, Epfenbach 1994/2008.
Davidis, Henriette, *Die Hausfrau*, l. Teil (1893).
Dembach, Ph., *Dotzheim 927–1911* (1912).
Deutsches Institut für Fernstudien an der Universität Tübingen (Hrsg.), *Funkkolleg Psychobiologie, Studienbegleitbrief* 1 (o. J.).
Diderot, Denis und Jean Baptiste le Rond d'Alambert, Bd. 9, Pl. 2, Panckoucke, Paris 1786.
Dietz, Rudolf, *Der Mausefallenkrämer*. Unveröffentlichtes Manuskript.

Döhler, Johann G. und Johannes Carolus Nævio, *Processualische Mause-Fallen oder kürzliche Vorstellung. wie es bey Processen insgemein herzugehen pflege und was man gutes darbey zu hoffen habe? Zu gemeinen Nutz abgefasset von D. Johanne Carolo Nævio, P. P. E. und der Juristen Facult. Assessore &c. zu Wittenberg.* 2 Bücher in einem Band (^{2}1724).
Dou, Gerard, *Der Knabe mit der Mausefalle*, 60 x 79 cm, Öl auf Holz. Zürich, Galerie Koller, um 1650.
Dowson, Warren R., *The Mouse in Fable and Folklore*, in: *Folklore*, Vol. XXXVI 1925 (1969).
Drews, Klaus, *Mausefallen aus Neroth*, WDR 1, 21.1.1982, 9.05 – 9.20 Uhr.
Drummond, David, *Carl Bender and his Automatic Self – Setting „Capito" Mouse Trap*, in: *Hessische Blätter für Volks- und Kulturforschung*, Neue Folge 37/38 (2001/2002).
Drummond, David. C., *Unmasking Mascall's Mouse Traps, Proceedings oft he Fifteenth Vertebrate Pest Conference 1992*, University of Nebraska, Lincoln (1992).
Ders., *An Ancient Egyptian Rat Trap*, in: Mitteilungen des Deutschen Archäologischen Instituts Abteilung Kairo, Sonderdruck, Band 46 (1990).

Eckstein, Karl, *Der Kampf zwischen Mensch und Tier* (1900).
Eichendorff, Joseph von, *Aus dem Leben eines Taugenichts* (1826).
Ellen, Babette, *Ende einer Reise. Von Drahtbindern und Mausefallenhändlern*, Dokumentation, Bayrische Rundfunk 16.4.2006.
Engel, Alexander, *Carl Bender I., Holz- und Blechbearbeitungsindustrie, Dotzheim-Wiesbaden*, in: *Historisch-biographische Blätter, Industrie und Gewerbe* (o. J.).
Erich, Oswald A. und Beitel, Richard, *Wörterbuch der deutschen Volkskunde* (1936).
Ermann, Adolf und Hermann Ranke, *Aegypten und aegyptisches Leben im Altertum* (1923).
Evers, Dietrich, *Felsbilder der Alpen*, in : *Antike Welt* 1/1982.
Exler, Christoph E., *Luna – Die schmerzvolle Befreiung*, Farbfotocollage, 65 x 85 cm, DM 900,–, in: *Katalog Große Kunstausstellung Düsseldorf* 1984.

Faber, Monika, *Die montierte Frau, Aktphotographien des Atelier Manesse aus den 20er und 30er Jahren* (1988).
Faltin, Sigrid, *Die Baroness und das Guggenheim* (2005).
Feifalik, Julius, *Warum die Hunde auf die Katzen knurren und warum die Katzen die Mäuse verfolgen*, in: *Zeitschrift für Deutsche Mythologie und Sittenkunde*, Bd. 4 (1859).
Fél, Edith und Hofer, Tomas, *Geräte der Atanyer Bauern* (1974).
Fink, Hans, *Heilige und Helfer gegen Ungeziefer*, in: *Der Schlern* 40 (1966).
Finkele, Diana, *Mäuse mischen Museum auf*, in: *Museen im Rheinland* 1/2006.
Fischbach, Ewald, *Die Mausefalle*, SWF Mainz 12.1.1966.
Flugblatt, *Mäusepeter*, ohne Autor (o. J.).

Flugblatt, *Mäuseschlacht in Brockdorp bei Hannover 1675*, Kupferstichkabinett, Berlin, in: Bartels, Adolf, *Der Bauer in der deutschen Vergangenheit* (1900).
Forer, Conrad, *Thierbuch*, in: Verlegung Andreae Cambier (1606).
Frank, Harry, *Das Fallenbuch* (^{3}1963).
Freemann, Margaret B., *The Iconography of the Merode Altarpece*, in: *Metropolitan Museum of Art*, Bulletin 16 (1957).
Freiberg-Delitzsch, Joachim, *Wie vertilgt man Ratten und Mäuse*, in: *Zeitschrift für Desinfektion und Gesundheitswesen* (1924).
Freud, Sigmund, *Vorlesung zur Einführung in die Psychologie* (1980).
Fuchs, *Erotik-Torte*.
Fuchs, M. E. A., *Probleme der Hausmausbekämpfung*, in: *Der praktische Schädlingsbekämpfer*, 35.Jg., 12/1983.

Gaál, Károly, *Zum bäuerlichen Gerätebestand im 19. und 20. Jahrhundert*, in: Österreichische *Akademie der Wissenschaften*, phil.-hist. Kl., Sitzungsbericht, 261. Bd., 1. Abhandlung (1969).
Galler, Josef, *Wiesenwalze gegen Mäuse*, in: *Bauernjournal West*, Wien, 21.4.2008.
Gasser, Christoph, *Mausefallen – ein Beitrag zur Sachvolkskunde*, in: *Der Schlern*, Heft 5, 57/1983.
Gasser, Christoph, *Trappeln, Gschuicher und andere Fourtl. Zu Geschichte, Entwicklung und Ergologie von Abwehrmaßnahmen und Fanggeräten aus dem Raum Tirol* (1988).
Gasser, Christoph, *Tierfallen aus den Beständen des Tiroler Volkskundemuseum in Innsbruck*, in: *Der Schlern*, Jg. 57, 9/1983.
Gatterer, D. Christoph Wilhelm Jakob, *Abhandlung über die Verminderung der Feldmäuse* (1803).
Gavarini, *Verkäufer von Rattengift*. Zeichnung um 1845.
Geissler, Christian, *Das Brot mit der Feile* (1986).
Genzmer, B., *Sonderbares Angebot, Moderne Kunst*, IX Nr. 2 (o. J.).
Gerhold, Karl-Heinz, *Wühlmäuse verursachen wieder enorme Schäden*, in: Bauernjournal West, Wien 4.7.2006.
Gernhardt, Robert, *Die allmächtige Maus*, in: Ders., *Der Weg durch die Wand*, Insel Taschenbuch 2010 (1986).
Gierden, Hans, *Mausefallen aus Neroth*, in: *Jahrbuch des Kreises Daun* (1978).
Ginzler, Hildegard, *Ein Dorfmuseum für Neroth*, Heimatjahrbuch des Kreis Daun (1986).
Dies., *Die Mausefallenmacher* (1989).
Dies., *Menschen und Mäuse. Ein Feindverhältnis und seine Folgen.* Sonderdruck aus Volkskultur an Rhein und Maas, 9. Jahrgang, 2/92.
Dies., *Die Musfallkrämer aus der Eifel. Studien zur Volkskunde in Rheinland-Pfalz*, Bd. 1 (1986).
Gloger, Bruno und Zöllner, Walter, *Teufelsglaube und Hexenwahn* (1984).
Goergen, Dieter, *Mäuseschloss und Mäuseturm oder Fräulein Maus sucht einen Bräutigam*, Freilichtmuseum Sobernheim (1989).

Goethe, Johann Wolfgang, *Faust*, in: *Goethes Werke in 16 Bänden*, Bd. 7 (1906).
Gottschalk, Friedrich, *Der Fichtelberger in Venedig*, in: *Die Sagen und Volksmärchen der Deutschen* (1814).
Grabner, Elfriede, *Volksmedizin, Probleme und Forschungsgeschichte. Wege der Forschung*, Bd. 63 (1967).
Graefe, Iris Barbara, *Die Nachtlebenden Säugetiere der engeren Umwelt des Menschen im Volksaberglauben des deutschen Sprachraums*, Dissertation, Phil. Fak. Universität Wien 1965.
Grapentin, Klaus, *Tierschutzrechtliche Aspekte bei der Nagetierbekämpfung*, in: *Der praktische Schädlingsbekämpfer*, Nr. 11, 11/1982.
Grimm, Jacob und Wilhelm, *Deutsches Wörterbuch*, Nachdruck der Erstausgabe von 1885 (1984).
Grohmann, Joseph Vergil, *Apollo Smintheus und die Bedeutung der Mäuse in der Mythologie der Indogermanen* (1862).
Grohmann, Joseph Vergil, *Aberglaube und Gebräuche aus Böhmen und Mähren* (1864).
Grohmann, Josseph Vergil, *Sagenbuch von Böhmen und Mähren* (1863).
Gross, W. H., *Building a better mousetrap*, Country Living, November 2005.
Guderian, Dieter, *Judengeschichten*, 2009 in www.plattpartu.de
Guleja, Karl, *Die Welt der Drahtbinder. Geschichte und Schicksal eines Gewerbes*, unveröffentlichtes Manuskript.
Güll, F., *Das Mäuschen*, in: *Der Butzemann* (1948).
Gunda, Bela, *Trapping and Hunting Among the Hungarian People*, in: *Acta Ethnographica Academia Scientiarium Hungaricae* 22 (1973).
Gust, Maria, *Omas nächstes Abenteuer*, 46 x 36 x 13 cm.
Guttenberg, H., *Der Knabe mit der Maus*, Stich nach Paul (Pieter van) Slingelandt, um 1776.

Hadrianus Junius, Stich, 1566.
Hagemann, Eberhard, *Nagetier Maus* (1959).
Hansen, Wilhelm, *Bäuerliches Tagewerk im alten Lippe* (1984).
Hansmann, Liselotte, Kriss-Rettenbeck, Lenz, *Amulett und Talisman. Erscheinungsform und Geschichte* (1977).
Harbig, Christine, *Schokoladenduft lockt Mäuse in die Falle*, in: *Bild der Wissenschaft*, 18.7.2003.
Haupt, Karl, *Zwergsagen aus der Ober- und Niederlausitz*, in: *Zeitschrift für Deutsche Mythologie und Sittenkunde*, Bd. 4 (1859).
Hauptmann, Gerhart, *Die Ratten* (1911).
Hay, Wilhelm, *Die Nerother Mausefallen*, Merian 7, Heft 4 (1954).
Heelsbergen, T. van, *Mensch und Tier im Zyklus des Kontagiums* (1930).
Heidelbach, Nikolaus, *Die sieben Plagen*, in: *Der Rabe*, Nr. 13 (1986).
Heilige Schrift, die, *Jesaja 66*, Preussische Haupt-Bibelgesellschaft (1894).
Heimantverein Neroth (Hrsg.), *Mausefallenmuseum Neroth/Vulkaneifel. Kleiner Wegbegleiter* (1990).

Heine, Helme, *Himmelbett*, Postkarte, Middelhouve Familienkalender 1985.
Heinsius, Daniel, *Nederduytsche poemata*, 1616, zit. nach: Mertens, P. J., *Nederlandse Emblemata*, Martinus Nijhoff (1983).
Heinsius, Daniel, *Emblemata Amatoria*, Leiden, 1615, zit. nach Herzog Anton Ullrich Museum (Hrsg.), *Die Sprache der Bilder* (1978).
Hellwig, Reinhard und Drummond, David, *The Mouse Trap Guide* (1994).
Diess., *Trap Patents* (1994).
Helmont, Johann, *Aufgang der Arzney-Kunst* (1683).
Henkel, Arthur und Schöne, Albrecht, *Emblemata. Handbuch zur Sinnbildkunst des XVI und XVII Jahrhunderts* (1967).
Henschel, Wilhelm F. A., *Berliner Kostüme, Verkäufer von Blasebälgen, Mausefallen, Brillen, Nähnadeln*, ca. 1810.
Herder, *Der Große Herder* (1932).
Herder, *Lexikon-Symbole* (1979).
Herrlinger, Gerhard, *Totenklage um Tiere in der antiken Dichtung*, in: *Tübinger Beiträge zur Altertumswissenschaft*, Heft VIII (1930).
Herter, Konrad, *Mäuse und Mäusefallen*, in: *Zeitschrift für Tierpsychologie*, Bd. 6, Heft 1 (1944).
Herzog Anton Ulrich-Museum Braunschweig (Hrsg.), *Die Sprache der Bilder. Realität und Bedeutung in der niederländischen Malerei des 17. Jahrhunderts*. Katalog zur Ausstellung (1978).
Heyl, A., *Die Pflanzenbaulehre* (1926).
Hind, Arthur M., *Early italian engraving*, The National Gallery of Art, Washington, Quaritich LTD (1948), Kraus Reprint (1970).
Hirschberg, Walter und Janata, Alfred, *Technologie und Ergologie in der Völkerkunde*, Hochschultaschenbücher (^{2}1980).
Hoffmann, E. T. A., *Nussknacker und Mausekönig* (1982) (1816).
Hohn, Wilhelm, *Die Drahtflechtindustrie in der Eifel*, in: *Schriften des Vereins für Sozialpolitik*, Bd. 86 (1899).
Holzborn, Adolf (Hrsg.), *Der Eisenwarenhandel* (1928).
Hönn, Georg Paul, *Betrugslexikon*, dritte Edition (1724), Nachdruck (2004).
Hornell, James, *Old English Dead-fall Traps*, in: *Antiquity*, Volume XlV, 1940 (Nr. 56, 12/1940).
Horsin-Deon, Simon, *Stilleben*, Öl auf Leinwand, nach 1830.
Horwitz, Hugo Th., *Über die Konstruktion von Fallen und Selbstschüssen*, in: *Jahrbuch des Vereins deutscher Ingenieure*, Bd. XIV (1924).
Horwitz, Hugo Th., *Über einige neue Gesichtspunkte bei der Untersuchung von Fallen und Selbstschüssen*, Ethnologica 4 (1930).
Hümmeler, Hans, *Helden und Heilige*, Bd. 1 (1951).
Hungerland, Heinz, *Die verschollene Osnabrücker Mäusesage im Lichte der vergleichenden volkskundlichen Forschung*, in: *Mitteilungen des Vereins für Geschichte und Landeskunde von Osnabrück (historischer Verein)*, 46. Band 1924 (1925).
Hüpsch, Freyherr von, *Oeconomische Vorschläge, die schädlichen Ackermäuse mit wenigem Aufwand und geringer Mühe im Erzstifte Cölln, im Herzogthume Jülich und anderen Gegenden von Deutschland zu verfolgen* (1767).

iGu AG, *Bedienungsanleitung Catron* – MT 100, iGU AG, Schwyz, ohne Jahr (1983).
Ips, Julius, Fallensysteme der *Naturvölker*, in: *Ethnologica* lll (1927).

J. C. N., *Vorschläge zur Vertreibung der jetzt so häufigen und dem Landmann äußerst schädlichen Feldmäuse* (1801).
Jacob, John, *The Merode Mousetrap*, in: *Burlington Magazine* 108 (1966).
Jahn, Ulrich, *Die deutschen Opferbräuche bei Ackerbau und Viehsucht*, in: Weinhold, Karl, *Germanische Abhandlungen* (1884).
Janata, Alfred, *Hochschultaschenbücher* (²1980).
Janosch, *Der Mäuse-Sheriff* (1974).
John, Karl, *Der unfehlbare Ratten-, Mäuse-, Maulwurfs-, Wanzen-, Motten-, Flöhe-, und Mücken-Vertilger* (1821).
John, Michael und Albert Lichtblau, *Schmelztiegel Wien. Einst und Jetzt*. 2. verb. Aufl. (1993).
Jones, J., *Muscipula, nach einem Gemälde von Joshua Reynolds für den französischen Botschafter in England*, Conte d' Adhémar, London 1786.

Kaendler, Johann Joachim, *Hofnarren mit Mausefalle*, Fayence, Meissen 1739/1747.
Kahl, Ernst, *Bestiarium Perversum* (1985).
Kaiser, Lutz, *Gespräch mit Josef Pfeil*, SWF Mainz, Radiotreff Regional 14.1.1984.
Kamensky, Wassili, *Mausefalle*, 1915, Hochrelief, 60 x 30 cm, Museum Abteiberg, Mönchengladbach.
Kind, Hermann, *Der Hausierhandel der slowakischen Drahtbinder unter besonderer Berücksichtigung des Königreichs Sachsen*, in: *Untersuchungen über die Lage des Hausiergewerbes in Deutschland*, Bd. 3 (1899).
Klee, Hedi, *Mausefallen-Macher*, SWF Mainz, Radiotreff Regional 30.9.1983.
Klein, Wolfhard, *Geschichte des Eisenwarenhandels*, in: *100 Jahre ZHH*, Zentralverband Hartwarenhandel (1998).
Ders., *Die Sendung mit der Mausefalle*, SWF Mainz, 1. Programm, Rheinland-Pfalz Echo, 12.05–13.00 Uhr, 17.3.1986.
Klijn, E. M. Ch. F., *ratten, muizen en mensen*, herausgegeben von Vrienden van het Nederlands Openluchtmuseum (1979).
Kluge, Friedrich, *Etymologisches Wörterbuch der deutschen Sprache* (1963).
Knobloch, Johann, *Sachforschung und Ausdrucksform*, in: Innsbrucker Gesellschaft zur Pflege der Geisteswissenschaften (Hrsg.), *Festschrift Alwin Kuker, Innsbrucker Beiträge zur Kulturwissenschaft*, Bd. 9/10 (1963).
Knoll, Nomedius, *Verbesserungen der Schwefelrauchmaschine und der dabey nöthigen Anstalten zur Ausrottung der Feldmäuse* (1795).
Kodak AG, *Kodak Fotografie International, Die Mausefalle schnappt zu*, Nr. 22/1981.
Koller, Raphael, *Das Rattenbuch* (1932).

Kopp, Klaus, *Ab in die Falle. Begleittext zu einer Ausstellung im Dotzheimer Museum* (1999).
Korompay, Bartalan, *Die Bogenfalle bei den Finnougriern*, in: *Acta Ethnographica* (1953).
Korompay, Bartalan, *Die Osteuropäische Brettelfalle und ihre Aufstellung*, in: *SUSA* 74 (1976).
Kotzloff, Arielle P., *Tierbilder aus vier Jahrtausenden*, deutsche Ausgabe von Ulrich Gehrig (1983).
Kreisverwaltung Daun, Pressetext: *Die Nerother Mausefallenmacher*, 8.1.1990.
Kreisverwaltung Daun (Hrsg.), *Kreis Daun – Bilder aus vergangenen Tagen* (1985).
Kristensen, Johs., *Den laerde Landsdommer Christian Herman Helverskovog og hans Manuskripter*, in: *Fund og Forskning, idet kongelige Biblioteks*, Samlinger VII (1960).
Kroll, Wilhelm (Hrsg.), *Paulys Real-Encyclopädie*, 14. Band (1930).
Krüger, Laura, *Vom Zauber alten Hausgeräts*, Bibliothek Rombach (o. J.).
Krumbiegel, Ingo, *Eurasische Mäuse als Seuchenüberträger*, in: *Beiträge zu Hygiene und Epidemiologie* (1948).
Krünitz, Johann Georg, *Ökonomisch-technologische Enzyklopädie* (1802).
Künzel, Ernst, *Was soll die Maus auf dem chirurgischen Instrument?*, in: *Antidoron, Festschrift für Jürgen Zhieme* (1983).
Küpper, Heinz, *Illustriertes Lexikon der deutschen Umgangssprache* (1984).
Kurt, M., *Lexikon der Traumsymbole* (1976).

Lacassagne, A., *Das Verbrechen in der Thierwelt*, in: *Kosmos, Zeitschrift über Entwicklungslehre*, VI. Jahrgang, Bd. XI, April-September 1882.
LaChapelle, David, *Do It Well*, Video 2008.
Lachmuth, Ulrich, *Ultraschall ist nicht der letzte Schluß*, in: *gv-praxis*, 8/1984.
Lagercrantz, Sture, *Zur Kulturgeschichte einiger in Schweden vorkommenden Jagdfallentypen*, in: *Zeitschrift für Ethnologie*, 72. Jg., 940, Heft 1–3, 1941.
Lagercrantz, Sture, *Beiträge zur Kulturgeschichte der afrikanischen Jagdfallen* (1938).
Lagercrantz, Sture, *Beiträge zur Jagdfallensystematik*, *Ethnos* 2 (1937).
Ders., *Observations on Block Traps*, in: *Orientalia Suecana* 9 (1960) (61).
Ders., *The Nordo-Baltic Torsions Traps*, in: *Studia Ethnographica Upsaliensia* 21 (1964).
Landschaftsverband Rheinland, Amt für Rheinische Landeskunde, *Die Mausefallenmacher*, Filmdokumentation (1980).
Langenfuß, Hansjörg, *Rette sich wer kann* (1892).
Längin, Georg, *Religion und Hexenprozess* (1888).
Lebe Gesund-Infozentrum (Hrsg.), *Infoblatt*, 11.8.2009.
Leipziger Messeamt (Hrsg.), *Wer liefert was?* (1966).

Le Loup, Pierre, *Les Mans*, zwei zusammengefasste Tafeln, um 1760.
Lichtenberg, Georg Christoph, *Schriften und Briefe*, Sudelbücher I, Heft F, 1776 (1994).
Lichtenstein, Alfred, *Große Mausefalle*, in: Joachim Schreck (Hrsg.), *Groteske Gedichte* (1996).
Liebrecht, Felix, *Die Sage vom Mäuseturm*, in: *Zeitschrift für deutsche Mythologie und Sittenkunde*, Bd. 2 (1855).
Lindenbauer, Josef, *Zuruf zur Vertilgung der schädlichen Feldmäuse* (1802).
Lindner, Kurt, *Das Jagdbuch des Petrus de Crescentiis in der deutschen Übersetzung des 14. und 15 Jahrhunderts* (1957).
Lips, Julius, *Fallensysteme der Naturvölker*, in: *Ethnologica* III (1927).
Lohse, Emil, *Erlebte Volkskunst* (1963).
Loriot, *Umgang mit Tieren. Das einzige Nachschlagwerk seiner Art in Wort und Bild* (1962).
Löwe, Hans-Günther, *Die Mausefalle als Anschauungsunterrmittel zum Lesenlernen* (1985).
Löwen, Walter, *Die Mausefalle* (1978).
Lühning, Arnold, *Die Volkskundliche Gerätesammlung des Schleswig-Holsteinischen Landesmuseums*, SH Landesmuseum (Hrsg.), 2. erw. Aufl. (1982).

Maierbrugger, Matthias, *Wie unsere Ahnen Ungeziefer und Mäuse bekämpften – Ein Stück Kärnter Volksglaube*, in: *Kärnter Landsmannschaft*, Heft 4, 1967.
Maitland, Oliver, *Eros und Thanatos – Klaus Böttger* (1999).
Manasse, *Mein Mäuschen*, ca. 1928, in: Faber, Monika, *Die montierte Frau, Aktphotographien des Atelier Manasse' aus den 20er und 30er Jahren* (1988).
Mannhardt, Wilhelm, *Wald- und Feldkulte. Erster Teil. Der Baumkultus der Germanen und ihrer Nachbarstämme* (1877).
Maresch, Gerhard, *Mausefallen aus der Sammlung in der Loich, NÖ*, in: *Sammeln und Sichten, Beiträge zur Sachvolkskunde*.
Mascall, Leonard, *A Book of Engines and traps* (1590), Nachdruck (1972).
Massin, Robert, *Händlerrufe aus europäischen Städten* (1978).
Maurenbrecher, C. P. (Hrsg.), *Europäische Kaufrufe* (1980).
Mayerhofer, Thomas und Friedrich Lenhardt, *Mäuseplage und Mäusebekämpfung. Ein Beitrag zu den Mäusefallen der Rose-Sammlung*, Museum Ingolstadt, Jahresbericht 1991/92.
Meertens, P. J. und Sayes, Hilary, *Nederlandse Emblemata* (1983).
Mehl, Sigbert, *Anti-Raten-Comic*, Bayerische Landesanstalt für Pflanzenbau und -Schutz, München (o. J.).
Ders., *Die Wühlmaus*. Biologische Zentralanstalt Braunschweig, Flugblatt C 2, 1950.
Meister Caspar, *Die Macht der Venus*, Holzschnitt, um 1479, Kupferstichkabinett Berlin.
Mellan, Clode, *Mausefalle*, Kupferstich, Staatliche Kunstsammlungen Dresden.
Mérite, Eduoard, *Les Pieges* (1942).

Messerli, Alfred, *Mit Speck fängt man Mäuse*, in: *Sammler* 11/1985.
Meyer, Elard Hugo, *Mythologie der Germanen* (1903).
Meyer, Thomas, *Zu Gast am Mikrofon: Dr. Oskar Foltyn*, RPE, SWF Mainz 10. 3. 1984.
Meyerheim, Paul, *Der Mausefallenjunge*, Holzstich ca. 1900.
Mieris, Wilhelm von, Gemälde mit Falle, 1662–1747.
Miles, Hamish, *The Merode Mouse-trap*, in: *Burlington Magazine* 108 (1966).
Minott, Charles Ilsley, *The Theme of the Merode Altarpiece*, in: *The Art Bulletin*, Vol. LI, Nr.3, 9/1969.
Mohr, Gerd Heinz, *Lexikon der Symbole, Bilder und Zeichen der christlichen Kunst* (1971).
Montgomery, W. H., *The Mause-Trap Man Waltz* (1829).
Morgenstern, Christian, *Galgenlieder, Palmström und andere Grotesken* (1979).
Mörsch, Gerd, *Die Falle in der Kunst des 20. Jahrhunderts*, Hösch Museum (Hrsg.) (2009).
Moser, Edwin, *Das kleine Mäusealbum* (1985).
Moser, Erwin, *Ein aufregender Tag im Leben von Franz Feldmaus* (1986).
Mozer, Alois, *Aufzeichnungen für die Gemeinde Mödingen*, Landkreis Dillingen.
Mühsam, Erich, *Ausgewählte Werke*, Bd. 1, *Gedichte, Prosa, Stücke*, (1978).
Narrenzunft Überlingen, *Narrenbuch 1934*.
Nedoluka, Alois, *Werkzeuge und Werkzeugmaschinen vom Mittelalter bis um 1800*, in: *Blätter für Technikgeschichte*, Heft 23 (1961).
Negelein, Julius, *Germanische Mythologie* (1919).
Neuhaus, Volker, *Mausefallen – zu Dirk Schmitts Stilleben* www.dirk-schmitt.de
Nickel, Helmut, *Letter. The Mousetrap of the Merode Altarpiece again*, in: *Burlington Magazine* 108 (1966).
Nocht, Rörig und Tjaden, *Die Rattenvertilgung* (1915).
Nunn, Astrid, *Alltag im alten Orient* (2006).

Ohne Verfasser, *Lorscher Arzneibuch*, Lorsch 795, zit. nach Spiegel 12/2010.
Ohne Verfasser, *Der unfehlbare Ratten-, Mäuse-, Maulwurfs-, Wanzen- Motten, Flöhe- und Mücken- Vertilger* (1821).
Ohne Verfasser, *Ein kurtz jedoch scharfes ABC*, Kupferstich, 1631, Kupferstichkabinett Heidelberg.
Ohne Verfasser, *Ostracher Liederhandschrift*, um 1740.
Ohne Verfasser, *Die Bekämpfung der Ratten und Hausmäuse*, 4. Auflage „Die Rattenvertilgung" (1930).
Ohne Verfasser, *Magazin aller neuen Erfindungen, Entdeckungen und Verbesserungen für Fabrikanten*, I. Band (1802).
Ohne Verfasser, *Flugblatt Mäusepeter*, Ohne Ort (o. J.).
Ohne Verfasser, *Fliegende Blätter*, München (1845).
Ohne Verfasser, *Fliegende Blätter*, München, Nr. 2040 (1884).
Ohne Verfasser, *Fliegende Blätter*, München (17. 8. 1895).
Oppian, *Halieutika* II, 156–160.

Ostendorf, Thomas, *Das Heidemuseum in Wilsede – Dat ole Huus* (1986).

Panofsky, Erwin, *Altniederländische Malerei* (2001).
Panzer, Friedrich, *Bayrische Sagen und Bräuche* (1855).
Papan, *Ich komme wegen der Maus*, Stern.
Parkdale Design Assiciation, *Ehebett als Mausefalle*, Foto, Montreal (2008).
Paulin, Karl, *Tiroler Sagen* (1940).
Perret, P., *Hinweise und Tips für die Verhütung von Mäuseschäden im Rebbau*, Eidgen. Forschungsanstalt Wädenswil (o. J.).
Pieper, Adolf, *Der Fang des Raubzeugs*, 6. verbesserte Aufl. (1909/10).
Pirandello, Luigi, *Mattia Pascal*. Film (1985).
Plum, Yvonne und Thomas, *Kunst, Kakao und Karneval – was Museen in und um Köln zeigen* (1995).
Potter, Beatrix, *Die Geschichte von den beiden bösen Mäusen* (1973).

Rebay, Peter, *Familiengeschichte* (2009) www.rebay.at
Redaktion „Der Eisenhändler" (Hrsg.), *Der Eisenhändler. Taschen- und Handbuch für den Eisen-, Metall-, Eisenwaren- und Werkzeughandel*, Jge. 1911–1914, 1921.
Reichert, Birgit, *Die Maus ist modern geworden. Mit Nutella in die Falle*, dpa, 2.8.2005 (Museum/Neroth).
Reichert, Klaus (Hrsg.), *H. C. Artmann. Sämtliche Gedichte* (2003).
Renk, Heinz und Ruhe, Ernst, *Männer der Wissenschaft. Unternehmen der Gründerzeit*, in: *Schriftenreihe Monographie des Landkreis Wiedenbrück* (1966).
Renner, Carl Oskar, *Wie in einer Mausefalle* (1982).
Richter, W. (Hrsg.), *Der kleine Pauly*, Bd. 3 (1969).
Riegeler, Richard, *Das Tier im Spiegel der Sprache* (1907).
Riezler, Sigmund von, *Geschichte der Hexenprozesse in Bayern*, Neudruck der Ausgabe Stuttgart 1896 (1968).
Robbins, Russel Hope, *The Encyclopedia of Wichcraft and Demonologie* (1959).
Röhrich, Lutz, *Lexikon der sprichwörtlichen Redensarten* (1974).
Rollenhagen, *Froschmeuseler*, Magdeburg 1596, Kap. 3, 7.
Rosander, Eva, *Lopper och löss, rätter och möss (Fleas and lice, rats and mice)* (1970).
Roth, Cecil, *Medieval Illustration of Mouse-Traps*, in: *The Bodleian Library Record*, Vol. V 1954–1956 (1956).
Rowe, F. P., *Aspects of mouse behaviour related to control*, in: *Mammal Review*, Volume 3 (1973).
Rowlandson, Thomas, *Cries of London* Nr. 1, Aquatintaradierung, Ackermann's Gallery, London 1799.
Ruland, Wilhelm, *Rheinsagen* (o. J.).

Sadoul, Charles, *Condemnation des souris a Contrisson en 1733*, in Pays Lorrain, 17. Jg., Nr. 12, 1925.
Saling, Theodor, *Rattenbüchlein* (1927).
Santerre, Dodi, *La ultima tentacion*, Postkarte, Sofoto SL, Ediciones 07, 1994.

Santoianni, Francesco, *Von Menschen und Mäusen* (1997).
Sartori, Paul, *Sitte und Brauch, erster Teil: Die Hauptstufen des Menschendaseins*, Handbücher zur Volkskunde, Bd. 5 (1910).
Ders., *Sitte und Brauch zweiter Teil: Leben und Arbeit daheim und draußen*, Handbücher zur Volkskunde, Bd. VI (1911).
Ders., *Sitte und Brauch dritter Teil: Zeiten und Feste des Jahres*, Handbücher zur Volkskunde, Band VII/VIII (1914).
Sauer, Walter, *Vorbemerkungen zu einer erotischen Kunst*, in: Böttger, Klaus, *Erotische Zeichnungen* (1982).
Schami, Rafik, *Die dunkle Seite der Liebe* (2004).
Schapiero, Meyer, *Muscipula Diaboli, The Symbolism of the Merode Altarpiece*, in: *Art Bulletin*, XXVII (1945).
Scheffel, Joseph Viktor von, *Eckehard*, in: *Gesammelte Werke*, Bd. 1 und 2 (1908) (1855).
Schliephacke, Bruno P., *Bildersprache der Seele, Lexikon der Symbolpsychologie* (1970).
Schmidt, Klaus Dieter, *Über die Konsumgüterproduktion in der DDR*, AG Zeitzeugen der Universität Leipzig 1.6.2010.
Schmittger, Christian Nikolaus (1825–1896), *Peermarkt in Schleswig*, Schleswig-Holsteinisches Landesmuseum, Inv. Nr. 1957/443.
Schmittger, Christian Nikolaus (1825–1896), *Vor dem Büro des Polizei Comptoirs*, Schleswig-Holsteinisches Landesmuseum, Inv. Nr. 1957/439.
Schnell, Ursula, *Vita der heiligen Gertrud*, übersetzt aus: Monumenta Cermaniae Historica, Scriptores rerum Merovingicarum, Bd. II, in: *villa sprendelinga*, Grolsheim 1982.
Schönholzer, Urs, *Mit Mäusen macht man Mäuse*. Alumni-Magazin der Universität St. Gallen 1/2008, 13.12.2007.
Schöpfer, E., *Der treue Rathgeber für Haus, Hof und Familie*, Bd. 2 (o. J.).
Schwebel, Oskar, *Tod und ewiges Leben im Deutschen Volksglauben* (1887).
Schwerte, Thorsten, *Patente Ideen. Raffinierte Mausefallen 40 Patente* (o. J.).
Schwidder, Werner, *Klinik der Neurosen*, in: *Klinische Psychiatrie* I (1972).
Shakespeare, William, *Hamlet* (1984) (1604).
Sills-Fuchs, Martha, *Wiederkehr der Kelten* (1984).
Simrock, Karl, *Thiermärchen*, in: *Zeitschrift für Deutsche Mythologie und Sittenkunde*, Bd. 2 (1855).
Simrock, Karl, *Handbuch der deutschen Mythologie* (1869).
Siuts, Heinrich, *Bäuerliche und handwerkliche Arbeitsgeräte in Westfalen* (^{3}2002).
Snaphaen, Abraham, *Jonge vrouw met muizeval (Zimmer zu vermieten)*, 1682, Stadelijk Museum Leiden.
Soldan-Heppe, Max Bauer (Hrsg.), *Geschichte der Hexenprozesse*, Bd. 1 (1968).
Soldan-Heppe, Max Bauer (Hrsg.), *Geschichte der Hexenprozesse*, Bd. 2 (1969).
Sollbach, Gerhard E., *Das Tierbuch des Konrad von Megenberg. Die bibliophilen Taschenbücher*, Nr. 560 (1989).

Specht, Friedrich, *Die Hausmaus*. Holzstich um 1869, Deutsche Bilderbogen für Jung und Alt, Nr. 166, Gustav Weise, Stuttgart.
Spiegelmann, Art, *Breakdowns* (1980).
Spies, Christian Heinrich, *Der Mäusefallen- und Hechelkrämer, eine Geschichte sehr wunderbar und doch ganz natürlich* (1792).
Stanke, Siegfried, *Mausefallen aus Neroth*, in: *Heimatjahrbuch des Kreises Daun* (1985).
Steen, Jan van, 1626–1679, *De rattenvanger*.
Stein, Uli, Postkarte, Stein und Gewe Cartoon-Verlag, Isernhagen (o. J.).
Steinbeck, John, *Von Mäusen und Menschen* (1985).
Steinhausen, Georg (Hrsg.), *Monographien zur Deutschen Kulturgeschichte 6* (1900).
Steininger, Fritz, *Rattenbiologie und Rattenbekämpfung* (1952).
Stiftung Westf. Wirtschaftsarchiv, F 108, Friedrich Wilmking oHG.
Stölzel, Christian Friedrich, *La Souris attrapee*, Kupferstich, Dresden 1760, nach einem Gemälde von Johann G. Dietrich, Kunstsammlungen der Veste Coburg.
Stone, Bernard, *Admiral Maus* (1987).
Strobl, L., *Altbayrische Mittl und Bräuch gegen Ratzen (Raupen), Würm und Mäus*, in: *Sammler 92*, Nr. 42, 26. 5. 1923.
Ströse, L. und Griesmann, Oskar, *Das Bastelbuch für unsere Soldaten* (o. J.).
Südwestfunk, *Mitteilungen* Nr. 2. SWF-Hobby-Ausstellung, 5/88.
Südwestfunk Studio Tübingen (Hrsg.), *Aus der Ostracher Liederhandschrift*, Lied vom Hechel, und maus-falle macker.
Suhr, Christopher, *Der Ausruf in Hamburg, vorgestellt in Ein hundert und Zwanzig Colorirten Blättern, gezeichnet radirt und geäzt von Professor Suhr, mit Erklärungen begleitet* (von Karl Johann Heinrich Hübbe). Faksimile der Ausgabe Hamburg 1808.
Suhr, William, *The Restoration of the Merode Altarpiece*, in: *Metropolitan Museum of Art, Bulletin* 16 (1957).
Suhrdes, Jules, *Es chunt es Müsli*, *Schweizerisches Archiv für Volkskunde* 45 (1948).

Tegtmeier, Christian, *Göttinger Predigten im Internet*, hrsg. von U. Nembach und J. Neukirch, 1. Sonntag nach Epiphanias, 8. Januar 2006, Predigt über 1. Korinther 1, 26–31.
Tierschutzverein Starnberg e. V., *Tierschutzreport* Nr. 14.
Toigo, Angela M., *Gebete einer Maus* (1983).
Toller, Ernst, *Hinkemann* (1985) (1921/22).
Toynbee, J. N. G., *Tierwelt der Antike* (1983).
Treichel, Hr., *Prähistorische Fundstellen in den Kreisen Berent, Pr.-Stargardt, Carthaus und Neustadt*, in: *Zeitschrift für Ethnologie*, Bd. 21 (1889).

Uhlig, Peter, *Ein fast vergessenes Problem*, in: *gv - Praxis*, Nr. 5, 5/1983.
Ulrich, Manfred, *Mausfallskrämer ziehn die Straßen* (1986).
Unbekannt, *Calvin, Henri, Chimiste*, 1862.
Unbekannt, *Rastelbinder aus John: Schmelztiegel Wien* (1990).

Unbekannt, *Der Rattenfänger*, Anfang 17. Jahrhundert.
Ungerer, Tomi, *Basil Ratzki* (1984).

Van den Berg, Arie, *De Martelgang van Mus Musculus*, in: *KIJK 5* (1979).
Van Looveren, L. H. D., *Gertrud von Nivelles*, in: *Lexikon der christlichen Ikonographie* (1974).
Vaucaire, Maurice und Mitchel, George, *Hans der Flötenspieler*, Komische Oper, Deutsch von Felix Falzari (1906).
Végh, János, *Altniederländische Malerei im 15. Jahrhundert* (1978).
Venne, Adrian Pietersz van der, *De rattenfanger*, 1589–1662.
Ders., *Mausefalle*, Stich, in Cats, Alcibiadis Silenus 1626.
Verardi, *List über List* (^{3}1857).
Vian, Boris, *Der Schaum der Tage* (1980) (1947).
Villacián, Santos, *Collage Mausefalle*, Molinos, Privatbesitz.
Villiers, Elisabeth, *Amulette und Talismane und andere geheime Dinge* (1927).
Vischer, Theodor, *Mein Kätzlein. Klagelied. Lyrische Gänge, Dichterische Werke III. Band* (1917), in: Herrlinger, Gerhard, *Totenklage der Tiere in der antiken Dichtung*, Tübinger Beiträge zur Altertumwissenschaft (1930).
Von der Hagen, Fr. H., *Neues Gesamtabenteuer. Die Sammlung der Fr. H. mittelhochdeutschen Mären und Schwänke des 13. Und 14. Jahrhunderts*, hrsg. von Heinrich Niewöhner, 1. Band (1937).

Wachenhusen, Hans, *Satan's Mausefallen. Bade-Photographien*, Hausfreund-Expedition (o. J.) (1870).
Wagner, Hermann, *Entdeckungsreisen in der Wohnstube* (^{6}1892).
Wander, Karl Friederich Wilhelm, *Deutsches Sprichwörter-Lexikon*, Bd. 3 (1873, Neudruck 1963).
Wangenheim, Gustav von, *Die Mausefalle*, in: *Da liegt der Hund begraben*, Rowohlt, *Das Neue Buch* (1974).
Webasto AG (Hrsg.), *100 Jahre Webasto. Komfort und Erlebnis in der Mobilität* (2001).
Weinreich, Otto, *Mäusesegen in Volkstum und kirchlicher Benediktion*, in: *Festgabe für Karl Bohnenberger*, in: *Beiträge zur Geschichte, Literatur und Sprachkunde*, hrsg. von Hans Biehl (1938).
Weissenborn-Danker, Erna, *Die Mausefalle*, Roman (1928).
Wender, Karl Friedrich Wilhelm, *Deutsches Sprichwörter Lexikon*, Bd. 3 (1873, Neudruck 1963).
Werff, Adrian van der, *Zwei Kinder mit Mausefalle* (1692).
Ders., *Junge mit Mausefalle* (1667).
Ders., *Dienstbotin mit Schürhaken*, 1665–1722.
Werner, J., *Art und Weise, das Ungeziefer ohne Gift zu vertilgen* (1801).
Wiesner, J. (Hrsg.), *Lexikon der alten Welt* (1965).
Wilhelmi, J., *Deutsche Firmen zur Bekämpfung der Gesundheitsschädlinge*, in: *2. Beiheft, Kleine Mitteilungen für die Mitglieder des Vereins für Wasserversorgung und Abwässerbeseitigung*, hrsg. von der Preußischen Landesanstalt für Wasser-, Boden- und Lufthygiene (1926).

Wissowa, Georg und Wilhelm Knoll (Hrsg.), *Paulys Real-Encyclopädie*, 14. Band, Metzlersche und Kroll, Wilhelm Verlagsbuchhandlung (Hrsg.) (1930).
Witgeest, Simon, *Het natuurlyck Toover-Boeck of t Nieuw Spell-Toneel*, Der Konsten, by Jan ten Hoorn (1686).
Wolf, Ror, *Die Köchin*, in: *Hans Waldmanns Abenteuer* (1985).
Wuttke, Adolf, *Der deutsche Volksglaube der Gegenwart*, dritte Bearbeitung von Elard Hugo Meyer (1900).

Zedler, Johann Heinrich (Hrsg.), *Grosses Universal-Lexicon aller Wissenschaften und Künste, welche bishero durch menschlichen Verstand und Witz erfunden wurden*, 19. Band (1739).
Zender, Matthias, *Die Verehrung der hl. Gertrud von Nivelles*, in: *Räume und Schichten mittelalterlicher Heiligenverehrung* (1959).
Zeri, Frederico, *Un Trittico del Maestro della legenda di Santa Barbara*, in Paragono 125 Arte 1960.
Zinsser, Hans, *Ratten, Läuse und die Weltgeschichte* (1949).
Züllig, K., *Die Mauserkunst* (1907).
Zupnick, Irving L., *The Mystery of the Merode Mousetrap*, in: *Burlington Magazine* 108 (1966).
Züricher, Gertrud, *Kinderlieder der deutschen Schweiz*, in: *Schriften der Schweizerischen Gesellschaft für Volkskunde* N. 17 (1926).

Zeitungen, Zeitschriften, Internetartikel ohne Verfasser

Mittheilungen des Verbandes Süddeutscher Eisenhändler, Alle Ausgaben ab Nr. 1, 1. Jahrgang, 1.4.1897.
Mittheilungen des Verbandes deutscher Eisenwaarenhändler, Alle Ausgaben.
Deutscher Eisenhandel, Alle Ausgaben, bis auf die während es 2. Weltkrieges nicht erschienenen Nummern.
Eisenhändler Fachblatt, Kiel, Alle Ausgaben.
Werbung für Fallen und Berichte über Hersteller in diesen Fachzeitschriften halfen, Herstellern und die seit 1897 produzierten Fallentypen zu ermitteln.
Zeitschrift für die Landwirtschaftlichen Vereine des Großherzogtums Hessen, 14.4.1857, Nr. 15.
Illustrierte Zeitung Leipzig, 10.9.1859, Nr. 845.
Wochenblatt für das christliche Volk, B. Schmidtsche Verlagsbuchhandlung, Augsburg 1866.
Illustrierte Zeitung Leipzig, 24.8.1867, Nr. 1260.
Illustrierte Chronik der Zeit, 1882.
Fliegende Blätter, 1884, München, Nr. 2040, *Die couragierte Lehrerin*.
Fels und Meer, Stuttgart, 1887, Hrsg. W. Spemann, Stuttgart, *Tierfalle*.
Illustrierte Zeitung Leipzig, 4.10.1890, Nr. 2466.
Illustrierte Zeitung Leipzig, 24.9.1892, Nr. 2569.
Die Gartenlaube, 1892, Nr. 24, *Die Mäuseplage*.
Die Gartenlaube, 1895, Nr. 17, *Von den bösen Mäusen*.

Die Weinlaube, Klosterneuburg bei Wien, 2.1.1898, 30. Jahrgang, Nr. 1.
Alte und Neue Welt, 1900, 34. Jahrgang, *Wiener Hausierer*.
Das interessante Blatt, Österreich 1900.
Wiener Hauswirtschaftliche Rundschau Wien, 15.12.1919, Nr. 12.
Allgemeine Wein-Zeitung Wien, 23.9.1920, Nr. 39.
Deutscher Eisenhandel, 10.2.1927, Nr. 6, 31. Jg., *Ratten, Mäuse und das Eisenwarengeschäft*.
Folklore Suisse. Bulletin de la Sisietev Suisse des Tradition populairs, *Le chiffre* 4, Trappe à souris et à rats. FIS 45 (1955).
W+V international, 9/1981, *Wie Werber mit der Falle werben*.
Ludwigshafener Rundschau, 23.4.1982, *Raritäten: Mäuse- und Rattenfallen*.
Frankfurter Rundschau, 17.7.1982.
Neue Zürcher Zeitung, 21.8.1982 *Sammlung Honegger*.
Stern, 23.8.1982, *Das Mausoleum von Oppenheim*.
Welt am Sonntag, 27.2.1983 *Von Menschen und Mäusen. Ultraschall*.
Frankfurter Rundschau, 10.6.1983, *Eine Guillotine für Mäuse*.
Walliser Bote, 19.7.1983, *Pestizid Arvicostop*.
Bild, 2.9.1983, *Sammler-Tick: Herr Hellwig hat schon 90 Mausefallen*.
Stuttgarter Zeitung, 3.10.1983, *Historische Mausefallen: Mit Einfallsreichtum, Holz und Draht den Nagern an den Kragen*.
Die Rheinpfalz, 3.2.1984, *Mäuse: Geheimgänge zur zehnten Etage*.
Darmstädter Echo, 9.8.1984, *Was gehörte einst zum Haushalt?*
Ruhr-Nachrichten, 27.7.1985, *Horror-Museum für 400 Mäuse*.
Frankfurter Rundschau, 25.1.1986, *Kontaktanzeige 1*.
Allgemeine Zeitung Mainz, 26.1.1986, *Auf der Mäusejagd von der Leiter gefallen*.
Frankfurter Rundschau, 8.2.1986 *Kontaktanzeige* 2.
Frankfurter Rundschau, 1.6.1986, *Ultraschall schreckt Nager nicht ab*.
Spiegel, 30.6.1986, Nr. 27.
Die Welt, 18.7.1986, *Maus verhindert Start*.
Spiegel, 22.9.1986, Nr. 39.
Wiesbadener Tagblatt, 2.12.1986, *Die erste automatische Mausefalle*.
Zeitmagazin, 5.12.1986, Nr. 50, *Werbung mit Mausefalle*.
Wiesbadener Kurier, 12.12.1986, *Werbung Mann Mobilia, „Laßt Euch nicht einsperren"*.
Allgemeine Zeitung Mainz, 2.6.1987, *Witz Maus im Bett*.
Frankfurter Rundschau, 3.10.1987, *Ein Bündel Mäuse für die Braut*.
Spiegel, 22.2.1988, Nr. 8, *AIDS-Mäuse hinter Sicherheitsglas*.
Frankfurter Rundschau, 25.3.1988, *Halbe Maus auf Gemüseplatte*.
Frankfurter Rundschau, 13.4.1988, *Patent für neue Maus?*
Frankfurter Rundschau, 7.5.1988, *Oder den?*
Frankfurter Rundschau, 11.6.1988, *Ultraschall schreckt Nager nicht ab*.
Frankfurter Rundschau, 27.9.1988, *Mauseschwanz im Brot*.
Frankfurter Rundschau, 4.10.1980, *Heute*.

Frankfurter Rundschau, 28.12.1988, *Mäusejagd bei Operation.*
Rhein Zeitung, 18.1.1989, *Zum Piepsen.*
Frankfurter Rundschau, 8.2.1989, *Wie Dörte Ahrens eine Maus rettete.*
Rhein-Zeitung, 4.4.1989, *Jagd auf Mäuse im Stadion.*
Öffentlicher Anzeiger Bad Kreuznach, 3.7.1989, *215 Mäuse ermittelt.*
Spiegel, 19.6.1989, Nr. 25, Bild 1793, *Chinesischer Kaiser Qian Long bekommt von britischer Delegation (Macartney) u.a. Mausefalle.*
Allgemeine Zeitung Mainz, 16.11.1989, *Geplantes Ende für die kleinen Nager.*
Allgemeine Zeitung Mainz, 15.12.1989, *Beauftragter für Mäuse und Ratten.*
Frankfurter Rundschau, 28.4.1990, *Aufgespießt.*
Rhein- Zeitung, 27.11.1990, *Mäuse sollen systematisch gejagt werden.*
Frankfurter Rundschau, 6.12.1990, *Die Maus lebt in Saus und Braus.*
Spiegel, 10.2.1992, *Karikatur.*
Focus, 15.5.1993, Nr. 20, *New Yorker Missverständnis.*
Süddeutsche Zeitung, 13.8.1993, *Mäuse in China begehen Massenselbstmord.*
Frankfurter Rundschau, 7.10.1993, *Nix Speck, Pfefferminz.*
Bild, 27.12.1993, *Mausefalle brachte vier Menschen um.*
Börsenblatt, 11.7.1995, Nr. 55, *Szenen einer fatalen Beziehung in Wort und Bild, Knaus.*
Die Zeit, 3.11.1995, *Werbung Knaus, Heldentod.*
Frankfurter Rundschau, 25.2.1998, *Mäuseinvasion in der Innenstadt.*
Frankfurter Rundschau, 21.7.1998, *Mäuseplage in Splitt.*
Süddeutsche Zeitung, 10.8.1998, *Nur ein gesunder Mäuserich verströmt Sex-Appeal.*
Bild, 21.8.1998, *Vorsicht, Mausefalle.*
Frankfurter Rundschau, 25.8.1998, *Mit List und Tücke gegen Käfer und nagende Mäuse.*
Neue Zürcher Zeitung, 13.12.2000, *Basler Mäusefänger.*
Frankfurter Rundschau, 20.5.2000, *Jetset-Mäuse.*
Frankfurter Rundschau, 12.1.2001, *Forscher stellen zufällig Mäuse-Killer-Virus her.*
Allgemeine Zeitung Mainz, 16.1.2001, *Maus stoppt Flug in den Urlaub.*
Pepper, 24.3.2001, *Kontaktanzeige.*
Frankfurter Rundschau, 12.5.2001, *Der Maus-Sauger.*
Allgemeine Zeitung Mainz, 18.4.2002, *Mäuseplage ist nicht zumutbar.*
Frankfurter Rundschau, 23.7.2003, *Der Duft der Mäuse. Nager machen sich ein „pheromonales" Bild im Gehirn.*
Darmstädter Echo, 5.12.2003, *In Bad König: Mausefallen.*
Der Spiegel, 30/2004, *Mäuse in der Wohnung? Allianz-Werbung.*
Frankfurter Rundschau, 10.11.2004, *Mäuseplage.*
Frankfurter Rundschau, 29.11.2004, *Mausefalle.*
Allgemeine Zeitung Mainz, 5.3.2005, *Mäuse als Kündigungsgrund.*

Süddeutsche Zeitung, 20.7.2005, *Mordstrategie. Mäuse-Gangs töten große Beutetiere.*
Salzburger Nachrichten, 15.2.2006, *Arbeiten statt einsitzen. In der JVA Suben ist die größte Mausefallenproduktion Österreichs.*
Ureader.de, 19.3. und 20.3.2006, *Penis in Falle.*
Sammler-Journal, 6/2007, *Mausefallen als Sammelobjekte.*
Netzeitung, 4.6.2007, *Schmerzensgeld für Penis in Mausefalle.*
Spiegel Online, 25.3.2008, *Mann flüchtet vor Maus.*
Badische Zeitung, 6.8.2008, *Klobürste und Mausefalle.*
Allgemeine Zeitung Mainz, 24.1.2009, *Maus als Brandstifter.*
Allgemeine Zeitung Mainz, 14.5.2009, *Hägars Abenteuer.*
Allgemeine Zeitung Mainz, 26.5.2009, *Verletzter bei Wühlmausjagd.*
Westfalenpost, 11.6.2009, *Biotec Klute.*
forum.gofeminin.de, 18.6.2009, *Kontaktanzeige und Diskussion.*
Frankfurter Allgemeine Zeitung, 29.9.2009, *Panoptikum der Grausamkeiten.*
Süddeutsche Zeitung, 24.6.2010, *Ärger von nebenan. Mäuse sind Nachbarn feindlicher gesinnt als Fremden.*
Süddeutsche Zeitung, 16.7.2010, *Du riechst lecker. Mundgeruch dient Nahrungswahl.*
Lokalanzeiger VG Nieder-Olm, 23.7.2010, *Sie sorgen meist für Schrecken und Aufregung. Wo Menschen sind, krabbeln auch Mäuse.*
Frankfurter Rundschau, 4.8.2010, *Virus breitet sich aus, 83 Infektionen nach großer Mäusevermehrung.*

Zeitungen, Zeitschriften, Internetartikel mit Verfasser

Abel, Wolfgang, *Mausefallen aus zwei Jahrhunderten gesammelt,* Allgäuer Rundschau, 26.3.1982.

Baldinger, Gaby, *Lieber pleite in Los Angeles als pleite in der Schweiz,* Die Wochenzeitung, Zürich, 16.9.2004.
Balzer, Alexandra, *Mäuse, Menschen, Mausefallen,* Kölner Stadtanzeiger, 6.9.2004.
Bartels, Wolfgang, *Der Maus ging's an den Kragen,* Frankfurter Rundschau, 11.4.1991.
Bau, Walter, *Die Maus in der Falle. 900 Mal Mut zur Tücke.* Westfälische Rundschau, 25.6.1988.
Beeler, Jürg, *Langgeübtes Katz- und Maus-Spiel,* Neue Zürcher Zeitung, 16.5.1986.
Bernold, Matthias G., *Das Dorf der Wächter,* Falter 27/2006, 5.7.2006.
Blaich, Ute, *Tomi Ungerer zeichnet, was er sieht,* FAZ-Magazin, 14.11.1997.
Blechschmidt, Manfred, *Rauchende Gesellen verbreiten Weihnachtsduft,* Freie Presse, 25.11.2005.
Brandscheid, Jörg, *Den Mäusen bleibt nur die Flucht,* Trierischer Volksfreund, 12.7.1991.
Brauck, Markus, *Schluss mit Lustig,* Frankfurter Rundschau, 15.10.2005.

Britz, Eva, *Nicht nur mit Speck fängt man Mäuse*, Allgemeine Zeitung Mainz, 29.10.1990.
Buchser, Corinne, *Der Jäger im Untergrund*, Die Wochenzeitung, Zürich, 25.8.2005.
Buck, Susanne, *Mausefallen*, in: Trödler 6/07.

Dahms, Martin, *Feldmausplage in Kastilien und Leon*, Frankfurter Rundschau, 18.8.2007.
Delling, Manfred, *Reden ist Macht*, Sonntagsblatt, 7.2.1988.
Dröscher, Vitus B., *Ein armer Spatz hat beim Weibchen keine Chance*, Allgemeine Zeitung Mainz, 3.5.1986.

Euteneuer, Klaus, *Eifel einst Hochburg der Mausefallenhersteller*, Die Rheinpfalz, 19.10.1990.

Fauth, Eva, *Ein kleiner Räuber als Ernährer*, Allgemeine Zeitung Mainz, 6.8.1991.
Feldmeier, Hermann, *Mäuse, Menschen und Würmer*, Die Welt, 15.12.1990.
Finkele, Diana, *Mäuse mischen Museum auf*, Museen im Rheinland, 1/2006.
Finkenzeller, Roswin, *Die Mäuse im unterirdischen Münchner S-Bahnhof Marienplatz*, Frankfurter Allgemeine Zeitung, 14.4.1989.
Fischer-Nagel, Heiderose, *Beim Menschen ist es so bequem. Immer der Duftstraße nach*, Frankfurter Rundschau, 7.12.1996.
Füssel, Ulrike, *Die Maus auf dem Marsch durch Frankfurter Hochhäuser*, Frankfurter Rundschau, 10.9.1984.

Gamma, Marcel, *Mein Kampf mit den Mickerhitlers. Mäuseplage in Zürich*, Die Wochenzeitung, Zürich, 6.1.2005.
Gebert, Frank, *Geliebter Parasit*, Focus, 17, 21.4.1997.
Giebenhain, Manfred, *Da beißt die Maus den Faden ab*, Darmstädter Echo, 14.4.2008.
Grasser, Walter, *Mit dem Kreuz gegen Mäusefraß*, Süddeutsche Zeitung, 17.11.1990.
Greinwald, Rosel, *Die Maus als ein jagdbares Wild*, Kölnisch Rundschau, 27.11.1986.
Grenacher, Christoph, *Mäuse-Etat in der Falle*, Frankfurter Rundschau, 13.6.1983.

Hänschen, Marion, *Ein Düsseldorfer schnappt bei Mausefallen zu*, Westdeutsche Allgemeine Zeitung, 5.9.1983.
Harant, Sabine, *Wie man mit Speck keine Mäuse fängt*, Mannheimer Morgen, 6.5.1991.
Hauser, Bert, *Das gibt es: die Mäusemelkmaschine*, Frankfurter Allgemeine Zeitung, 6.4.1981.
Henschen, Hans-Horst, *Über Fallen und Fallenstellerei*, Kleinvieh-Kolportage, Süddeutsche Zeitung, 3.10.1970.
Hoeren, Dirk, *Gesetz gegen Mausefallen*, Bild, 22.10.1998.
Hoffmann, Renate, *In die Falle gehen*, Die Weltbühne, Heft 6, 29.1.1991.

Hofer, Karl, *Mausefallen*, Neue Zürcher Zeitung, 21.8.1982.
Horst, Werner M., *Plakat*, Eisenhändler Fachblatt, 17.9.1965.

Illies, Florian, *Umgekommen in einer Mausefalle*, Frankfurter Allgemeine Zeitung, 11.1.1994.

Jacobs, Michael, *Mollige Momente beim Minnesang im Mäuseloch*, Allgemeine Zeitung Mainz, 4.11.2005.

Kahl, Ernst, *Ohne Titel*, Konkret, 4/1986.
Ders., *Ohne Titel*, Spiegel, 12/1990.
Kaiser, Ulrich, *Vom Mäuschen und den Menschen*, Frankfurter Allgemeine Zeitung, 10.6.1989.
Klärner, Diemut, *Die Mäuse der Wikinger*, Frankfurter Allgemeine Zeitung, 26.5.2010.
Kläsgen, Michael, *In der Mausefalle*, SZ, 22.2.2007.
Klausewitz, Volker, *Die Katze lässt das Jagen nicht*, Frankfurter Allgemeine Zeitung, 20.6.1990.
Knapp, Gottfried, *Fleischliche Mausefalle*, Süddeutsche Zeitung, 4.4.2005.
Köep, Werner, *Durch Mausefallen bekannt geworden*, Tagesspiegel Berlin, 4.11.1990.
Koesch, Sacha, Magdanz, Fee, Stadtler, Robert, *Mausefalle schickt Erfolgs-SMS*, Spiegel online, 11.10.2007.
Küffner, Georg, *Eine Porzellankatze fängt Mäuse*, Frankfurter Allgemeine Zeitung, 1998.
Küffner, Georg, *Aus diesen Fallen gibt es kein Entrinnen*, Frankfurter Allgemeine Sonntagszeitung, 27.8.2006.
Küffner, Georg, *Mausefallen. Das graue Milliarden-Heer und die Grenzen der Technik*, Frankfurter Allgemeine Zeitung, 30.7.1991.
Kühnert, Alfred, *Fischtran und Wagenschmiere gegen unliebsame Fresser*, Frankfurter Allgemeine Zeitung, 10.9.1988.

Langkammer, Claus, *Vom DDR-Patent bis zum Schwippgalgen*, Allgemeine Zeitung Mainz, 10.8.1991.
Lausch, Erwin, *Ist Cyclamat gefährlich?*, Die Zeit, 12.7.1968.
Levermann, Eva-Maria, *Nicht jeder Wühler ist des Gärtners Feind. Maus ist nicht gleich Maus*, Frankfurter Rundschau, 14.10.2004.
Lingenhöhl, Daniel, *Angriff der Killermäuse*, Süddeutsche Zeitung, 18.12.2008.

Mampell, Klaus, *Von einer Maus im Bett und anderswo*, Neue Zürcher Zeitung, 31.3.1990.
Mayer, Susanne, *Mausefalle*, Zeit Magazin, Nr. 42, 10.10.1986.
Menz, Vlada, *Mit Mechanik fängt man Mäuse*, Frankfurter Allgemeine Zeitung, 29.4.2007.
Metz, Karin, *Chemische Keule oder unbedenkliches Mittel?*, Rhein-Zeitung, 28.8.1990.
Mielke, Rita, *Die Mausefallenmacher von Neroth*, Frankfurter Allgemeine Zeitung, 4.11.1991.

Mirke, Thomas, *Mäuse im Vormarsch: Nager in Wohnungen, Lokalen, Läden und auch Kindertagesstätten*, Wiesbadener Kurier, 28.3.1988.
Müller, Reinhard, *Die Kunst ist frei, aber darf sie alles?*, Frankfurter Allgemeine Zeitung, 5.2.2006.
Müller, Wilhelm, *Die Seele als Maus*, Mindener Heimatblatt, Nr. 4, 1924.

Natzincer, Sonja, *Aufwand um ein Mäuschen*. Leserbrief, Allgemeine Zeitung Mainz, 5.8.1989.
Nissen, Klaus, *Mäuse turnten in der Bäckereien*, Frankfurter Rundschau, 9.5.2008.

Oelze, Gudrun, *Die EU verbietet den Einsatz von Gift gegen Mäuse*, Die Welt, 17.4.2009.
Oller, Franz-J., *Ab in die Falle. Von Menschen und Mäusen*, Westfälische Rundschau, Freizeitbeilage, 16.2.1991.
Onkelbach-Klaas, Hans, *Und ewig lockt der Köder*, Rheinische Post, 24.12.1986.

Partz, Wolfgang, *Keine Maus im Haus – aber ein Regal voll Fallen*, Bild, 5.9.1983.
Pfister, Hilmar, *Tonnenweise Mäusegift gegen unliebsame Nager*, Stuttgarter Nachrichten, 5.1.2008.
Pini, Udo, *Vom Mäusekrieg oder der Kammerjäger ist immer ein Mann*, FAZ-Magazin, Nr. 262, 8.3.1985.
Piontek, Franz-Norbert, *Zehn auf einen Streich. Hans- Peter Greb sammelt Mausefallen*. Wiesbadener Kurier, 16.6.1990.
Protze, Manfred, *Die Mausefalle ist passe. Mit Elektronik gegen Nager*, dpa, 30.8.1990.
Puh, Jan, *Republik und Terror*, Spiegel-Online, 26.1.2010.

Raith, Werner, *Seveso brachte allerlei Unannehmlichkeiten*, Die Tageszeitung, Berlin 10.7.1986.
Remann, Micky, *Weltstadtvitrinen – Die Mausefalle im Wandel der Zeiten*, Die Tageszeitung Berlin, 26.4.1986.
Richter, Jürgen, *Mausefallen für Ganoven*, Frankfurter Allgemeine Zeitung, 20.5.1986.
Riedel, Sonja, *Der Herr der Mausefallen*, Lampertheimer Zeitung, 28.9.2009.

Salm, Gertrud, *Die Maus muß weg*, Frankfurter Rundschau, 25.6.1994.
Sauerländer, Willibald, *Das Wunder bricht in den Werktag ein*, Frankfurter Allgemeine Zeitung, 1.12.2008.
Saurma, Charlotte von, *Duell in der Speisekammer*, Country, Nr. 6/93.
Schierholz, Alexander, *Bauern dürfen Gift auf Felder streuen*, Mitteldeutsche Zeitung Halle, 4.9.2007.
Schmidt, Walter, *Immer noch besser als auswandern*, Frankfurter Allgemeine Zeitung, 29.4.2007.

Schmidt-Elmendorf, D., *Neugierde und Fresslust töten*, Rheinische Post, 4.6.1998.
Schütz, Susanne, *Da beißt die Maus keinen Faden ab*, Die Rheinpfalz, 12.8.2000.
Sellmair, Nikola, *… und Maus bist Du*, Stern, 17/2001.
Shafy, Samiha, *Gottesfürchtige Giftmischer. Darin: Mausefallenrezept im Lorscher Arzneibuch von 795*, Spiegel, 12/2010.
Siebert, Rüdiger, *Von Menschen und Mäusen*, Frankfurter Rundschau, 8.2.1992.
Siemons, Mark, *Mann gegen Maus*, Frankfurter Allgemeine Zeitung, 2.8.2007.
Simon, Edelgard, *Mäuse, Geheimgang zur zehnten Etage*, Die Rheinpfalz, 3.2.1984.
Strunz, Claus, *Die Waffen aus dem längsten aller Kriege*, Allgemeine Zeitung München, 14.10.1991.

Tetsche, *Heute klappt wohl gar nichts, was?*, Stern, Nr. 8, 12.2.1987.

Wägner, Petra, *Souveniers? Souveniers!*, Welt am Sonntag, 25.9.2005.
Weber, Sabine, *Einsatz gegen ungebetene Gäste*, Allgemeine Zeitung Mainz, 27.7.2002.
Wertz, Sabine, *Wenn die Maus den Faden abbeißt*, Köllner Express, 7.11.1986.
Wiegelmann, Lucas, *Über Bundestagsmäuse soll nicht berichtet werden*, www.welt.de, 13.1.2010.
Winterberg, Thomas, *Kurznachricht aus der Mausefalle*, Westfalenpost, 11.6.2009.
Winterswyl, Ricarda, *Mäuse als Helden und Antihelden*, Süddeutsche Zeitung, 5.7.1986.

Comics

Lustige Feriencomics, Nr. 7, Neun Fälle für zwei Detektive (o. J.).
Micky Maus, Nr. 4 (1952); Nr. 2 (1961); Bd. 17+18 (1982); Nr. 28 (1985); Nr. 24 (2000).
Tom und Jerry, Nr. 92 (1984); Nr. 96 (1984); Taschenbuch 109 (1985); Nr. 109 (1985); Taschenbuch 23 (1985).

Sonstige Quellen

Bundesgesundheitsblatt, Bekanntmachung der geprüften und anerkannten Mittel und Verfahren zur Bekämpfung von tierischen Schädlingen nach §10c Bundes-Seuchengesetz Springer-Verlag Suppl. 2+2000, 20.10.2000.
Chemische Rundschau, Nr. 44, 2.11.1990.
Collection of the Royal Houshold, Stockholm, Bestandsaufnahme, SS nr 222.
Kataloge/Firmenunterlagen, Werbematerial von ehemaligen und aktiven Herstellern und Händlern wurde ausgewertet, ebenfalls Geschäftsunterlagen.

Patente, Mausefallenpatente wurden in der Patentauslegestelle Darmstadt eingesehen.

Bildnachweis

1, 30, 49–54, 56–60, 63, 66–71, 73–87, 91, 95–97, 100, 102–111, 114, 118, 119, 124, 125: Sammlung Wolfhard Klein
2: Vatikanische Museen
3, 16, 18, 19, 21, 23, 27–29, 36, 38, 46, 99, 120: Privatbesitz
4: Ehemals Berlin, Kupferstichkabinett, Kriegsverlust
5: F. Köhler, Nußdorf
6, 94: Germanisches Nationalmuseum Nürnberg, Graphische Sammlung, Inv. Nr. HB 24587; Inv. Nr. HB 25864,5
7: RGZM 0.37862, Neg. Nr. T63/1010
8, 12, 13, 22, 24, 25, 31, 35, 37, 39, 41, 42, 44, 48, 55, 61, 62, 65, 72, 88, 113: Fotos Wolfhard Klein
9, 10: © Disney
11: D. Evers (†) mit freundlicher Genehmigung seiner Tochter Katharina Bachmann
15: © bpk, Berlin / Kupferstichkabinett, SMB / Jörg Anders
17: Foto Museum Schotten
20, 26: Fotos Axel Weishaupt
32: Foto Museum Vilsbiburg
33: Foto Museum Feuchtwangen
34: Foto Volkskundemuseum Schleswig, Schloss Gottorf
40: Foto Museum Wasserburg
43: Foto Museum der Grafschaft Mark, Altena
14, 45, 117: © Bildarchiv Foto Marburg, Neg. 199.543; LAC 9.039/10, Foto Rudolf Schulze-Marburg
47: Foto Günther Schenk
64: Foto Carsten Bothe
89: Foto S. Franzen Söhne
90: Foto BioTec-Klute
92: Landesmuseen für Kunst und Kulturgeschichte Schleswig-Holstein
93: Auktionshaus Zeller, Lindau
98: Klijn, E. M. Ch. F., ratten, muizen en mensen, herausgegeben von Vrienden van het Nederlans Openluchtmuseum (1979)
101: Sammlung Gerfried Jost
112: Foto Sabine Klein
115: Foto Kurt Sartorius
116: aus Paul Heitz, Bd. 1–100, Straßburg 1906–1942, Bd. 21, S. 19, Nr. 35
121: Kunstsammlungen der Veste Coburg
122: SKD Kupferstich-Kabinett Dresden, A 68020, Foto Herbert Boswank
123: Foto Bäckerei Fuchs, Absam/Tirol
126: Kurpfälzisches Museum der Stadt Heidelberg
127: © Edition Brandstätter